한국의 전통사상과 민족문화

한국의 전통사상과 민족문화

손병욱 임수정 이상호 김형석

경상대학교출판부

저자의 말

『한국의 전통사상과 민족문화』의 출판에 즈음하여

전통(傳統)이란 어떤 집단이나 공동체에서 지난 과거에 형성되어 계통을 이루며 전해져 내려오는 사상·관습·행동 따위의 양식을 말한다. 과거의 모든 삶의 자취 가운데서 가장 가치가 있고 소중하기 때문에 과거에서 현재로 이어져 왔고 지금 현재의 삶속에서 계승되고 있으며, 미래 세대에게 이어질 수 있는 것이어야 '전통'이라고 할 수 있다.

'한국의 전통사상'이란 이런 전통 가운데서도 우리 민족이 창출하거나 외부로부터 수용하여 계승해 내려온 독특한 사유방식을 가리킨다. 이것은 고유성뿐만 아니라 고유성을 바탕으로 한 외래성(外來性)까지 포괄하여 말한다. '민족문화'란 이러한 전통사상과의 밀접불가분한 관련성 속에서 생성된 유형·무형의 유산을 통칭하는데, 여기에는 유적과 유물은 물론이고 관습이나 풍속, 그리고 모든 예술적 생산물이 포함될 수 있다.

이 시대를 살아가는 한국의 젊은이, 특히 대학생들은 다문화 시대라는 시대적 특성상 매우 개방적이고 포용적이며, 세계시민적인 삶을 바람직스럽게 생각하는 경향이 강하다. 우리의 교육도 은연중에 세계화, 국제화 시대에 맞는 행동양식을 강조하는 편이다. 그 결과 한국인으로서의 자기 정체성(正體性)이 미약할 수밖에 없다. 자기 것은 제대로 모르면서 세계의 흐름을 주도하는 서구 사상과 문화를 수용하는 데 치중하다 보니 뿌리 없는 부평초가 바람과 파도에 밀려서 정처 없이 떠다니는 형국이 되었고, 주변 상황에 휘둘리는 삶을 영위하게 되었다. 한국인이면서도 한국인으로서의 자부심과 긍지가 부족한 것이다. 이런 자세로는 아무리 국제 정세에 밝고 영어를 잘하며 세계시민으로서의 자질을 갖추어도, 당당한 자세로 상황을 주도하고 세월을 부리는, 그런 인간다운 삶은 불가능하다. 국적 없는 '뜨내기' 신세를 면하기 어렵게 된 것이다.

최근 우리 정부에서도 한국인으로서의 자부심과 긍지가 부족한 한국 교육의 한계를 절감하고 한국사 교육을 강화하는 등, 우리 것에 대해서 관심을 기울이고 있다. 늦은 감이 있지만 그나마 다행스러운 일이다. 그러나 아직은 이런 움직임이 그다지 활발하지 못하다. 본서는 바로 이런 시대적 배경과 필요성 속에서 출간되었다. 즉, 이 시대를 사는 한국의 대학생들이 과거 우리 선조들이 이룩한 전통과 사상, 그리고 문화 가운데 무엇을 알고 계승해야만 이 시대를 더욱 의미 있게 잘 살 수 있을 것인가 하는 문제의식을 갖고 이 책을 집필하고자 하였음을 밝혀 둔다.

본서의 집필진은 모두 4인인데 한국사상 전공자 1인, 동양사상 가운데 유가사상 전공자 1인, 도가사상 전공자 1인, 그리고 민속무용 전공자 1인으로 구성되었다. 본서에서 다루는 사상들이 전통사상의 주류를 형성하는 것들이라면, 민속무용은 이러한 사상과 문화를 우리의 독특한 리듬과 몸짓으로 형상화하여 삶의 의미를 전달하는 것이다. 집필진 각자는 집필할 때 자기의 전공과 관련된 한국의 사상과 문화 가운데, 이 시대 젊은이들에게 꼭 알려주고 싶은 한국적인 것이 무엇인지를 염두에 두고 우선순위를 정하여 집필하고자 하였다. 그 결과 모두 12편의 글을 구성할 수 있었다.

제1장의 주제는 '우리 민족의 고유성, 그 정체는 무엇인가? -한 스타일의 정신적 뿌리-' 이다. 이 장에서는 한 스타일로서의 6H(한옥·한식·한복·한지·국악·한글), 한 스타일을 가능하게 한 고유성의 정체, 다른 민족과 변별되는 사상과 문화의 특성을 주요 내용으로 다루고 있다.

제2장의 주제는 '단군신화, 어떻게 읽을 것인가? -환웅의 하강을 중심으로 -' 이다. 이 장에서는 우리 민족 최초의 건국신화가 수록된 『삼국유사』, 고조선[왕검조선]조(일명 단군신화)를 읽고 그것의 다양한 함의(含意)를 이해하면서, 환웅의 하강(下降)과

웅녀(熊女) 이야기가 갖는 의미, 환웅의 하강이 갖는 철학적인 의미, 환웅 의식이 후대에 준 영향, 곰이 웅녀(熊女)가 된 이야기에서 찾을 수 있는 의미를 주로 다루고 있다.

제3장의 주제는 '남명학파의 실천적인 선비정신과 그 연원 탐구'이다. 이 장에서는 남명학파의 실천적인 선비정신, 남명학파와 가야문화의 연관성, 화랑풍월도의 정체, 화랑풍월도 형성에 미친 가야파, 가야문화의 영향, 화랑풍월도가 이 시대에 줄 수 있는 메시지 등을 주요 내용으로 다루고 있다.

제4장의 주제는 '우리 문화 속에 숨은 철학 엿보기'이다. 이 장에서는 태극기 속의 태극과 팔괘의 의미, 우리 문화 속에 스며든 음양오행사상, 숫자 '3'과 '7'에 들어 있는 철학, 남을 도와줄 때 도움을 받는 사람의 입장도 배려하는 철학의 필요성을 다루고 있다.

제5장의 주제는 '인(仁)사상과 동이족(東夷族)'이다. 이 장에서는 우리 민족과 밀접한 관련성을 지니고 있는 인(仁)사상의 기원(起源), 인(仁)의 의미와 대동 사회, 인(仁)을 회복하는 세부적인 실천 방안 등을 주요 내용으로 다루고 있다.

제6장의 주제는 '옛 사람들의 마음 수양'이다. 이 장에서는 경(敬)의 의미와 필요성, 호연지기의 의미, 호연지기 함양과 실천, 도덕적 공감 능력 발현의 중요성 등을 다루고 있다.

제7장의 주제는 '무속의 문화와 사유 체계'이다. 이 장에서는 무(巫)의 의미, 무속(巫俗)의 세계, 무(巫)가 한국 전통사상과 문화에 끼친 영향과 역할, 무(巫)의 의의, 긍정성과 부정성 등을 주요 내용으로 다루고 있다.

제8장의 주제는 '통과의례–상·장례'이다. 이 장에서는 통과의례의 의미와 상·장례의 의미, 전통 상·장례의 절차와 형식, 현대 상·장례의 예절의 의미와 변용에 대해 성찰하고 있다.

제9장의 주제는 '한국 도가·도교의 흐름'이다. 이 장에서는 도가와 도교의 의미, 한국의 도가와 도교의 기원과 전개 양상 등을 주요 내용으로 다루고 있다.

제10장의 주제는 '한국 전통 춤의 예술 세계'이다. 이 장에서는 한국 전통 춤의 예술 정신, 한국 전통 춤 속에 들어 있는 조상들의 정신문화 유산 등을 주요 내용으로 다루고 있다.

제11장의 주제는 '한국의 인류 문화유산'이다. 이 장에서는 한국 전통예술에 담긴 독특한 미학적 특성, 한국 전통예술 속에 들어 있는 조상들의 정신문화 유산 등을 다루고 있다.

제12장의 주제는 '명상과 정좌수련'이다. 이 장에서는 명상과 정좌수련의 의미, 집중력[의지력]의 중요성, 성공적인 삶과 인성교육의 연관성 등을 주요 내용으로 다루고 있다.

끝으로 이 책이 출판되어 세상에 나오기까지 교정 및 편집 전반에 걸쳐 꼼꼼하게 점검하고 조언을 해 준 경상대학교 출판부의 김종길 선생을 비롯한 여러 관계자들의 노고에 진심으로 감사드린다. 앞으로 이 책을 읽는 독자나 혹은 경상대학교에서 매년 2학기에 개설되는 한국의 전통사상과 민족문화라는 교양강좌를 수강하는 학생 여러분이 한국인으로서의 자기 정체성을 형성하여 이 시대를 좀 더 의미 있고 성공적으로 살며, 나아가 '한국의 전통사상과 문화'에 대한 자부심과 긍지를 갖도록 하는 데 조그마한 기여가 될 수 있길 바라면서 머리말 인사를 갈음한다.

2018년 여름
경남 진주 가좌동 연구실에서
집필진을 대표하여

손병욱

목차

저자의 말 5

제1장 우리 민족의 고유성, 그 정체는 무엇인가? 13

제1절 고유성으로 본 한국의 고유사상 16
제2절 고유성/외래성으로 본 한국사상 21

제2장 단군신화, 어떻게 읽을 것인가? 33

제1절 환웅의 하강(下降)이 갖는 철학적인 의미는 무엇인가? 35
제2절 하강(下降)한 용, 환웅과 관련하여 생각해 볼 문제들 37
제3절 환웅 의식이 후대에 준 영향은 무엇인가? 41
제4절 곰이 웅녀(熊女)가 된 이야기에서 찾을 수 있는 의미는 무엇인가? 42
제5절 나가면서 43

제3장 남명학파의 실천적인 선비정신과 그 연원 탐구 49

제1절 실천적인 선비정신의 표상, 남명 조식(1501~1572) 51
제2절 『신명사도』의 인성교육적 함의 52
제3절 남명학파가 계승한 신라 화랑의 인성교육적 함의 58
제4절 실천적인 선비정신의 현대적 표상, 활사개공형(活私開公型) 인간상 탐구 66

제4장 우리 문화 속에 숨은 철학 엿보기 75

제1절 전통사상과 민족문화의 관련성 77
제2절 태극기 속의 태극과 팔괘 78
제3절 오행(五行)과 한국인의 생활 86
제4절 숫자 '3'과 '7'에 얽힌 우리 문화 89
제5절 구례 운조루의 뒤주에 새긴 타인능해(他人能解) 93

제5장 인(仁)사상과 동이족(東夷族) 101

제1절 인(仁)사상의 기원(起源) 103
제2절 인(仁)의 의미 105
제3절 인(仁)의 완성 108
제4절 인(仁)을 회복하는 세부적인 실천 방안 110
제5절 인(仁)사상의 현대적 의의 114

제6장 옛 사람들의 마음 수양 121

제1절 유교, 불교, 도가의 마음 수양론 123
제2절 결론 135

제7장 무속의 문화와 사유 체계 141

제1절 무속(巫俗)·무교(巫敎)의 세계 143
제2절 무(巫)의 세계 148
제3절 무속의 의의 151

제8장 통과의례–상·장례 163

제1절 통과의례와 상·장례 165
제2절 전통 상·장례의 절차와 형식 167
제3절 현대 상·장례의 예절 177

제9장 한국 도가·도교의 흐름 187

제1절 도가와 도교 189
제2절 한국의 도가와 도교 196

제10장 한국 전통 춤의 예술세계 207

제1절 개요 209

제2절 전통 춤의 분류 209

제3절 장단의 이해 211

제4절 보법(步法)의 종류 214

제5절 춤사위 214

제6절 기(氣)의 운용법 216

제7절 춤 공간의 활용 216

제8절 악(樂)·가(歌)·무(舞)의 총체적 합일 217

제11장 한국의 인류 문화유산 223

제1절 종묘제례 및 종묘제례악(2001년 등재) 225

제2절 강강술래(2009년 등재) 227

제3절 처용무(2009년 등재) 228

제4절 판소리(2003년 등재) 229

제5절 영산재(2009년 등재) 230

제6절 강릉 단오제(2005년 등재) 231

제7절 제주 칠머리당 영등굿(2009년 등재) 232

제8절 남사당놀이(2009년 등재) 233

제9절 줄타기(2011년 등재) 234

제10절 농악(2014년 등재) 235

제11절 줄다리기(2015년 등재) 236

제12절 아리랑(2012년 등재) 237

제13절 가곡(2013년 등재) 238

제12장 명상과 정좌수련 243

제1절 명상(瞑想)이란 무엇인가? 245
제2절 정좌수련이란 무엇인가? 246
제3절 집중력[의지력]이 왜 중요한가? 248
제4절 성공적인 삶은 인성교육과 어떤 연관성을 지니는가? 249
제5절 나가면서 253

참고문헌 260

찾아보기 267

| 1장 |

우리 민족의 고유성, 그 정체는 무엇인가?

한 스타일의 정신적 뿌리

- 한 스타일로서의 6H(한옥·한식·한복·한지·국악·한글)를 이해한다.
- 한 스타일을 가능하게 한 고유성의 정체를 탐구한다.
- 다른 민족과 변별되는 사상과 문화의 특성을 이해한다.

한 스타일이란 무엇인가? 6H라는 말이 있다. 이른바 한복·한식·한옥·한글·한지·국악을 가리키는 말이다. 모두 우리의 고유한 문화를 대표하는 것들이다. 이들 6H를 비롯한 한국을 대변하는 특징적인 문화를 통칭하여 한 스타일(style)이라고 명명하기로 하자.

그랬을 때 한 스타일로 표현되는 우리의 고유문화를 뒷받침하는 정신적 뿌리가 무엇이냐 하는 문제가 제기된다. 일종의 사상, 종교와 같은 사유체계가 그 이면에 자리잡고 있을 것으로 여겨지는데, 이것을 필자는 일단 우리의 고유사상이라고 부르고자 한다. 그렇다면 한 스타일이 전적으로 우리의 고유사상으로부터만 나왔을까? 반드시 그렇지만은 않을 것이다. 분명히 다른 나라, 다른 문화와 변별되는 고유성과 고유사상을 바탕으로 하되, 역사 전개 과정에서 우리의 필요에 따라서 수용해 온 외래성과 외래사상도 일정 부분 한 스타일 형성에 영향을 미쳤다고 하겠다.

그러고 보면 6H로 대변되는 한 스타일은 사상적으로 볼 때 고유사상을 기반으로 한 외래사상의 수용으로 설명될 수 있을 것이다. 즉, 고유사상과 외래사상의 결합이 되, 어디까지나 고유사상이 주류가 되어서 수용한 외래사상을 바탕으로 하여 나온 문화가 한 스타일이고 6H라고 볼 수 있다.

본고에서는 이제 우리의 고유사상의 정체가 무엇이며, 나아가 이것이 우리가 수용한 외래사상과 어떻게 다르며, 이 고유사상과 외래사상의 장점을 결합하자면 어떻게 해야 하는지 살펴보고자 한다. 그랬을 때 우리는 우리의 한 스타일을 더욱더 발전시켜 나갈 수 있고, 나아가 이것이 전 인류적 보편성을 지향하도록 해 나갈 수 있을 것이기 때문이다.

제1절 고유성으로 본 한국의 고유사상

1. 고유성의 정체가 무엇인가?

가. 고대 우리 민족의 3대 신앙적 특징

1) 새 토템

① 고조선의 풍백(風伯)=풍신(風神)=봉(鳳)

② 고구려의 삼족오(三足烏)

③ 신라의 계룡(鷄龍)과 선도성모(仙桃聖母), 알령부인(閼英夫人), 조생부인(鳥生夫人). 이외에도 계림(鷄林), 구구탁예설라(矩矩吒磬說羅) 등은 새 토템, 특히 닭 토템과 연관성이 있음을 알려 준다.

④ 고려의 청학(青鶴) : 고려 후기 이인노(李仁老 : 1152-1220)의 『파한집』에 두류산 속의 청학이 사는 이상향 청학동(青鶴洞)이 등장한다.

⑤ 조선조 후기 동학(東學)의 궁을(弓乙)[1]

이들은 모두 태양 새인 봉(鳳)에 속한다.[2]

- 오늘날 봉황이 대통령 휘장에 쓰이면서 대통령의 상징이 된 이면에는 이러한 새 토템이 있다고 하겠다.

2) 광명숭배

① 단군신화에 나오는 환웅(桓雄), 단군(檀君), 신단수(神檀樹), 태백산(太白山)

② 고구려의 지배층을 지칭하는 해모수(解慕漱), 동명왕(東明王), 대해주류왕(大解朱留王/대무신왕), 소해주류왕(小解朱留王/소수림왕), 중해(衆解), 해색주(解色朱/민중왕), 해명(解明), 해우(解憂/모본왕) 등.

③ 신라 임금을 지칭하는 박혁거세(朴赫居世)[3], 남해(南解), 탈해(脫解), 내해(奈解), 흘해(訖解), 점해(占解), 비처(毘處) 등.

④ 백제에 광명숭배신앙의 흔적으로는 8대 성씨 가운데 해씨(解氏)가 들어 있음을 들 수 있다.

- 신라는 소지왕(炤知王=毘處王) 9년(487) 봄 2월에 시조의 탄강지인 나을(奈乙)에 신궁(神宮)을 세우고 일광지신(日光之神)을 모시고 신국(神國)이되었다. 이후 왜(倭)는 신라의 영향을 받아서 태양의 여신(女神)인 천조대신(天照大神)을 모신 신궁(神宮)을 세우고

나라이름을 일본(日本)으로 바꾼 뒤에 스스로 신국으로 자처하였다.(『삼국사기』, 문무왕 10년조 참조) 천조대신 곧 '아마테라스오오카미(あまてらすおおかみ)'를 일본천황은 우리말 '아지매(アジメ)'로 지칭하였다.[4] 경상도 사투리 '아지매'가 일본에 건너가서 천조대신이 되었음을 알수 있다.

3) 샤머니즘

① 고조선의 풍백[=風神=鳳]은 무당신으로서 여성이었다.

새 토템과 상통한다.

② 고구려의 사무(師巫)

③ 신라의 영등할멈[風神], 선도산신모(仙桃山神母=仙桃聖母), 남해 차차웅(次次雄), 아노(阿老), 벌휴(伐休) 니사금[5], 선덕여왕[6], 원화(源花) 등

④ 신라의 팔관회(八關會) : 팔관은 천령(天靈) 및 오악명산의 산신(山神)과 대천(大川)의 용신(龍神)인 삼신(三神)을 모시는 행사이다.[7] 팔관회는 고구려에서 신라로 전래되었다. 『삼국사기』 열전, 온달 조 "제천급산천신(祭天及山川神)"에서 팔관회의 원형을 발견할 수 있다. 『삼국사기』 열전, 거칠부 조에 따르면 진흥왕 때 고구려에서 망명해 온 혜량법사를 승통(僧統)으로 임명하고 팔관회와 백고좌회를 개최하기 시작하였다. 팔관회는 삼신천제(三神天祭)이사 호국영령위령제로서 매우 무속적인 행사였다. 비록 황룡사(皇龍寺)에서 개최되었지만 불교적인 행사인 연등회와는 구분되어야 할 것이다.[8]

- 이상의 (1), (2), (3) 셋은 유목민의 3대 신앙적 특성이라고도 한다.[9]

나. 삼수분화(三數分化)적인 수상(數象)의 특징을 지니는 고유성

1) 1-3-9-81로 나아가는 수상이다. 이것을 가장 잘 드러내는 것이 두 가지이다. 하나는 미추왕릉 지구에서 발견된 장식보검에 새겨진 문양이다. 그리고 나머지 하나는 『화랑세기』에 나오는 화랑 조직인 낭도부곡(郎徒部曲)의 조직 체계이다.

2) 삼족오, 삼박자, 삼태극, 샤머니즘[巫].

3) 홀수, 역동성(力動性), 곡선, 마상검(馬上劍), 택견.

4) 이수분화(二數分化)적인 수상과는 여러모로 대조적이다.

① 2-4-8-64로 나아간다. 이것은 『주역(周易)』적 수상(數象)이다.

② 태극, 2박자, 4박자.
③ 짝수, 안정성, 직선, 선상검(船上劍), 태권도.
④ 중국과 일본에서 잘 드러난다.

다. 3·7 관념을 중시하는 고유성

1) 우리 민족은 3·7[21]수를 대변화수, 환골탈태수(換骨奪胎數), 변화의 완성수로 간주한다.

2) 단군신화에서 곰이 마늘 20쪽과 쑥 1단을 먹고 21일 동안 기(忌)하여 웅녀(熊女)가 되었다.

3) 고조선 3·7관념은 신라의 닭 토템으로 계승되었다. 달걀에서 병아리가 부화[환골탈태]하는 데 21일이 걸린다.

4) 민간풍속에서 3·7일(21일) 기도가 영험하다고 하여 성행했다. 아이가 탄생하면 3·7일 동안 금줄을 달았다. 특히 3·7일 기도는 불교가 도입된 뒤 불교의 타력신앙(他力信仰)과 우리의 고유성이 습합(習合)함으로써 나타난 풍속이다. 이 숫자는 불교와는 무관하다.

5) 신라불교에도 나타난다. 의상대사(義湘大師, 625~702)가 지은 『법성게(法性偈)』는 7언×30구=210자로 이루어졌다. "法性圓融無二相, ………, 舊來不動名爲佛."

6) 조선조의 고승인 서산 휴정(西山休靜, 1520~1604)이 묘향산 상원암에서 열반에 든 후 그 방에서 3·7일 동안 향기가 풍겼다고 한다.

7) 동학(東學)의 주문은 강령주문(降靈呪文) 13자, 본주문(本呪文) 8자, 도합 21자로 이루어졌다. 이 주문을 3·7자 주문이라고 부른다.

라. 3무의 특징을 지니는 고유성

1) 우리 고유성의 특징은 3무로 표현된다. 그것은 무(巫)=무(武)=무(舞)이다.

2) 이 3무를 담고 있는 사상이 곧 선교(仙敎) 내지는 풍류도(風流道)이다.

3) 선교는 무교(巫敎/巫)를 하위 영역으로 삼고 무도(武道/武)와 선도(仙道/舞)를 상위 영역

으로 삼는 사유체계이다. 무교의 인간상은 무격(巫覡)이고, 무도의 인간상은 국선(國仙)이며, 선도의 인간상은 신선(神仙)이다. 이 셋을 포괄하는 선교의 인간상을 선인(仙人) 혹은 선(仙)이라고 한다. 따라서 '선인=무격+국선+신선'이다. 국선은 검도 등 무예수련을 통해서 의기(義氣)를 지녀 의(義)를 실천하는 행의(行義)의 삶을 살고자 하였고, 신선은 우주청원지기(宇宙淸元之氣)를 배양하여 일체의 시비분별(是非分別)을 떠난 진리[道]의 경지에서 노닐고자 하였다. 국선이 입세간적(入世間的)인 인간상이라면 신선은 출세간적(出世間的)인 인간상이다.[10] 선교의 신선은 도교 신선과는 다르다.[11]선교란 무엇인가에 대하여 다음과 같이 정리해 볼 수 있다.

선교의 정체

선교(仙教)=풍류도=풍월도/선인(仙人)·선(仙)	무도(武道)/국선 의기(義氣)/행의(行義)/무(武)	선도(仙道)/신선/우주청원지기(宇宙淸元之氣)/득도(得道)/무(舞)
	무교(巫教)/무·격(巫·覡)/신기(神氣)/접신·예언·치병/무(巫)	

마. '내림[下降] 의식'을 중요시하는 고유성

1) 환웅의 하강과 개벽(開闢)의 실현: 지상세계의 천상화(天上化)

환웅은 우리 민족 최초의 용(龍)이다. 그가 거느리고 내려온 풍백·우사·운사에서 그가 용임을 알 수있다. 아울러 환웅이 용인을 알면 태백산(太白山)이 어디인지도 알 수 있다. 용은 수신(水神)이기 때문이다. 그런데 이 용은 하강한다. 이에 비해 중국의 용은 승천(昇天)한다.[12] 그 차이는 무엇인가? 바로 공동체성 대 개체성이다.

2) 『삼국유사』에 따르면 신라 시조 혁거세 거서간은 하늘에서 나정 우물가에 내려온 백마가 두고 간 알에서 태어난다.[13] 여기서 백마란 곧 천마(天馬)임을 알 수 있다. 이 천마가 하늘에서 내려왔다. 역시 내림이 중요시된다. 경주 대릉원 지구에 가면 마립간 시대 신라 임금 무덤으로 추정되는 천마총(天馬冢)이 있는데, 이곳에서 나온 유물 중 말의 안장 옆에 드리우는 장니(障泥)에 하늘을 나는 천마가 흰색으로 꾸며져 있었기에

천마총이라고 명명하였다고 한다. 이것은 국보 제207호로 지정된 바 있다. 그런데 최근의 신문 보도에 따르면 이 말은 그냥 하늘을 나는 말이 아니라 '하늘에서 내려오는 천마의 모습'이라고 한다.[14] 아마 신라의 임금들이 스스로를 환웅-혁거세의 이미지에 이어서 하늘에서 내려오는 존재로 생각하였음을 알 수 있게 하는 근거라고 하겠다.

3) 『삼국유사』에 따르면 신라의 뿌리인 진한(辰韓) 육부의 조상들 역시 각각 하늘에서 산꼭대기로 하강한다.[15]여기서 이들이 환웅의 하강 의식을 강하게 지닌 사람들임을 알 수 있다.

4) 신라 경주의 낭산(狼山)을 일컬어 내림(奈林)이라고 한다. 내림은 신라 삼산[16]의 하나로 호국의 여신이 상주한다. 신유림(神遊林), 선덕여왕릉, 사천왕사(四天王寺), 황복사(皇福寺), 능지탑(陵旨塔) 등이 소재하는 신라인의 성지(聖地)다. 이 산은 내림 의식과 관련될 뿐 아니라 늑대 토템과도 연관된다. 늑대 토템은 흉노족의 신앙이다. 신라 김씨들이 유목문화권에서 신라로 이주하면서 갖고 온 관념이다. 지금도 중국의 유목문화권에는 낭산이 여기저기 남아 있다. 여기서 낭산은 신라인들에게 보통 산이 아님을 알 수 있다. 신라인들 특히 박씨들이 계승한 환웅의 하강관념과 김씨들의 늑대 토템이 복합적으로 나타나는 산임을 알 수 있다.[17]

5) 신라는 환웅[풍백] 의식을 바탕으로 하여 미륵하생경(彌勒下生經) 불교를 수용하였고, 미륵을 화랑(花郞)과 동일시하였다.[18] 역사의 고비마다 미륵으로 자처하는 사람들이 출현하였다.

6) 동학의 3·7자 주문 중 강령주문, "지기금지(至氣今至), 원위대강(願爲大降)"에 나오는 원위대강의 대강(大降)은 바로 이러한 의식의 연장선상에서 나왔다고 할 수 있다.

7) 이러한 하강 의식은 우리 민족의 내면에 들어 있는 위대한 인물의 출현을 고대하는 '영웅대망론(英雄待望論)'과 맞물려서 우리 민족이 희망을 갖고 역경을 극복하도록 하는 데 기여해 왔고 앞으로도 그럴 것이다.

바. 우리의 고유성을 가장 잘 나타내는 것은 우리말[한국어]이다.

한국어의 언어구조는 우리가 중국의 한족(漢族)과는 다른 연원을 갖고 있음을 알려 준다.

1) 어순(word order)이 다르다. 우리말은 어순이 몽골어, 만주어, 일본어 등과 동일하다. 우리 언어는 우랄·알타이어족에 속한다. 우리말의 어순은 유목문화권 국가 내지 민족 언어의 어순과 동일하다.

2) 국어는 소리글자로서 음을 취하는 데 비해서 중국어는 뜻글자로서 훈(訓)을 취한다.

3) 언어는 지극히 보수적이다. 잘 변하지 않는다. 그동안 많은 말들이 외래어 차용으로 사라졌지만 여전히 통용되는 고대어[신라어]가 적지 않다.

① 불구내(弗矩內/밝은 애)→박혁거세(朴赫居世)

② 나을(奈乙/生)신궁

③ 거칠부(居柒夫/荒宗)

④ 구리지(仇利知)급찬

⑤ 내림(奈林/狼山)

⑥ 비처왕(毘處王/炤知王) 등.

- 아직도 갈문왕(葛文王)의 정확한 의미를 모른다. 한 번 추정해 본다면 어떤 의미일까?

제2절 고유성/외래성으로 본 한국사상

1. 고유성/외래성의 정체

가. 우리의 고유성은 유목문화적인 특성을, 외래성은 농경문화적인 특성을 드러낸다.

나. 유목문화에서 연원한 대표적인 사유체계가 선교라면, 농경문화에서 연원한 대표적인 사유체계가 유교와 도가사상이다. 선교는 입세간적(入世間的)이면서 출세간적(出世間的)인 특징을 동시에 지니고 있는 데 비해서, 유교는 입세간적이나 도가는 출세간적이다.

다. 선교와 유교[도가]의 두드러진 차이점을 비교해 보면 다음과 같다.

선교(仙敎)계열의 특징=유목문화적 특징	유교[도가]계열의 특징=농경문화적 특징
풍류(風流)=신바람[神明]	풍수(風水)[19]
포함삼교(包含三教, 무교·무도·선도)	삼교[유·불·도]의 엄격한 구분
입세간적이면서 출세간적임	입세간적 혹은 출세간적임
개방성/포용성	폐쇄성/배타성
역동성/홀수:삼수분화	안정성/짝수:이수분화
삼태극/삼족오/삼박자	태극/이박자/사박자
열쇠	자물쇠
비합리적인 신비성[巫教]	합리성[周易]
음악[樂]	예절[禮]
평등의 가치 중시	불평등[차등] 인정
공동체성	개체성=가문 중시
충(忠)/무(武)/의(義)	효(孝)/문(文)/인(仁)
세속오계	오륜=오상
야성(野性)/감성(感性) 중시	지성(知性) 중시
강약(强弱)의 논리 중시/강함의 추구	선악(善惡)의 논리 중시/선함의 추구
시간[속도] 중시	공간 중시
늑대[狼] 숭상[20]	양(羊) 숭상[21]
다양성	통일성

라. 우리의 고유성은 외래성과 어떻게 다른가? 이는 한국인과 중국인의 특성이 어떻게 다르냐 하는 것과 무관하지 않다. 한국인과 중국인, 여기에 일본인까지 놓고 보면 이들 동양 삼국의 민족성은 다르게 나타난다. 중국인과 일본인은 이중적이다. 겉과 속이 다르다.[22] 그러나 한국인은 이러한 이중성이 매우 약하다. 이중적인 것 자체를 금기시하는 경향이 강하다. 이런 사람을 음흉한 음모형 인간, 거짓말쟁이로 치부한다.

예컨대, 중국의 경우를 놓고 보자. 중국인들은 사회주의 국가이지만 공공 의식이 매우 미약하다. 공공시설물에 가 보면 제대로 관리를 못하고 있음을 알 수 있다. 그러나 개인 공간의 관리는 매우 철저하다. 중국인들은 남을 의식하지 않는다. 매우 개인주의적 성향이 강하다. 일본인은 이와 반대이다. 공공시설물에 대해서는 아주 세심하게 배려한다. 그러나 개인 공간에 대해서는 덜 세심하다. 아무렇게나 하는 경향이 강하다. 공동체적인 성향이 강하고 언제나 남을 의식한다. 한국인들은 어떤가? 신바람이 나면 공공시설물 관리도 잘하고 개인 공간 관리도 잘 한다. 그러나 살맛을 잃어버리면 양쪽 다 엉망이 되고 만다. 한국인들은 상승세를 타면 무섭게 상승한다. 그러나 내리막길을 걸을 때는 한도 끝도 없이 추락하는 경향이 있다. 이런 면에서 이중성은 약한 대신 양극단성이 강하다. 이런 한국인의 기질을 가리켜서 '신바람 기질'이라고 하는데, 중국인과 일본인에게는 잘 발견되지 않는 우리의 고유성이다.

2. 고유성과 외래성이 조화된 한국사상은 어떠해야 하는가?

가. 고유성과 외래성을 제대로 융·복합해서 그 장점을 극대화하고 그 단점을 최소화하기 위해서는 어떻게 해야 하는가?

1) 이를 위해서는 '유목문화를 중심으로 농경문화를 수용'해야 한다. 이것은 한 집안에서 주인은 안방에 위치하고 손님은 사랑방에 위치해야만 집안이 편안한 것과 같은 이치이다. 만약 손님이 안방을 차지하고 주인이 사랑방으로 내몰리면 그 집구석은 곧 풍비박산이 나서 망하고 말 것이다.

2) 이때 주인은 유목문화적인 고유성이고 손님은 농경문화적인 외래성이 될 것이다.

나. 우리의 역사상 유목문화가 농경문화를 주도하였던 시기, 농경문화가 유목문화를 주도하였던 시기는 각각 언제였던가?

1) 우리의 역사상 유목문화가 농경문화를 주도하였던 시기, 즉 주인이 안방을 차지하고 손님이 사랑방에 거주하면서 상부상조(相扶相助)하였던 시기는 언제였던가?

그 대표적인 시기는 신라의 삼국 통일기(540:진흥왕 1년~681:문무왕 21년)였다. 이 시기에 신라 지배층은 신라인들에게 신국(神國)이라는 자부심과 긍지를 심어주는 데 성공함으로써 백제와 고구려를 싸워 이기고, 나아가 7년 동안 벌어졌던 나당전쟁(670~676)에서 당나라를 자력으로 물리침으로써 명실상부한 삼한일통(三韓一統)을 이루어 낼 수 있었다. 이런 측면에서 이 시기는 신라 역사상뿐만 아니라 우리 민족사(民族史)상 가장 위대한 시기였다고 하겠다. 이 시대 신라의 분위기가 어떠했는지는 당나라 장수 소정방이 당 고종에게 한 다음 말에서 잘 드러난다.

> 소정방이 말하길, "신라는 그 임금이 어질어서 백성을 사랑하고, 그 신하가 충성을 다하여 나라를 섬깁니다. 그리하여 아랫사람이 윗사람 섬기기를 마치 부모와 형처럼 하니, 비록 나라는 작더라도 쉽사리 도모할 수가 없었습니다." [定方曰, 新羅, 其君仁而愛民, 其臣忠以事國, 下之人, 事其上如父兄, 雖小, 不可謀也][23]

2) 반대로 농경문화가 유목문화를 주도한 시기, 달리 말하면 손님[외래성]이 안방을 차지하고 오히려 주인[고유성]은 사랑방으로 내몰려서 손님의 눈칫밥을 먹어야 하였던 시기는 언제였던가?

그 대표적인 시기는 조선조(1392~1910)였다. 이 시대에는 유목문화를 부차적인 것으로조차 인정하지 않았다. 그리하여 농경문화 일변도로 나아가게 되었다. 이는 모화사대(慕華事大)와 연관성이 깊다. 유교를 숭상하다 보니까 그 뿌리인 중국의 농경문화를 우리의 주류문화로 보고 우리의 고유한 유목문화를 천시한 것이다.

유목문화를 천시한 사례는 팔반사천(八般私賤)이라는 말에서 잘 드러난다. 이들의 대다수는 유목문화적인 기질을 지닌 사람들이었기 때문이다. 팔반사천은 백정, 광대, 무당, 기생, 공장(工匠), 노비, 스님, 상여꾼을 가리킨다. 이들은 모두 천민으로 간주되었다. 이 가운데 백정, 광대, 무당은 유목문화에서 연원한 선교의 삼대 특징인 '무(武)=무(舞)=무(巫)'를 각각 대표한다. 아울러 공장의 천시는 기술 천시, 상공업 천시로 이어져서 경제력을 전적으로 농사에만 의존하도록 만들어 생존의 문제조차 해결하지 못하게 하였다.

우리 역사상 두 번째 7년 전쟁이었던 임진왜란(1592~1598) 동안 우리는 자력으로 왜

군을 물리치지 못하였고 전 국토가 어육(魚肉)이 될 정도로 처절하게 유린당하였다.

다. '유목문화를 중심으로 하여 수용한 농경문화'는 구체적으로 무엇인가?

1) 이것을 다음과 같이 표현할 수 있을 것이다. 풍류적 풍수, 역동적 안정, 삼수적 이수, 삼태극적 태극, 공동체적 개체, 충적 효, 악적 예, 다양성적 통일성, 무적 문 등이다.

2) 이들 용어가 주는 의미를 잘 파악해야 한다. 몇 가지만 살펴보기로 하자.

① '풍류적 풍수'란 풍수 본래의 폐쇄적이고 배타적인 명당 개념이 아니라, 공동체적이고 역동적이며, 신바람 나는 삶으로서의 풍류적 특성을 바탕으로 하여 이것을 살리기 위한 터 잡기로 나아감을 말한다.

② '충적 효'란 공동체에 대하여 제대로 헌신하는 사람만이 부모께 효도할 수 있다는 논리에 입각한 덕목이다. 이는 부모에게 효도하는 이라야만 나라에 충성할 수 있다는 논리에 입각한 '효적 충'의 덕목과는 다르다.

③ '다양성적 통일성'이란 다양성을 바탕으로 한 통일성의 추구이다. 즉, 다양성과 통일성을 조화롭게 추구하자는 것이다. 다양성은 있으나 통일성이 없으면 중구난방(衆口難防)이 되어 분열과 갈등을 일으키고, 통일성은 있으나 다양성이 없으면 일사불란(一絲不亂)의 획일(劃一)로 흐르게 되어서 역동성과 창의성이 시들고 만다. 우리 사회는 다문화가정의 증가로 문화적 다양성의 시대에 접어들었다. 그런데 문제는 이러한 다양성에 통일성을 부여함으로써 이 둘을 조화시킬 수 있는 방안을 찾아내는 일이다. 그렇지 못하면 이러한 다양성이 사회적 혼란을 부추길 위험성이 다분히 있다. 지방화 시대는 다양성의 시대이다. 그러나 중앙정부의 통일성이 없으면 다양성은 혼란만 부추길 것이다.

④ 무적 문(武的文), 무사적 문사란 무 의식(武意識)을 가진 문사, 문무겸비지사(文武兼備之士)이다. 무 의식이란 항재전장 의식(恒在戰場意識)이다. 이런 의식은 강렬한 위기 의식과 통한다. 이런 의식을 지닌 인물은 자기 시대를 위기의 시대로 파악한다. 그리하여 그 위기를 극복하기 위한 방안을 마련하고 시행해 나감으로써 위기를 극복하고 태평성대를 열고자 한다. 과거의 인물로는 남명 조식, 망

우당 곽재우 등을 들 수 있고, 현대 인물로는 박태준, 채명신 등을 들 수 있다.

핵심 개념 정리

1. 6H로 표현되는 우리의 고유성: 고유사상과 문화에 근원하되 우리가 수용한 외래성[외래사상+문화]으로부터 파생되어 나온 것이다.

2. 고유성은 신앙적 특징, 수상학적 특징, 3무의 특징, 3·7관념, 내림 의식 등으로 다양하게 표현된다. 이들 고유성을 뒷받침하는 사유체계를 한마디로 선교(仙教)라고 하는데, 이것은 포함삼교(包含三教)하되, '무교+무도+선도'로 이루어져 있다. 이 선교는 유교[도가], 불교와는 달리 그 뿌리가 농경문화가 아닌 유목문화이다.

3. 선교계열의 특징과 유교[도가]계열의 특징은 매우 대조적이다. 몇 가지만 예를 들어 보면 다음과 같다.

풍류 대 풍수 , 개방성 대 폐쇄성, 문(文) 중시 대 무(武) 중시, 늑대 숭배 대 양(羊) 중시, 열쇠 대 자물쇠, 의(義) 중시 대 인(仁) 중시, 충(忠) 중시 대 효(孝) 중시

생각해 보기 1

우리의 고대문화는 유목문화와 농경문화의 융합이라고 하겠다. 이 중 어느 것이 주류문화이며 어째서 그러하다고 보는가?

생각해 보기 2

우리의 고유한 사유체계를 일컬어서 선교(仙教)라고 한다. 선교의 이상적인 인간상은 선인(仙人)이다. 선인은 입세간적(入世間的)이면서 동시에 출세간적(出世間的)인 사람이다. 어째서 그런지 설명해 보자.

생각해 보기 3

우리의 역사에서 유목문화가 농경문화를 주도하였던 대표적인 시기와 반대로 농경문화가 유목문화를 주도하였던 대표적인 시기를 들고 이 시기의 시대상을 비교해 보자.

주석

1. 강시(降詩) 중 일부 소개할 것. "龍傳太陽珠, 弓乙回文明, 運開天地一, 道在水一生, 水流四海天, 花開萬人心."

2. 우리 춤에는 새와 관련된 춤사위가 많다. 앞으로 싸이의 말 춤을 넘어서는 새 춤이 나와야 한다. 이것이 진짜 한류(韓流)다.

3. 박혁거세(朴赫居世)에서 박혁(朴赫)은 '빛나는 태양'이고 거세(居世)는 '인간 세상에 머무름'이다. 따라서 전체적인 의미는 '인간 세상에 머무르고 있는 빛나는 태양'이다. 그는 우리 민족 최초의 ' 위대한 (민족의) 태양'이었던 것이다.

4. 천조대신(天照大神)을 모신 이세신궁(伊勢神宮)에서 천황이 읽는 제문(祭文)에 들어 있는 글귀이다. 아지매, 아지매, 오이소, 오이소, 오게(アジメ, アジメ, オイソ, オイソ, オゲ).

5. 『삼국사기』에 따르면 신라 9대 임금인 벌휴 이사금은 풍흉(豊凶)을 잘 예측하고 사람을 알아보는 지인지감(知人之鑑)이 남달랐다고 함.

6. 『삼국유사』, 지기삼사(知幾三事) 조 참조 바람.

7. 고려 태조 왕건의 「십훈요」 중 제6조, "八關, 所以事天靈及五嶽名山大川龍神."

8. 고려 태조 왕건의 「십훈요」 중 제6조, "燃燈, 所以事佛."

9. 우실하, 『전통문화의 구성원리』, 조합공동체소나무, 1999, 107쪽 참조.

10. 이러한 주장의 근거는 '김대문/이종욱, 『신라인 그들의 이야기 화랑세기』, 소나무, 2009'에서 잘 드러난다.

11. 도교의 신선은 역즉성단(逆則成丹)에 의거하여 탈조화(脫造化)적인 불노장생(不老長生), 우화등선(羽化登仙)을 꾀한다.

12. 2011년 카타르에서 개최된 아시안컵 축구대회에서 중국이 내건 '승천(昇天)하는 용(龍)'이라는 슬로건은 축구에서 용의 승천과 같은 대비약을 이루자는 것으로서, 이는 중국인들의 용 관념을 축구에 적용한 좋은 사례이다.

13. 『삼국유사』, 신라 시조 혁거세왕 조.

14. 『조선일보』, 2016. 5. 22.(일), "하늘에서 내려오는 천마의 모습"이라는 제목으로 사진이 첨부되어 있다.

15. 『삼국유사』, 신라 시조 혁거세왕 조.

16. 신라삼산은 『삼국유사』에 따르면, 내림(奈林, 일명 낭산(狼山)으로 경주에 소재함.), 골화(骨火, 일명 금강산(金剛山)으로 영천에 소재함.), 혈례(穴禮, 일명 부산(鳧山)으로 청도에 소재함.)이다.

17. 늑대 토템이 무엇인가? 왜 유목민들은 늑대를 숭상하는가? 늑대는 유목민들에게 영감(靈感)을 주는 동물로 간주된다. 늑대가 주는 영감은 공동체성, 속도, 용기 이 셋이었다. 신라의 지배층이 늑대 토템을 갖고 있었음은 황남대총에서 출토된 왕관에 장식된 '늑대관식(冠飾)'에서 잘 드러난다.

18. 화랑을 지칭하는 미륵선화(彌勒仙花), 용화향도(龍華香徒)라는 말에 주목할 필요가 있다.

19. 장풍득수(藏風得水)의 풍수(風水)적 명당은 배타적이고 폐쇄적이다. 중국의 전통가옥인 사합원(四合院)에서 이 점이 잘 드러난다.

20. 낭(狼)을 구성하는 앞 글자 '犭'은 견(犬)과 동의어이다. 한자에서 이 글자가 들어가면 야생동물 수준의 야만적인 오랑캐가 된다. 한(狠), 광(狂), 묘(猫), 적(狄) 호(狐) 등이 그것이다. 농경민들인 한족이 가장 싫어하는 짐승이 늑대이고 우리는 그 영향을 받아서 이리를 터부시한다. 예컨대, '늑대 같은 놈'은 가장 듣기 싫은 말 가운데 하나이다.

21. 양(羊)이라는 한자어가 어근이 되어서 구성된 대표적인 한자로는 미(美), 의(義), 선(善), 양(養) 등을 들 수 있다. 모두 다 좋은 뜻으로 사용됨을 알 수 있다.

22. '중국인은 게르마니 곧 주머니가 두 개다'라고 하고, '일본인은 속마음[本音:ほんね]과 겉마음[建前:たてまえ]을 따로 지니고 있다'라고 한다.

23. 김부식, 위의 책, 열전, 김유신(상).

| 2장 |

단군신화, 어떻게 읽을 것인가?

환웅의 하강을 중심으로

- 우리 민족 최초의 건국신화가 수록된 『삼국유사』, 고조선[왕검조선] 조(일명 단군 신화)를 읽고 그것의 다양한 함의(含意)를 이해한다.
- 환웅의 하강(下降)과 웅녀(熊女) 이야기가 갖는 의미를 이해한다.
- 환웅의 하강이 갖는 철학적인 의미, 환웅 의식이 후대에 준 영향, 곰이 웅녀(熊女)가 된 이야기에서 찾을 수 있는 의미를 이해한다.

제1절 환웅의 하강(下降)이 갖는 철학적인 의미는 무엇인가?

1. 환웅이 하강(下降)한 용(龍)이라는 사실이 말해 주는 것들 : 한국용과 중국용의 차이점 등

『삼국유사』의 고조선[왕검조선] 조는 단군신화로 알려져 왔다. 여기에 따르면, 환인의 지차아들[庶子] 환웅(桓雄)이 인간 세상을 다스리는 일에 뜻이 있더니[貪求人世], 이에 아버지가 자식의 뜻을 알고[父知子意] 삼위태백(三危太白)을 내려다보니 가히 홍익인간(弘益人間)할 만한지라, 천부인(天符印) 세 개를 주어 내려보내어 다스리게 하였다. 환웅은 풍백·우사·운사 및 3,000의 무리를 이끌고 태백산정(太白山頂) 신단수(神檀樹) 아래로 내려와서 신시(神市)를 열고, 주곡(主穀)·주명(主命)·주병(主病)·주형(主刑)·주선악(主善惡)의 오사(五事) 및 360여 사를 주관하여 '인간 세상에 있으면서 이상적으로 바꾸었고[在世理化]', 그 결과 '널리 인간을 이롭게 하는 홍익인간(弘益人間)'의 이상세계가 구현되었다. 이 기록에 따르면 환웅과 풍백·우사·운사, 그리고 3,000의 무리가 모두 신(神)으로 상정되기에 이곳은 '신이 모여 사는 저자'라는 의미를 갖는 신시가 된 것이다.

그렇다면 이 이야기에서 환웅이 우리 민족 최초의 용(龍)인 이유는 어떻게 설명될 수 있을까? 그것은 그가 거느리고 내려온 풍백·우사·운사에서 확인된다. 시전에서 '용' 조를 찾아보면 용이 출현할 때 구름, 바람, 비뿐만 아니라 번개와 뇌성을 동반한다. 이처럼 용의 출현과 함께 나타나는 징조 가운데 바람, 비, 구름은 빠뜨릴 수 없는 요소들이다.[1] 용은 비록 실재하지 않는 상상의 동물이지만, 동양 삼국에서는 예로부터 매우 길상(吉祥)스러운 존재로 인식되어 왔다. 그래서 한국에서는 꿈도 '용꿈'을 최고로 친다. 그러고 보면 환웅은 우리 민족 최초의 용이라고 하겠다.

이처럼 환웅이 용임을 알면 단군신화에 나오는 태백산(太白山)이 어딘지도 분명해질 것이다.[2] 용은 물과 깊은 연관성을 지녀서, 흔히 수신(水神)으로 간주된다. 용을 한국어로는 '미르' 내지 '미리'라고 하는데 이것은 본래 '물'의 고어(古語)였다. 그렇다면 태백산은 바로 천지(天池)가 있는 지금의 백두산이 된다. 그래서 천지의 별칭을 용왕담(龍王潭)이라고 하는 것이다.[3] 이때 용왕은 다름 아니라 환웅천왕을 가리키는 말이라고 하겠다.

그런데 용이라고 하면 중국을 연상시킨다. 스스로 용의 나라로 자처하고 외국인들도 대략 그렇게 인정한다. 그러나 우리 민족 최초의 건국신화에서도 용이 등장하는 것으로 봐서 용을 중국의 전유물이라고 할 수 없다.[4] 그렇다면 중국용과 한국용의 차이점은 무엇일까?

일반적으로 중국의 용은 승천(昇天)하는 존재로 묘사된다. 그런데, 우리 민족 최초의 용은 이와는 반대로 천상(天上)에서 지상으로 하강(下降)하고 있다. 용은 실제로는 승천과 하강을 자유자재로 할 수 있는 영물(靈物)이다. 그런데도 우리 선조들은 용의 하강에 주목하여 이것을 부각[close up]했고, 중국인들은 용의 승천에 주목하여 이를 부각했다.[5]

그렇다면 이 승천과 하강의 차이가 의미하는 바는 무엇일까? 이것은 중국 한족(漢族)과 우리 한족(韓族)이 지닌 각각 다른 기질(氣質)을 말해 준다. 중국 한족은 기질적으로 개체성을 중시한다면 우리 민족은 기질적으로 공동체성을 중시한다는 것이다. 용의 승천은 개체성을 함의하고 용의 하강은 공동체성을 함의한다. 왜 그런가? 개인이 잘 나고 똑똑하여 출세하고 영달하는 것이 곧 승천이다. 예컨대, 옛날 중국에서는 입신출세의 관문을 등용문(登龍門)이라고 불렀는데, 이는 '용이 되어서 하늘로 오르는 문'이라는 의미로서 어려운 과거 시험에 합격하여 출세의 길이 열리는 것을 일컫는 말이다. 이에 비해서 용의 하강은 지상세계 전체가 바뀌어서 좋아지는 것을 함의한다.

제2절 하강(下降)한 용, 환웅과 관련하여 생각해 볼 문제들

1. 여의주를 지닌 용, 환웅의 세 가지 능력

용의 가장 중요한 자격은 여의주(如意珠)에 있다. 그렇다면 여의주란 무엇을 가리키는가? '뜻한 바를 이루어 주는 구슬'인 여의주는 용 자신과 모든 이들의 염원을 실현해 줄 수 있는 무한능력이다. 단군신화에서 환웅의 아버지 환인이 아들에게 내려 준 천부인(天符印) 세 개야말로 용의 여의주에 해당한다.

이것은 환인과 환웅, 그리고 지상의 모든 사람들의 공동 염원인 '인간 세상에 있으면서 이상적으로 바꾸어[開闢] 널리 인간을 이롭게 하기[在世理化·弘益人間]' 위해 요청되는 세 가지 능력이다. 즉 개벽(開闢)을 실현하기 위해 요청되는 능력인 것이다. 천부인을 글자 그대로 해석하면 '하늘의 길상(吉祥)스러운 도장'이 된다. 일반적으로 도장은 '틀림없이 보증함'을 상징한다. 따라서 천부인의 속뜻은 '하늘이 보증한 능력'이다. 이러한 도장이 세 개이므로 하늘이 보증해 준 능력이 세 가지라는 의미가 될 것이다.

세 가지 능력이 하나의 여의주로 집약된다면, 이것은 우리의 고유한 삼즉일(三卽一), 일즉삼(一卽三)의 논리를 연상시킨다. 환웅이 용으로서 천상세계에서 지상세계로 하강하여 재세이화(在世理化)를 통해서 홍익인간(弘益人間)할 수 있었던 것은 바로 여의주에 해당하는 이 천부인 세 개 때문이었던 것이다. 이 천부인 세 개를 형상화하면 곧 하나의 삼태극(三太極)이 된다.

2. 환웅이 지닌 세 가지 능력의 구체적인 내용

여기서 천부인 세 개와 재세이화를 연결해 생각해 보면 천부인 세 개란 구체적으로 조화(造化)·치화(治化)·교화(敎化)의 능력을 가리킨다고 할 수 있다. 이 조화·치화·교화야말로 재세이화의 구체적인 내용이기도 하다. 인간 세상에 있으면서 이상적으로 바꾸어 준다는 재세이화(在世理化)의 '이화(理化)'는 곧 조화·치화·교화를 가리키는 말이다. 이때 조화는 종교, 치화는 정치, 교화는 교육이 될 것이다.

단군신화의 오사(五事)도 이들 세 가지 능력과 연관성이 있다. 오사 중에서 곡식, 생명, 질병의 주관[主穀·主命·主病]은 조화와 연관되고, 형벌의 주관[主刑]은 치화와 연관된다면, 선악의 주관[主善惡]은 교화와 연관된다고 하겠다.[6] 환웅이 거느리고 내려온 풍백·우사·운사도 오사 및 세 가지 능력과 연관성을 갖는다. 풍백은 주곡·주명·주병 하므로 조화와 연관되고, 우사는 주형 하므로 치화와 연관된다면, 운사는 주선악 하므로 교화와 연관된다고 하겠다.[7] 이러한 오사의 주관은 나머지 360여 인간사의 주관을 가능하게 하는 핵심이 되었다.

조화·치화·교화의 능력인 천부인 세 개는 달리 말하여 신물삼기(神物三器)라고 하는데, 조화를 나타내는 것이 거울[鏡]이라면 치화를 나타내는 것이 칼[劍]이고 교화를 나타내는 것은 방울[鈴]이 된다.

조화의 상징이 거울[鏡]인 이유는 거울이 하늘에 있는 천신(天神)의 뜻을 지상에 드리워 주는 역할을 한다고 봤기 때문이다. 불교가 수용되기 전 신라에는 천경림(天鏡林)이란 성소(聖所)가 있었는데, 이곳은 신라의 토속적인 신앙인 샤머니즘[巫敎]의 신앙 행위를 하였던 장소로 추정된다.[8] 칼[劍]이란 일도양단(一刀兩斷)하는 정치권력 곧 치화의 상징이다. 이때 칼은 사람을 살리는 활인검(活人劍)일 수도 있고, 사람을 죽이는 살인검(殺人劍)일 수도 있다. 칼로써 제때에 제대로 환부를 도려내어야만 몸이 건강해지는 것처럼 칼로써 죽일 것은 죽여야 세상이 건강하게 된다. 죽임으로써 살리자는 것이다. 이 죽임의 행위가 곧 형벌의 주관이며 이를 통하여 세상의 법질서와 기강을 바로잡는 것이 정치권력의 가장 중요한 역할이다. 방울[鈴]은 그것이 인간을 각성하도록 해 준다는 측면에서 교육 내지 교화의 상징이 된다.

3. 용이면서 광명인 환웅, 그 하강의 의미 탐구

환웅은 동시에 광명의 상징이기도 하다. 이 경우 여의주는 그대로 태양이 된다. 이처럼 용이자 광명인 환웅이 천상세계에서 지상세계로 내려옴으로써 지상세계는 어떻게 변하였는가? 한마디로 지상세계가 천상화(天上化)되었다. 약육강식(弱肉强食)이 평화공존으로, 죽임이 살림으로, 무질서가 질서로, 가난이 풍요로움으로 그 패러다임이 바뀐 것이다. 이렇게 함으로써 홍익인간할 수 있게 된 것을 '지상세계의 천상화' 내지 '개벽의 실현'이라고 할 수 있다.

4. 환웅의 개벽실현과 풍백의 봉으로서의 역할

이러한 환웅의 개벽실현[재세이화·홍익인간]에서 가장 중요한 역할을 담당하는 존재는 풍백[風神=鳳]이다. 그 때문에 제일 먼저 언급되는 것이다. 그렇다면 풍백을 어떻게 읽어야 할 것인가? 풍백의 성격은 두 가지로 파악될 수 있다.

첫째, 풍백은 환웅이 피우는 조화의 바람이다.[9]

둘째, 풍백은 환웅의 조화적 나툼[化身]이다.[10]

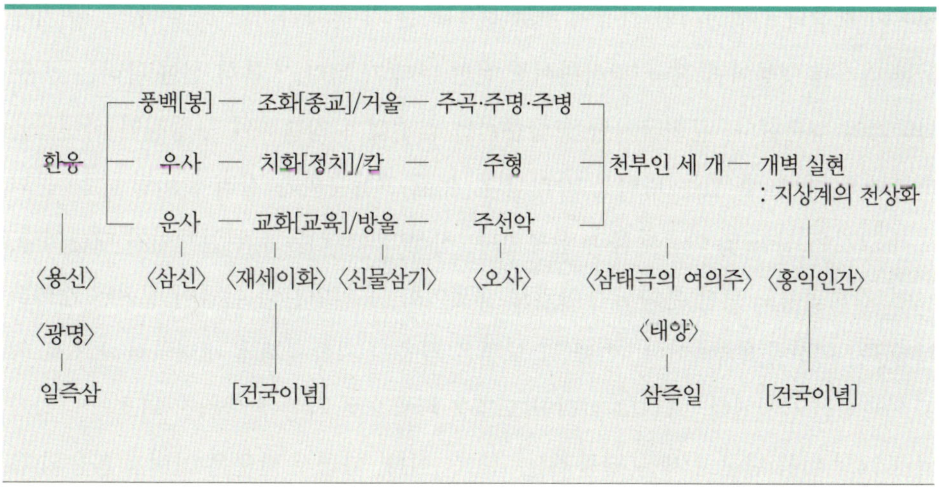

특히 두 번째 성격으로서의 풍백·우사·운사는 환웅과는 일즉삼, 삼즉일의 관계가 될 것이다. 다만, 환웅이 용으로서 남성적인 이미지를 갖는다면 풍백은 풍신 및 봉과 동의어로서 여성적인 이미지를 갖는다고 하겠다.[11]

5. 지상세계의 천상화 내지 개벽을 가능하게 한 환웅의 하강 구조

가운데 용, 광명, 조화·치화·교화, 신물삼기, 여의주, 태양, 개벽 실현 같은 의미소들은 단군신화에 명시적으로 드러나지 않는다. 이것들은 은밀하게 숨겨져 있다가 상상력에 의거하여 제대로 행간(行間)을 읽을 때 비로소 드러난다.

6. 환웅이 이룬 '강하면서도 선한 문화국가'의 함의와 단군의 역할

환인의 서자 환웅이 하강하여 이룬 개벽된 세상은 구체적으로 어떻게 표현할 수 있을까? 그것은 무엇보다도 오사(五事)에서 잘 드러난다. 한마디로, '생존이 보장되고 법질서와 기강이 바로 선 선한 나라'라고 하겠다. 오사 중 주곡·주명·주병의 셋은 흉년 없고, 전쟁 없고, 질병[時疾]이 없음을 가리키며, 따라서 생존이 보장되는 나라이다. 주형은 법질서와 기강이 바로 선 나라를 말하고 주선악은 선한 나라를 가리킨다. 생존이 보장되고 법질서와 기강이 바로 선 나라는 강한 나라라고 할 수 있고, 여기에 선한 나라를 덧붙이면 결국 '강하면서도 선한 나라'가 된다.[12] 특히 선한 나라는 곧 문화국가와 상통한다. 문화국가란 고급문화를 끊임없이 창출하여 구성원인 국민들을 행복하게 해 줄 수 있는 나라를 가리킨다. 이때 고급문화는 진리에 바탕을 둔 문화로서 그것은 선함 및 아름다움과 상통한다. 진선미(眞善美)는 삼위일체이기 때문이다.

이 '강하면서도 선한 문화국가'야말로 재세이화, 홍익인간의 이념이 실현된 개벽된 세상 즉, 이상향(理想鄕)이며, 이때 그 모델은 환웅이 지상세계에 내려와서 최초로 연 치소(治所)인 신시였다. 그리고 이러한 모델을 바탕으로 지상에 세워진 최초의 나라가 바로 그의 아들 단군이 세운 단군조선[고조선]이다. 따라서 단군은 아버지 환웅의 유지(遺志)를 받들어서 '강하면서도 선한 문화국가'를 계승하여 유지(維持)·발전시킨 계지술사(繼志述事)의 통치자였다는 데서 그 존재 의의를 찾아야 한다.[13] 단군의 통치에서 환웅은 이상적인 통치의 모델이었던 것이다.

7. 환웅이 갖는 다양한 이미지들

환웅은 다양한 이미지를 갖는데, 대략 불교의 지수화풍(地水火風) 사대(四大)에 비추어 크게 네 가지 정도로 이야기할 수 있다. 그는 용이자, 광명[태양]이며, 또 봉이기도 하다. 아울러 천상에서 지상으로 내려온 지상신선(地上神仙) 내지 선인(仙人)과 미륵(彌勒)의 이미지도 동시에 갖고 있다. 그런데 그의 이미지가 무엇이건 기본적으로 전제되어 있는 것은 그가 무당신(巫堂神)이라는 사실이다. 이때 무당신은 무당과 마찬가지로 예언, 치병(治病), 사제(司祭), 유희(遊戲)의 역할을 기본적으로 담당하였을 것이다.

제3절 환웅 의식이 후대에 준 영향은 무엇인가?

환웅이라는 존재는 이후 우리 민족이 그 출현을 고대하는 영웅대망론(英雄待望論)의 효시가 되었다. 특히 불교가 도입된 이후로 미륵을 자처하는 인물이 나라가 어지러울 때마다 끊임없이 출현하게 되는데, 이는 제2, 제3의 환웅을 고대하는 민초(民草)들의 가슴속에 잠재된 영웅대망론의 여망에서 기인한 것으로 볼 수 있다. 왜냐하면 우리가 수용한 미륵하생경(彌勒下生經)신앙에서 미륵은 환웅의 변용(變容)으로 간주되었기 때문이다. 환웅은 미륵일 뿐만 아니라 화랑(花郎)과도 동일시되었다.[14]

특히 환웅 의식은 신라의 사상과 문화에 절대적인 영향을 끼쳤다. 사상 형성에 끼친 영향을 살펴보면 크게 4가지로 나눌 수 있다. 첫째, 태백산(太白山) 관념 형성에 영향을 끼쳤다. 둘째 내림[下降] 의식에 영향을 끼쳤다. 셋째, 미륵하생경불교를 비롯한 신라불교에 영향을 끼쳤다. 넷째, 신라 화랑의 이념인 풍월도(風月道) 형성에 영향을 끼쳤다. 환웅 의식은 풍백의식과 함께 신라의 문화에도 다양한 영향을 끼쳤다. 다만 여기서는 이러한 주장을 뒷받침하는 구체적인 내용의 서술은 지면관계상 생략하겠다.[15]

제4절 곰이 웅녀(熊女)가 된 이야기에서 찾을 수 있는 의미는 무엇인가?

1. 세 가지 의미의 제시

곰이 웅녀가 된 이야기에서는 크게 세 가지 의미를 찾을 수 있다. 첫째, 소원을 성취하기 위해서는 극기의 노력으로 합당한 대가를 지불해야 한다는 점이다. 둘째, 자기변화를 꾀하는 것과 관련하여 우리 민족 고유의 삼칠관념(三七觀念)을 엿볼 수 있다는 점이다. 셋째, 인본주의적(人本主義的)인 시각이다.

2. 구체적인 내용 탐구

가. 먼저, 소원을 성취하기 위해 합당한 대가를 지불해야 한다는 점이다.

같은 굴에 살던 곰과 호랑이가 다 같이 인간이 되기를 원했으나 결과적으로 곰은 소원을 성취하였고 호랑이는 실패하였다. 그 이유는 곰은 환웅의 말을 믿고 환웅과의 약속을 그대로 지켰기 때문이고, 호랑이는 반신반의(半信半疑)하면서 환웅과의 약속을 어겼기 때문이다. 환웅의 요구는 소원을 성취하기 위해서는 대가를 지불하라는 것이었다. 그리하여 100일 동안 쑥과 마늘만 먹고 햇빛을 보지 말라고 하였다. 곰과 호랑이에게 강한 극기(克己)의 자기절제를 요구하였던 것이다. 여기서 이 세상에는 원인이 없는 결과가 있을 수 없음을 강조한다는 사실을 알 수 있다. 불교적인 인과론(因果論)과 그 함의가 상통한다고 하겠다. 이러한 이야기는 우리가 살아가면서 은연중에 기대하는 '공짜심리'에 경종을 울린다. 스스로의 의지와 노력 없이는 절대로 의미 있는 결실을 거둘 수 없다는 교훈을 후대에 강하게 심어 주려고 하는 것이다.

나. 둘째, 우리 민족이 고유하게 지녀 온 삼칠관념(三七觀念)에 관한 것이다.

동물이 사람이 된다는 것은 일종의 환골탈태(換骨奪胎)이자 대변화, 혹은 변화의 완성이다. 여기에 삼칠관념이 관여하고 있음을 알 수 있다. 쑥 1다발과 마늘 20쪽을 먹고 어두운 굴속에서 3·7일 곧 21일을 기(忌)한 곰은 환골탈태의 대변화를 완성해 사람이 되었다. 여기에 삼칠수 곧 21이 두 번 관여함을 알 수 있다. 쑥과 마늘의 합이 21임에 주목하면 이 점을 잘 알 수 있다. 이후 이 삼칠수는 그대로 우리 민족에게 환골탈태수, 대변화수, 변화의 완성수로 간주되었다. 그리하여 많은 이야기들을 만들어 내었다. 여기에 대해서는 '제1장 우리민족의 고유성, 그 정체는 무엇인가. 제1절, 1., 다. 3·7관념을 중시하는 고유성'을 참고하기 바란다.

다. 셋째, 인본주의적인 시각이다.

단군신화에는 신본주의(神本主義)가 없다. 신이었던 환웅[神雄]도 인간 세상을 희구[貪求人世]한다. 곰과 호랑이도 사람이 되기를 원한다. 신과 동물 모두 인간이 되기를 소원하는 것이다. 너무나도 확고한 인본주의가 아닐 수 없다. 이는 인간이 가장 소중하며, 인간으로 태어난 이상 우리가 사는 이 세상을 살기 좋은 세상으로 만들어야 한다는 현세 중심적인 사고방식의 반영이라고 하겠다. 이것은 결국 강렬한 현실 개혁 내지 개벽으로 나아가는 바탕이 된다는 측면에서 매우 중요하다.

제5절 나가면서

단군신화는 그 속에 역사 기록 이전의 선사시대(先史時代) 우리 민족의 원형(原型)이 그대로 숨겨져 있다. 따라서 우리 민족만이 지닌 고유성(固有性)에 대한 정보를 풍부하게 담고 있는 민족의 DNA라고 하겠다. 이러한 신화를 제대로 읽는 것이 대단히 중요하지만 이것은 결코 용이하지 않다. 왜냐하면 '아는 만큼 보이기 때문'이다. 신화 읽기에는 신화학, 인류학, 역사학, 철학, 문화학, 민속학, 천문학, 수학, 자연과학 등 관여하지 않는 학문 분야가 없다고 할 만큼 많은 지식을 필요로 한다. 이러한 지식을 바탕으로 해서 행간(行間)을 읽는 능력, 곧 일종의 상상력(想像力)을 발휘해야만 신화를 제대로 읽어 낼 수 있다.

지금까지 위에서 서술한 내용은 필자 나름대로 그동안 시도해 온 건국신화 읽기의 결과물이다. 물론 충분하다고 할 수는 없지만, 그동안 밝히지 못했던 새로운 사실들을 밝혀 보고자 하였고, 앞으로도 이러한 시도가 지속적으로 이루어져야 함을 강조하고자 하였다. 본고가 앞으로 새로운 건국신화 읽기를 시도하는 데에 일조할 수 있기를 바라 마지않는다.

핵심 개념 정리

1. 우리 민족의 용관념(龍觀念)과 중국의 용관념의 차이점

가. 중국의 용관념: 승천(昇天)하는 존재

나. 우리 민족의 용관념: 천상(天上)에서 지상으로 하강(下降)하는 존재

다. 이러한 차이점이 의미하는 바가 무엇인가?

2. 용의 여의주에 해당하는 천부인 3개: 조화(造化)·치화(治化)·교화(敎化)의 능력

가. 오사(五事)

㉠ 곡식·생명·질병의 주관[主穀·主命·主病]-조화

㉡ 형벌의 주관[主刑]-치화

㉢ 선악의 주관[主善惡]-교화

나. 신물삼기(神物三器)

㉠ 조화를 나타내는 거울[鏡]

㉡ 치화를 나타내는 칼[劍]

㉢ 교화를 나타내는 것은 방울[鈴]

다. 환웅의 개벽 실현과 풍백의 봉으로서의 역할

㉠ 풍백은 환웅이 피우는 조화의 바람

㉡ 풍백은 환웅의 조화적 나툼[化身]

3. 환웅의 하강으로 이룬 '강하면서도 선한 문화국가': 생존이 보장되고 법질서와 기강이 바로 선 선한 나라

4. 환웅의식이 화랑 풍월도 형성에 미친 영향: 신라 화랑의 이념인 풍월도(風月道)를 형성하였다.

생각해 보기 1

환웅을 우리 민족 최초의 용으로 보는 이유가 무엇인가?

생각해 보기 2

환웅과 풍백·우사·운사의 관계는 어떻게 설명할 수 있을까?

생각해 보기 3

'강하면서도 선한 문화국가'가 갖는 의미는 무엇인가? 우리의 이상향관(理想鄕觀)에 주목하여 설명해 보자.

주석

1. 한국정신문화연구원, 『한민족대백과사전』, 용조(龍條), 318쪽, "용의 모습은 뇌성(雷聲)·괴운(怪雲)·선풍(旋風)·뇌화(雷火)·폭우(暴雨) 등과 밀접한 관계를 맺고 탄생하였다."

2. 한국에는 대략 3개의 태백산(太白山)이 있다. 지금 강원도 태백에 있는 태백산(太白山), 평안북도 안주(安州)의 묘향산(妙香山), 그리고 백두산(白頭山)이다.

3. 『금성판 국어대사전』, 금성출판사, 천지(天池) 조.

4. 고대 동이족의 문화 원천인 홍산문화 유적지에서 발굴된 용 유물은 중국 한족의 문화원천인 용산문화 유적지의 유물보다 연대적으로 앞선다고 한다. 이는 용문화의 원천이 동이족이었음을 말해 주는 사례라고 하겠다.(정형진, 『천년왕국 수시아나에서 온 환웅』, 일빛, 2007, 133~135쪽)

5. 2011년 카타르에서 개최된 아시안컵 축구대회에서 중국이 내건 '승천(昇天)하는 용(龍)'이라는 슬로건은 축구에서 용의 승천과 같은 대비약을 이루자는 것으로서, 이는 중국인들의 용 관념을 축구에 적용한 좋은 사례이다.

6. 여기서 주병은 정치적인 치화의 영역에 속한다고도 할 수 있으나 그것은 역사 발전이 한참 진행된 뒤에 나타난 것이고 애초에는 완전히 종교의 영역이었다고 봐야 할 것이다.

7. 따라서 종교적인 조화에 속하는 곡식과 생명, 그리고 질병을 관장하는 풍백은 무당, 무당신으로서 인간의 생존 보장권을 지닌 막강한 존재였다고 할 수 있다.

8. 『삼국유사』, 권제3, 아도기라(阿道基羅) 조에 따르면 천경림(天鏡林)은 신라 칠처가람(七處伽藍)터의 하나로서 아도가 신라 임금에게 건의하여 이곳에 신라 최초의 절인 흥륜사(興輪寺)를 세운다. 이후 환웅 의식은 신라의 사상과 문화에 깊은 영향을 미치게 된다.우실하, 『전통문화의 구성원리』, 조합공동체소나무, 1999, 107쪽 참조.

9. 그렇다면 우사(雨師)는 환웅이 내리는 치화(治化)의 비가 되고, 운사(雲師)는 환웅이 드리우는 교화(敎化)의 구름이 될 것이다.

10. 이에 비해 우사는 환웅의 치화적(治化的) 화신(化身), 운사(雲師)는 환웅의 교화적(敎化的) 화신(化身)이다.

11. 이 풍백관념(風伯觀念)은 나중에 신라에 계승되어서 계룡(鷄龍)인 선도산신모(仙桃山神母), 영동할미[靈登婆]로 바뀌며, 특히 영동할미는 고유한 민속인 '바람 올리기[風神祭]'의 신앙 대상이 된다. 풍백과 계룡뿐만 아니라 영동할미 역시 봉(鳳)으로 간주된다. 그런데 봉은 기본적으로 태양새[太陽鳥]로서의 성격을 지닌다. 그러고 보면 용은 물의 상징이고 봉은 불의 상징인 셈이다.

12. 여기서 오사(五事)의 배열이 매우 정교함을 알 수 있다. 오늘날의 입장에서 보더라도 생존의 보장이 없이 법질서와 기강의 확립은 있을 수 없으며, 또 생존의 보장과 법질서의 확립이 없이 선한 사회는 구현되지 않는다. 생존의 보장에서도 흉년 없음은 경제력을, 전쟁 없음은 국방력을, 질병 없음은 의료보장을 말하는 바 이 역시 순서의 배열에 어김이 없음을 알 수 있다.

13. 『중용』 제19장, "夫孝者, 善繼人之志, 善述人之事者也."

14. 『삼국유사』, 미륵선화·미시랑·진자사 조의 미륵선화(彌勒仙花)에서 보듯이 화랑 역시 하생(下生)한 미륵이자 선(仙)으로 간주된다.

15. 손병욱(2012), 318~330쪽 참조 바람.

| 3장 |

남명학파의 실천적인 선비정신과 그 연원 탐구

- 남명학파의 실천적인 선비정신을 이해한다.
- 남명학파와 가야문화의 연관성을 설명할 수 있다.
- 화랑풍월도의 정체를 설명할 수 있다.
- 화랑풍월도 형성에 미친 가야파, 가야문화의 영향을 이해한다.
- 화랑풍월도가 이 시대에 줄 수 있는 메시지를 이해한다.

제1절 실천적인 선비정신의 표상, 남명 조식(1501~1572)

남명 조식은 누구인가? 조선조 실천적인 선비정신의 표상인 그의 인격은 흔히 벽립천인(壁立千仞), 태산교악(泰山喬嶽), 추상열일(秋霜烈日)로 표현된다. 남명사상의 핵심인 경의(敬義)란 주경행의(主敬行義)로서, 경을 주로 하되 의(義)의 실천을 매우 중시하는 특징을 지녔다. 특히 불의(不義)를 배격하고자 했으므로 그의 언사는 거침이 없고 따라서 매우 과격해 보이기조차 하였다. 이런 그의 입장은 56세 때(1555) 단성현감을 사직하면서 임금에게 올린 을묘사직소(乙卯辭職疏)에서 잘 드러난다. 그가 평소 의의 상징으로 검(劍)을 지녔다는 것은 무(武)를 중시하는 입장과 함께 과감하게 결단하고 행동하는 그의 실천적인 선비정신을 드러내는 것이다. 남명의 인간됨은 다음 표현에서 집약적으로 잘 드러난다고 하겠다.

- 그는 위기의식(危機意識)과 무 의식(武意識)을 지닌 문무겸비지사(文武兼備之士)였다.
- 그는 청수(淸粹)하고 충실(充實)한 기운을 지닌 청렴(淸廉)하고 유능(有能)한 참선비 이자 창의적인 리더였다.
- 그를 비롯해 그의 문인들로 구성된 남명학파는 신라의 화랑 조직인 낭도부곡(郎徒部曲)이 지녔던 특징들을 잘 계승하고 있다는 측면에서 다른 학파 특히 퇴계학파와는 구별된다.[1]
- 그는 멸사봉공(滅私奉公)을 넘어선 활사개공형(活私開公型) 인물이었다.

남명 조식은 무슨 일을 하고자 했던가? 그는 자기의 시대가 위기상황(危機狀況)임을 끊임없이 강조하였다. 특히 왜구의 침입에 대비해야 한다고 하였다. 조정은 남명의 경고에 귀를 기울이지 않았다. 그러나 그는 여기에 실망하지 않고 교육을 통해서 문인들에게 위기의식을 심어 줌으로써 국난에 대비하도록 하였다. 그 결과 임진왜란 때 남명의 문하에서 50여 명의 의병장이 배출되어서 국난극복(國難克服)에 크게 기여하였다.[2] 한마디로 남명은 위대한 사상가이자 위대한 교육자였다.

남명은 어떤 나라를 꿈꾸었던가? 그는 선악(善惡)의 논리가 강약(强弱)의 논리를 압도하였던 시대를 살면서 강약의 논리를 무시하지 않고 '강하면서도 선한 나라'를 희구하였다. 곧 생존이 보장되고 법질서와 기강이 바로 선 강한 나라를 바탕으로 양심에 따라서 선하게 사는 사람이 대접받는 선한 나라를 이루고자 하였다.[3] 이런 선한 나라에서 고급문화가 나온다. 고급문화란 우리들 자신은 물론이고 다른 사람들을 행복하게 해 줄 수 있는 문화인데, 이것은 진리에 바탕을 두고 있다. 따라서 선한 나라는 진선미(眞善美) 삼위일체에서 보면 진리에 바탕을 두고 끊임없이 고급문화를 창출하는 나라 곧 문화국가이다.[4]

이제 본고에서는 남명의 실천적인 선비정신을 계승하기 위한 방안으로서 다음의 세 가지 측면에 주목해 보고자 한다.

첫째, 그의 만년 저작인 『신명사도(神明舍圖)』를 통해서 그것이 지닌 인성교육적 함의를 탐구해 보려고 한다.

둘째, 그와 그의 학파가 삼국 통일기(540~681) 신라의 화랑 조직인 낭도부곡(郎徒部曲)의 특징을 은연중에 계승하고 있다는 사실에 주목하여 이것이 갖는 인성교육적 함의를 살펴보고자 한다.

셋째, 남명의 실천적인 선비정신의 현대적 표상인 활사개공형(活私開公型) 인간상에 대해서 고찰해 보고자 한다.

제2절 『신명사도』의 인성교육적 함의

1. 『신명사도』 소개

가. 주요한 용어의 소개와 풀이

1) 태일군(太一君)

2) 천덕(天德)·왕도(王道)

3) 일·월(日·月)

4) 총재(冢宰)·경(敬)·성성(惺惺)

5) 국군사사직(國君死社稷)

6) 귀(鬼)·몽(夢) 대 인(人)·각(覺)

7) 백규(百揆)·치찰(致察)

8) 대사구(大司寇)·극치(克治)

9) 대장기(大壯旂): 『주역』 뇌천대장(雷天大壯)괘(34)의 괘사(卦辭)를 보면 "큰 발전을 도모할 수 있는 상황으로서 개혁추진력이 가장 왕성하다"라고 하였다.[5]

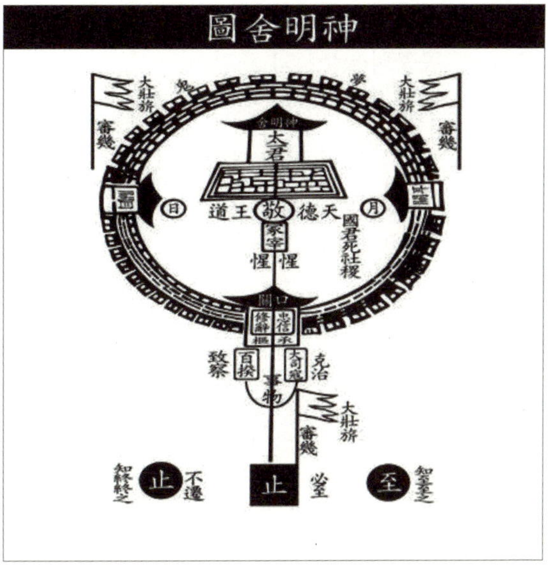

| 신명사도.

2. 『신명사도』의 의미 소개

가. 『신명사도』란?

1) 신명(神明)이란 정신을, 사(舍)란 집을 의미한다. 따라서 신명사(神明舍)란 정신의 집이고 『신명사도(神明舍圖)』란 이 정신의 집을 그림으로 그린 후 그 의미를 해설한 것이다.

2) 이 『신명사도』는 남명이 만년에 그의 사상을 집약하여 한 장의 글과 그림으로 표현한 것이다. 이것은 '제 자리에서 제 할 일 할 줄 아는 사람의 몸과 마음[心身]'을 그림으로 그린 것이다. 이런 사람을 일컬어서 참선비, 장의적 리더라고 한다.

3) 제 자리에 있다고 함은 무엇을 가리키는가? 이성적(理性的)인 판단이 요구되는 일을 할 때 내 몸이 있는 '지금 여기'에 내 마음도 같이 있되 언제나 또랑또랑하게 깨어 있음이다.

4) 제 할 일이란 무엇인가? 내가 세운 삶의 궁극적인 목표인 지향처(志向處)를 향해 나아가는 것과 관련이 있는 일이다.

5) 바람직한 지향처(志向處)가 갖추어야 할 네 가지 조건은 무엇인가?

① 시대성(時代性)의 조건

② 공공성(公共性)의 조건

③ 전문성(專門性)의 조건

④ 과업지향성(課業志向性)의 조건[6]

6) 제 자리에 있어야만 제 할 일 제대로 할 수 있다. 그러므로 제 자리에 있는 것이 매우 중요하다.

7) 제 자리에 있기 위해서는? 무엇보다도 우리의 감각기관 중 이·목·구(耳目口)를 잘 통제할 수 있어야 한다. 잘 보고, 듣고, 말해야 한다. 특히 잘 보는 것이 중요하다. 백문불여일견(百聞不如一見)이라고 했다.

① 잘 봄이란? 봐야 할 것을 보고 봐서는 안 될 것을 안 보는 것이다. 잘 볼 수 있어야 잘 듣고 잘 말할 수 있다. 『신명사도』를 보고 이해하는 것이 잘 보는 것이요, 야동을 보고 거기에 빠져서 헤어나지 못하는 것이 잘 못 보는 것이다.

② 모든 유혹은 이·목·구로부터 들어온다.

8) 이 유혹을 막아 내자면 어떻게 해야 하는가? 이·목·구를 잘 통제하되, 유혹이 다가오면 알아차릴 수 있어야 한다[審幾].

9) 이렇게 하여 언제나 제 자리에 있자면? 어떤 힘이 필요하다. 그것은? 집중력과 의지력이다.

① 이 둘의 관계는 무엇인가? 이 둘은 서로 다른 힘이지만 상호 깊은 연관성이 있다.

② 집중력이 강/약하면 의지력이 강/약해지고, 의지력이 강/약하면 집중력 역시 강/약해진다. 따라서 이런 이 두 힘의 관계를 고려하여 집중력[의지력] 혹은 의지력[집중력]으로 표현할 수 있다.

③ 본고에서는 집중력을 배양하여 의지력을 배양하는 방법을 소개하고자 한다.

④ 집중력을 배양하는 데 가장 좋은 방법은? 호흡명상이다. 남명은 이것을 심식상고(心息相顧)라고 하였다.[8]

⑤ 심식상고란? 날숨과 들숨을 알아차리는 것이다. '지금 여기 호흡 알아차리기 수련(修練)'이다. 제대로 심식상고하면 우리의 의식이 순일무잡(純一無雜)해지

면서 집중력이 배양된다.

⑥ 집중력이 배양되면 의지력도 길러져서 내 지향처를 향해 나아가려고 하는 의지가 생긴다.

⑦ 『신명사도』는 집중력[의지력]이 충만한 내 심신을 그림으로 나타낸 것이다. 이 힘이 바탕이 되어야 제 할 일 하는 데 필요한 힘을 배양할 수 있다.

나. 제 할 일을 제대로 하기 위한 방법: 삼대력(三大力) 배양과 활용

1) 제 할 일을 제대로 하자면 어떤 힘이 필요한가? 삼대력(三大力)을 배양하고 활용해야 한다. 이 힘은 특히 '창의적 리더'가 되는 데에 필요하다. 그것은 지력(知力)·기력(氣力)·정감력(情感力)이다.

2) 삼대력은 구체적으로 무엇을 가리키는가?

① 지력이란? 정신적인 생명활동을 왕성하게 하는 힘, 곧 지성(知性)의 힘이다. 창의적 리더에게 이 힘은 어두운 곳을 밝히는 데 활용된다.

② 기력이란? 육체적인 생명활동을 왕성하게 하는 힘, 곧 야성(野性)의 힘이다. 창의적 리더에게 이 힘은 막힌 곳을 뚫는 데 활용된다.

③ 정감력이란? 남과 어울리고 친화하고 소통할 수 있는 힘, 남을 포용할 수 있는 힘이다. 곧 감성(感性)의 힘이며 공감 능력이다. 이것은 공동체 구성원에게 리더인 나의 지향처를 그들 각자의 지향처로 수용하도록 하는 능력이다.

3) 삼대력을 배양하고 활용하면? 어두운 곳을 밝히고[知力] 막힌 곳을 뚫어서[氣力], 공동체 구성원 모두와 함께 내가 세운 지향처를 향해 나아갈 수 있다[情感力]. 어두운 곳을 밝히고 막힌 곳을 뚫는 것이 창의성이라면, 공동체 구성원 모두와 함께 내가 세운 지향처를 향해서 나아감은 리더십이다.

4) 이 삼대력을 어떻게 기를 것인가?

① 지력 배양 방법–독서궁리(인문·사회·자연과학 공통)+현장조사 연구(field research: 사회과학)+실험관찰(자연과학)

② 기력 배양 방법–신체단련: 3·3질 법칙을 활용해 스스로를 천하제일의 보검으로 만들자!

③ 정감력 배양 방법–공동체 생활하기와 음악교육

3. 왜 남명은 『신명사도』를 이렇게 그렸을까?

가. 『신명사도』의 특색

1) 『신명사도』에서 드러나는 특색이 무엇인가? 이는 임금[國君]이 장수를 시켜서 도성(都城)을 지키는 그림이다.

2) 무슨 의미인가? 내 심신(心身)을 지켜서 제 자리에 있도록 하기를 장수가 도성 지키듯이 하라.

3) 도성을 제대로 지키지 못하고 외적의 침입을 허용하면 어떻게 되는가? 임금이 치욕을 당하면서 나라는 망하고 백성은 침략자의 소유물이 된다. 따라서 임금은 죽음을 무릅쓰고 나라를 안전하게 지켜야 한다[國君死社稷].

나. 『신명사도』의 함의

1) 이 그림에서는 강한 위기의식이 느껴진다.

2) 임금이 도성을 지키는 것이 중요하듯이, 개개인은 '제대로 제 자리에 있는 것'이 중요하다. 만약 이·목·구의 유혹을 막아내지 못하여 제 자리에 있지 못하면 개인은 죽고 만다. 제 자리에 있지 못하는 삶은 살아도 산 것이 아니다. 죽은 것과 마찬가지이다.

3) 왜냐하면? 제 할 일을 제대로 할 수 없기 때문이다. 따라서 제 자리에 있을 수 있느냐의 여부에 죽느냐 사느냐의 강렬한 위기의식을 갖고 내 목숨을 걸어야 한다.[9]

4) 임금이 외적의 침입으로부터 도성을 지키려고 함은? 나라를 임금이 지향하는 이상적인 나라, 잘 사는 나라로 만들기 위함이다. 왕도정치(王道政治)를 실현하여 이상적인 나라를 만들기 위함이다.

- 왕도정치란? 이덕행인(以德行仁)이다. 패도정치란? 이력가인(以力假仁)이다.

5) 개인이 제 자리에 있고자 함은? 제 할 일을 하기 위해서이다. 각자 자기가 세운 지향처를 향해서 나아가기 위해서이다.

6) 왜 이 그림이 둥글게 표현되었을까?

7) 이처럼 제 자리에서 제 할 일 할 줄 아는 사람은 자기의 지향처에 도달할 수 있다. 이런 사람은 인생을 성공적으로 마무리할 수 있다.

8) 남명은 이 그림을 통해서 당시의 임금이 정말 강렬한 위기의식을 갖고 제 자리에서 제 할 일 할 수 있게 되기를 염원하였다.

① 만약 당시의 선조(宣祖)가 『신명사도』와 같은 심신을 유지하였다면? 임진왜란은 일어나지 않았을 것이다. 일어났더라도 그렇게 비참하지는 않았을 것이다.

② 임진왜란이 어떤 전쟁이었나?

- 1591년 당시 조선 인구는 516만 명이었다가, 1639년에는 152만 명이었다. 반세기 동안 364만, 3분의 2가 줄어들었다. 대부분이 임진왜란(1592)과 정유재란(1597)의 피해자이다. 정묘호란(1627)과 병자호란(1636)의 피해자는 50만 명을 넘지 않는다. 7년 전쟁 동안 무려 314만 명이 희생당하거나 포로로 잡혀 갔다.
- 당시 희생자의 귀 무덤과 코 무덤이 일본에 남아 있다. 일본군은 처음에는 귀를, 나중(정유재란 이후)에는 코를 베었다. 도사번의 코무덤에는 6,006명, 사쓰마번 코무덤에는 38,000명, 큐슈의 나고야성에는 126,000명의 귀+코 무덤이 있다. 정유재란(1597)에서만 17만 명이 학살당했다.
- 임진왜란 다음 해(1593) 관군은 13만여 명, 의병은 2만 3천 명이었다. 이 가운데 경상우도 의병이 1만 명(곽재우 2천 명+정인홍 3천 명+김면 5천 명)이었다.
- 임진왜란[文禄の役] 당시의 일본군 규모를 보면 육군 15만여 명(1군-9군), 수군 9,200명이라고 일본 자료에서 소개하고 있다.
- 정유재란(1597) 때 일본군 규모: 당시 조선에 남아 있던 일본군은 2만 명 정도였다. 일본으로부터 보강된 숫자는 가등청정의 1군+고니시의 2군을 포함한 8군 병력을 합하여 12만 명이었다. 따라서 당시 일본군 총계는 14만 명 정도였다.

4. 『신명사도』가 우리에게 주는 메시지는 무엇인가?

가. 내 삶의 궁극적인 목표인 지향처(志向處)를 잘 정하라.

나. '내 자리에 있지 못하면 곧 죽고 만다'는 위기의식을 갖고 호흡명상에 의거하여 내 마음을 집중력[의지력]으로 가득 채워라.

다. 이·목·구를 잘 통제하라. 특히 봐서는 안 될 것을 보지 말고, 꼭 봐야 할 것을 놓치지 마라. 이후 잘 듣고 잘 말하라. 그리하여 내 심신을 잘 지켜서 어떤 유혹이나 잡념도 침투하지 못하게 하라.

라. 언제나 내 자리에 있으면서 내 할 일 할 줄 아는 삶을 살자! 그리하여 내 지향처를 향하여 부단히 앞으로 나아가자!

마. 집중력[의지력]은 물론이고 삼대력[지력·기력·정감력]을 잘 배양하고 활용함으로써 창의적인 리더의 삶을 살 수 있도록 생활 계획을 잘 세워 실천하여 습관화해 나가자.

第3절 남명학파가 계승한 신라 화랑의 인성교육적 함의

1. 신라의 화랑제도에 미친 가야문화의 영향

가. 가야파와 신라파의 특징 비교

1) 이 시점에서 우리는 남명을 비롯한 남명학파가 신라의 화랑(花郎)과 연결되고 있음에 주목할 필요가 있다. 크게 세 번의 변화[三變]를 거친 신라 화랑제도 가운데서도 신라의 삼국 통일을 가능하게 한 '도의(道義) 위주의 화랑제도'를 형성하는 데는 가야파(伽倻派)의 역할이 지대하였다. 『화랑세기』에 따르면 화랑제도는 '봉신(奉神) 위주의 원화(源花)제도→도의(道義) 위주의 화랑(花郎)제도→득도(得道) 위주의 국선(國仙)제도'로 바뀌는데, 이 가운데 도의 위주의 화랑제도는 진흥왕 원년(540)부터 문무왕 말년(681년)까지 140여 년 지속되었다.

2) 『화랑세기』를 통해서 보면 화랑 조직인 낭도부곡(郎徒部曲)을 만든 8세 풍월주 문노(文努, 538~606)는 지금의 합천·고령 지방에 있었던 대가야 왕실의 외손(外孫)으로서 대가야에 대한 자부심이 강했고 아울러 검도(劍道)의 대가였다. 금관가야의 후예였던 15세 풍월주 김유신(金庾信, 595~673)은 삼한을 통합하고 난 뒤에 이런 문노를 사기의 으뜸[士氣之宗主]으로 삼아서 각간(角干)으로 추증하고 신궁(神宮)의 선단(仙壇)에서 대제(大祭)를 거행하였다.[10] 김유신 역시 검도를 매우 중시하였다.

3) 문노와 김유신으로 대변되는 가야파를 빼고 신라의 화랑을 이야기할 수 없다. 여기서 이 시기 낭도부곡에 미친 가야파와 신라파의 영향이 어떻게 드러나는지를 정리해 보기로 하자.

낭도부곡에 미친 가야파와 신라파의 영향 비교[11]

구분	가야파(가야문화)	신라파(신라문화)
대표적인 인물	문노(8), 김유신(15)	설원랑(7), 보종(16)
조직 구성원의 특징	초택지인(草澤之人)	골품지인(骨品之人)
추구하는 가치	무도(武道)	선도(仙道)
지향하는 인간상	국선(國仙)	신선(神仙)
별칭(別稱)	호국선(護國仙)	운상인(雲上人)
특징	호무사다협기(好武事多俠氣) 호상마의위주(互相磨義爲主) ⇒남명학파로 계승됨.	선향가호청유(善鄕歌好淸遊) ⇒퇴계학파로 계승됨.

4) 화랑풍월도를 형성하는 데는 가야파와 신라와 신라파가 다 같이 영향을 미쳤다. 그런데 이러한 가야파의 특징은 이후 남평학파에 반영되고 있고, 이에 비해 신라파의 특징은 이후 퇴계학파에 반영되었다. 그것을 정리하면 다음과 같다.

가야파의 '무도[의]-의기-행의-국선'으로 나타난다. 신라파의 '선도[도]-우주청원지기-득도-신선'은 나중에 퇴계팍하의 특징인 '인(仁)-리(理)-문(文)-효(孝)'로 나타난다.

5) 이들 중 가야파는 신라의 삼국 통일을 뒷받침한 도의 위주의 화랑제도 가운데서

도 의(義) 위주의 무도(武道) 특히 검도를 닦아서 의기(義氣)를 배양하여 행의(行義)하려는 국선화랑(國仙花郞)의 전형(典型)이었고, 이 무도야말로 화랑정신을 뒷받침하는 이념인 풍월도(風月道) 일명 선교(仙敎)의 핵심이었다.[12] 이들 국선이 지켜야 할 계율이 바로 '충 중심의 효[忠的孝]'와 무용(武勇)을 강조한 세속오계(世俗五戒)였다.[13] 따라서 국선화랑이 가장 중요시한 덕목은 단연 의(義)였던 것이다.

나. 남명학파와 가야문화

1) 남명은 가야문화권에서 태어나 의령, 김해, 삼가, 덕산 등 가야문화권에서 대부분의 생애를 보냈다.[14] 그 역시 의를 강조하고 검을 사랑하였다. 그가 새긴 검명(劍銘) '외단자의(外斷者義)'에서 드러나듯이, 검의 일도양단(一刀兩斷)은 의의 상징으로서 불의(不義)를 추호도 용납하지 않고 과감하게 제거하려고 한다는 측면에서, 그의 '칼의 정신'은 그대로 국선화랑(國仙花郞)의 무도(武道)와 연결되는 것이다.

2) 화랑은 국선이면서도 신선을 지향하였다. 그리하여 우주청원지기(宇宙淸元之氣)를 배양하여 득도(得道)하는 선도(仙道)를 추구하였다.[15]

3) 여기서 도의 위주의 화랑제도에서 도의(道義)가 각각 무엇을 가리키는지 정리해 보면 다음과 같다.

도	선도(仙道)	선도수련	우주청원지기(宇宙淸元之氣) 배양	득도	신선	출세간
의	무도(武道)	무도수련	의기(義氣)배양	행의	국선	입세간

4) 가야파는 도의 가운데서 의의 추구를 우선시하였다. 그런 뒤에 도의 길을 가려고 하였다. 국선으로서의 역할을 다한 뒤에 신선으로서의 삶을 살기를 희구하였다. 이러한 입장은 다음과 같이 정리될 수 있다.

국가공동체가 위기에 처하면 자기의 모든 것을 다 바쳐서 헌신·봉사하지만, 위기상황에서 벗어나면 일체의 공치사를 바라지 않고 깨끗이 물러나서 자연과 더불어 유유자적하는 삶을 영위하고자 하였다.

①논공행상(論功行賞) 시에 공훈을 평가하여 벼슬이나 상훈을 내려도 그것을 받으려고 하지 않았다. 이미 충분한 보상을 받았다고 여겼기 때문이다. 왜 그런가?

②이런 정신은 신라 화랑의 원형적 인물인 물계자(勿稽子)에게서 발견된다. 문노 역시 이런 길을 갔고, 김유신은 이런 길을 실지로 가지는 못했지만 항상 이런 길을 가기를 희구하였다. 『삼국사기』, 열전, 검군 조에 소개된 바 있는 진평왕 때의 근랑(近郞)이라는 화랑의 낭도였던 검군(劍君)이 가고자 하였던 길 역시 이와 다르지 않았다고 본다.

③역대 풍월주(風月主) 가운데서도 특히 가야파에게서 이런 특징이 잘 드러난다. 이런 전통은 연면히 이어졌다. 그리하여 남명학파에서도 이런 전통을 이은 인물들이 출현하였다. 그 대표적인 인물이 바로 망우당 곽재우(郭再祐, 1552~1617)였다.

④그는 임진왜란 때 창의기병(倡義起兵)하여 국난극복에 헌신한 뒤, 전쟁이 끝나자 은퇴의 길을 택하였다. 그리고 신선을 지향하였다. 남명학파가 보이는 이러한 특징은 남명이 이어받은 가야파의 정화인 국선화랑의 정신과 무관하지 않다고 생각된다.

2. 가야파의 문노와 남명학파의 남명이 지닌 특징 비교

가. 문노의 특징

1) 대가야 왕실의 문화공주(文華公主)와 신라인 아버지 비조부(比助夫)공 사이에서 탄생하였으며 가야인이라는 자부심이 강하였다.

2) 의(義)를 숭상하고 검도(劍道)에 능하였다. 검도수련으로 의기(義氣)를 배양하여 의를 실천[行義]하는 의기의 으뜸[義氣之宗]으로 묘사되었다.

3) 김유신이 삼한 통합 후 문노를 사기의 으뜸[士氣之宗主]으로 삼았다. 이때 사기(士

氣)란 '선비의 기상'인데 여기서 선비란 무사(武士) 외에 문사(文士)의 의미를 지닌다. 왜냐하면 문노는 호용능문(好勇能文)의 인물이었기 때문이다. 따라서 그는 문무겸비지사(文武兼備之士)였다고 할 수 있으며 이 점에서 남명과 닮은꼴임을 알 수 있다.

4) 화랑 조직인 낭도부곡(郎徒部曲)을 만들었다. 그 가운데서도 무도(武道) 특히 검도를 수련하여 의기(義氣)를 형성한 뒤 의를 실천함으로써 위국헌신하려는 충용(忠勇)의 정신을 화랑들에게 불어넣어 주었다. 우리가 아는 반굴, 화랑 관창, 대야성의 죽죽(竹竹) 같은 인물이 나올 수 있는 바탕을 만들었다.

5) 자기 부인 윤궁낭주(允宮娘主)의 조언에 의거하여 낭도부곡의 작동 원리를 제시하였다. 그리하여 이 조직을 '형제애(兄弟愛)가 넘치는 동지(同志) 조직'이 되도록 하였다.(義←情←志) 이 조직이 조폭(組暴) 조직과 어떻게 다른가?

6) 국가가 위기에 처하면 자기의 모든 것을 바쳐서 헌신봉사(獻身奉事)하였지만 위기상황에서 벗어나면 일체의 공치사를 바라지 않고 깨끗하게 물러나 자연과 더불어 유유자적하는 신선(神仙)의 삶을 살고자 하였다.

7) 그는 같은 가야 출신인 15세 풍월주 김유신에 의해서 높이 평가되었다. 그리하여 포석사(鮑石祠)에 그의 화상(畵像)이 모셔졌다.

8) 그가 육성한 화랑 조직은 신라의 삼국 통일을 가능하게 하였고, 나아가 신라를 삼킬 야심을 지녔던 당나라와의 7년 전쟁(羅唐戰爭, 670~676)에서 승리하도록 해 주었다.

9) 이후 역사에서 문노는 철저하게 망각되어 『화랑세기』가 발굴되기 전에 그를 제대로 아는 한국인은 아무도 없었다. 이후 또 다른 가야파였던 김유신의 후손도 신라의 삼국 통일 이후 신라파에 의하여 철저하게 제거되었다.

나. 남명의 특징

1) 그는 대가야 지역이었던 삼가현에서 태어나서 자랐다.

2) 의를 강조하였고 그 상징으로서 검을 지녔다. 검을 사랑해 매사에 일도양단(一刀兩斷)하는 칼의 정신을 형성하였다.

3) 문인들 대부분은 옛날 가야문화권 출신들이었다.

4) 숭문천무(崇文賤武)의 시대를 살면서 문 못지않게 무를 중시하였고 강렬한 위기의식을 지녔다. 위기의식의 핵심은 항재전장 의식(恒在戰場意識)이고 이는 그의 남다른 무의식(武意識)에서 나왔다. 무 의식은 무예수련과도 연관된다. 그와 그의 문하생들은 평소 군자육예(君子六藝)에 속하는 사어(射御), 곧 활쏘기와 말 타기는 기본적으로 익히고 있었을 것이다.

5) 그와 제자들은 문무겸비지사(文武兼備之士) 내지 출장입상형(出將入相型)의 인간상이고자 하였다. 정인홍이 그 대표적인 인물이다.

6) 그와 그의 문도들은 충과 효의 갈림길에 서면 충(忠)을 선택하였다. 이 점은 인(仁)을 강조하면서 충보다 효를 중시하였던 퇴계 이황의 퇴계학파와는 대조적이었다. 공공성, 공명정대성, 공익성의 의미를 갖는 의는 효보다는 충과 어울리는 덕목이었다. 따라서 그가 강조한 의 가운데는 국가에 대해 충성한다는 의미가 자연히 들어가게 되었다고 하겠다.

7) 그의 문인들은 평소 스승의 가르침에 따라서 국난을 당하자 도처에서 창의기병(倡義起兵)하여 적과 싸워서 큰 전과를 올렸다. 의병장의 수는 50여명이나 되었다. 이들 대부분은 전쟁이 끝나자 벼슬에 미련을 두지 않았고, 그대로 물러나와서 초야에 묻혀 지낸 이들이 많았다. 이 가운데서도 대표적인 인물이 망우당 곽재우였다.

8) 남명은 조선조 최고의 신성 공간이었던 문묘(文廟)에 배향되지 못하였고, 남명학파는 인조반정 이후 쇠락의 길을 걸었다. 최근에 와서 비로소 재조명되면서 찬연히 부활하고 있는바, 그의 정신은 이 시대 한국의 위기상황을 극복하고 우리나라를 통일과 번영으로 이끌어 줄 사상으로 각광받고 있다.

9) 제2의 7년 전쟁이었던 임진왜란(1592~1598) 당시 남명학파는 주류의 위치에 있지 않았으나 창의기병하여 왜적을 물리치는 데 큰 공을 세웠고, 그 덕택에 광해군 때 크게 득세할 수 있었으나 그 생명력은 그렇게 길지 못하였다.

다. 가야파와 남명학파의 공통점

가야파 인물 문노에 의해서 형성된 신라의 화랑풍월도가 배출한 신라 화랑들과, 가야문화권에서 그 사상이 영근 남명이 형성한 남명학파 문인들은 비록 1,000년이라는 시간적 간격을 두고 이 땅에 출현하였지만 둘 사이에는 커다란 공통점을 지니고 있음을 알 수 있다. 다시 그것을 정리해 보면 다음과 같다.

> 의–무도[검도] 중시–의기(義氣) 형성–충용(忠勇)의 정신으로 무장함.–출장입상형의 문무겸비지사–국가의 위기를 극복하는 데 크게 기여함: 두 번의 7년 전쟁에서 가야파가 크게 활약하여 나라를 구함–제대로 인정받지 못하고 역사적으로 폄하됨.

3. 신라 화랑교육이 이 시대 인성교육에 주는 시사점

가. 낭도부곡의 '형제애(兄弟愛)가 넘치는 동지(同志) 조직'으로서의 특징이다. 화랑 조직이 지닌 강력한 힘의 비결이 바로 여기에 있었다. 그것은 제대로 된 지향처를 공유한 뒤, 인정[情]과 의리[義]의 덕목을 동시에 추구함으로써 가능하였다는 사실에 주목할 필요가 있다. 8세 풍월주 문노의 아내인 윤궁낭주(允宮娘主)가 자기 부군에게 일러 준 당부는 다음과 같았다.

> 대저 의는 정에서 나오고, 정은 지에서 나온다. 이 셋(의←정←지)은 일찍이 서로 어긋난 적이 없다. 그러므로 말하길, 큰 정은 의가 되고[大情爲義] 크게 사사로움은 공이 된다[大私爲公]고 하는 것이다.[16]

문노는 자기 부인의 말을 귀담아 듣고 이것을 낭도부곡의 운용 원리로 활용함으로써 화랑 조직을 '형제애가 넘치는 동지 조직'으로 만들었던 것이다. 창의적 리더라면 반드시 자기 조직체를 이런 조직으로 만들어야 하며, 아울러 그 비결을 제대로 전수할 수 있어야 할 것이다.[17]

나. 화랑은 기본적으로 무사(武士)였지만 문(文)과 예(藝)의 측면도 함께 연마함으로써

문무예(文武藝)를 두루 갖춘 전인(全人) 내지는 문무겸비지사, 출장입상형(出將入相型)의 인간상을 지향하였다는 점이다.[18] 『화랑세기』, 11세 풍월주 하종(夏宗) 조를 보면 당시 화랑들이 문과 과목으로는 역사[史]를 배우고, 무과 과목으로는 검(劍)을 배웠으며, 예능과 관련해서는 노래[歌]와 춤[舞]을 배웠음을 알 수 있다.[19] 이는 숭문천무(崇文賤武)의 시대에 살면서 무의 중요성을 인식한 남명이 스스로 무 의식(武意識)과 위기의식을 지닌 문무겸비지사이고자 하였다는 사실에 비추어 남북통일의 전야기를 사는 우리들에게 많은 시사를 준다고 하겠다.

다. 『삼국사기』에 나오는 "무리들이 구름같이 모여서 혹은 서로 도의로써 연마하고, 혹은 서로 노래와 음악으로써 즐겼으며, 산수 간에 노닐어서 아무리 멀어도 가 보지 않은 곳이 없었다[徒衆雲集, 或相磨以道義, 或相悅以歌樂, 遊娛山水無遠不至]"의 정신을 되살리는 일이다. 여기에는 대략 3가지의 의미가 들어 있다.

1) 긴장과 발산, 조임과 풀림의 정신이다. 도의를 연마하는 것은 긴장이고 조임이라면, 노래와 음악[歌樂]을 즐기는 것은 발산이고 풀림이다. 개인이건 공동체건 긴장-발산-긴장-발산의 반복을 통해서 그 역량을 키울 수 있다. 다만 순서에 있어서 긴장이 발산보다 먼저라는 사실을 잊지 말아야 할 것이다.[20]

2) 공동체 정신이다. 긴장과 발산을 혼자서 하는 것이 아니라 같이[相] 한다는 사실이다. 국선화랑들은 조직공동체 구성원들이 다 같이 긴장하고 다 같이 발산하였던 것이다. 다 같이 긴장하면 그 조임이 훨씬 수월할 것이고, 다 같이 발산하면 그 풀림이 더욱 즐거울 것이다. 이때의 발산과 풀림은 그대로 다음 번 긴장과 조임을 위한 쉼과 휴식, 그리고 재충전(再充電)의 기회가 될 수 있다. 국선화랑들은 이러한 '다 같이 긴장하고 다 같이 발산하기'의 반복, 곧 동고동락(同苦同樂)을 통해서 조직공동체의 힘을 길러서 그 힘으로 삼국 통일의 문을 열 수 있었던 것이다.

3) 그 교육이 매우 역동적(力動的)이고 자연친화적(自然親和的)이었다는 점이다. 국선화랑들이 한 곳에 머무르지 않고 옮겨 다니면서 교육과정을 소화하였음은 사절유택(

四節遊宅)이라는 말에서도 확인된다.[21] 아울러 자연과 친화하는 교육을 받음으로써 자연의 소중함과 함께 국토애호정신(國土愛護精神)을 기를 수 있었다.

제4절 실천적인 선비정신의 현대적 표상, 활사개공형(活私開公型) 인간상 탐구

개인의 성공은 국가공동체의 성공과 밀접불가분한 관계를 지닌다. 개인이 성공하기 위해서 지향처가 필요하듯이, 개인의 운명에 지대한 영향을 미치는 국가가 성공하기 위해서는 국가공동체의 목표인 미래비전이 필요하다. 그렇다면 한국의 미래비전은 무엇일까? 필자는 그것을 '강하면서도 선한 문화국가'로 표현한 바 있고, 이것은 그대로 남명이 꿈꾼 세상이라고 보았다. 한국인 개개인의 지향처는 지향처를 추구하는 것만으로도 한국의 미래비전 실현에 기여할 수 있도록 설계되어야 한다. 이렇게 하는 것이야말로 이 시대 최고의 의로움의 실천[行義]이다.

이처럼 '국가공동체의 미래비전을 앞세우고 그것의 달성을 강조하는 것은 전체주의 내지 국가주의의 잔재가 아니냐? 하는 개인의 개성과 자유를 억압하고 제한함으로써 자유민주주의에 역행(逆行)하는 잘 못된 길로 나아가는 것 아니냐?'하는 부정적인 시각이 있는 것 같다. 여기서는 왜 그렇지 않은지를 설명하겠다.

우리는 과거 일제 강점기, 특히 천황 중심의 전체주의 시대를 겪으면서 많은 시달림을 받았던 경험이 있다. 이때 일제가 강조하였던 것이 멸사봉공(滅私奉公)이었다. 국가를 대표하는 천황을 봉공(奉公)해야 할 대상으로 보고 천황의 의도를 달성하기 위해서 개인의 개성과 자유를 말살하였던 것이다(과거 한국 역대 왕조의 전제군주시대, 현재 북한의 수령 독재체제 역시 마찬가지이다). 이제 멸사봉공의 시대는 끝났다. 그러나 국가는 여전히 존재하고 있고 국가가 개인의 삶에 미치는 영향은 여전히 지대하다. 그렇다면 개인의 개성을 존중하면서 국가공동체의 번영을 꾀할 수 있는 길은 없을까? 이러한 문제에 메시지를 줄 수 있는 말이 활사개공(活私開公)이다.[22]

이때 활사(活私)가 개인의 개성과 특기를 살려서 스스로 설정한 지향처를 추구해 나가는 것이라면, 개공(開公)은 국가공동체의 미래비전을 달성해 나간다는 의미라고 할 수 있다. 이 활사개공이야말로 개인도 성공하고 국가공동체도 성공할 수 있는 획기적인 방안이다. 따라서 앞으로 인성교육을 통해서 개인의 성공이 곧 국가공동체의 성공과 하나로 통하는 길을 제대로 걸어갈 수 있는 활사개공형(活私開公型) 인간상을 배출하도록 해야 할 것이다.[23]

활사개공형 인간은 곧 참선비이자 창의적 리더로서의 자격을 갖추었다. 남명의 정신형성에 은연중에 영향을 미친 신라시대 '화랑 중의 화랑'인 8세 풍월주 문노야말로 이러한 인간상의 전형이었다고 하겠다. 그는 아내 윤궁낭주의 건의에 힘입어 '의←정←지'의 추구를 통해서 화랑 조직인 낭도부곡이 '형제애가 넘치는 동지 조직'으로서 강력한 힘을 발휘하도록 함으로써 삼국 통일을 주도하게 하였다. 그는 앞장서서 '대정위의(大情爲義), 대사위공(大私爲公)'의 모범을 보였던 것이다. 특히 대사위공은 그대로 활사개공과 통하는 개념임을 알 수 있다. 즉, 신라 화랑 조직의 대사위공이 남명의 실천적인 선비정신의 발양을 거쳐서 이 시대에 다시금 활사개공으로 부활하고 있다고 하겠다.

우리는 남명의 실천적 선비정신의 계승 차원에서 이 시대에도 이런 인간상을 지속적으로 배출할 수 있도록 그 방안을 모색하고 실행에 옮겨야 할 것이다. 이러한 인간상의 추구야말로 남명의 실천적인 선비정신이 이 시대에 줄 수 있는 가장 큰 메시지라고 보기 때문이다.

핵심 개념 정리

1. 남명의 인간됨

가. 위기의식(危機意識)과 무 의식(武意識)을 지닌 문무겸비지사(文武兼備之士)

나. 청수(淸粹)하고 충실(充實)한 기운을 지닌 청렴(淸廉)하고 유능(有能)한 참선비, 창의적 리더

다. 남명학파—신라의 화랑 조직인 낭도부곡(郎徒部曲)이 지녔던 특징들을 잘 계승함.

라. 멸사봉공(滅私奉公)을 넘어선 활사개공형(活私開公型) 인물

2. 바람직한 지향처(志向處)의 조건

가. 시대성의 조건

나. 공공성의 조건

다. 전문성의 조건

라. 과업지향성의 조건

3. 『신명사도』를 그린 이유 : 임금이 정말 강렬한 위기의식을 갖고 제 자리에서 제 할일 할 수 있게 되기를 염원함.

4. 낭도부곡에 미친 가야파와 신라파의 영향 비교

5. 가야파와 남명학파의 공통점: 의—무도[검도] 중시—의기(義氣)형성—충용(忠勇)의 정신으로 무장함—출장입상형의 문무겸비지사—국가의 위기를 극복하는 데 크게 기여함(두 번의 7년 전쟁에서 가야파가 크게 활약하여 나라를 구함.)—제대로 인정받지 못하고 역사적으로 폄하됨.

6. 신라 화랑의 인성교육적 함의

가. 낭도부곡의 '형제애(兄弟愛)가 넘치는 동지(同志) 조직

나. 화랑은 기본적으로 무사(武士)였지만 문(文)과 예(藝)의 측면도 함께 연마함으로써 문무예(文武藝)를 두루 갖춘 전인(全人) 내지는 문무겸비지사, 출장입상형(出將入相型)의 인간상을 지향

다. "무리들이 구름같이 모여서 혹은 서로 도의로써 연마하고, 혹은 서로 노래와 음악으로써 즐겼으며, 산수 간에 노닐어서 아무리 멀어도 가보지 않은 곳이 없었다. [徒衆雲集, 或相磨以道義, 或相悅以歌樂, 遊娛山水無遠不至]"의 정신 계승

㉠ 긴장과 발산, 조임과 풀림의 정신

㉡ 공동체 정신

㉢ 역동적(力動的)이고 자연친화적(自然親和的)인 교육

7. 실천적인 선비정신의 현대적 표상, 활사개공형(活私開公型) 인간상 탐구

가. 개인의 개성을 존중하면서 국가공동체의 번영을 꾀할 수 있는 길: 활사개공(活私開公)

나. 활사(活私): 개인의 개성과 특기를 살려서 스스로 설정한 지향처를 추구해 나가는 것

다. 개공(開公): 국가공동체의 미래비전을 달성해 나가는 것

8. 활사개공형 인간 = 참선비 = 창의적 리더

생각해 보기 1

남명학파와 가야파의 상관관계를 어떻게 설명할 수 있을 것인가?

생각해 보기 2

이 시대에 남명학파가 계승한 무도 계열의 신라화랑 풍월도가 어떤 인성교육적 의미를 지닐 수 있다고 보는가?

생각해 보기 3

물계자-문노-망우당 곽재우에게서 나타나는 정신적 특징이 무엇이며, 그것이 이 시대의 위기상황을 극복하는 데 어떤 의미를 줄 수 있다고 보는가?

주석

1. 남명학파: 義-氣-武-忠/가야문화의 계승, 퇴계학파: 仁-理-文-孝/신라문화의 계승

2. 경상남도, 『경남정신의 뿌리, 남명 조식 선생』, 발간사, 2000.12.

3. 『남명집』, 「여자강자정서(與子强子精書)」, "國之大事不過兵食."

4. 이러한 문화국가를 필자는 한문 용어로 '강차선적수류화개지문화국가(强且善的水流花開之文化國家)'로 표현하고자 한다. 이때 수류화개(水流花開)란 동학의 2세 교주인 해월 최시형이 강시(降詩)에서 말했던 "龍傳太陽珠, 弓乙回文明, 運開天地一, 道在水一生, 水流四海天, 花開萬人心"에서 뒤의 두 구절, 곧 '水流四海天, 花開萬人心'에서 나왔다. 문화국가란 진리의 물이 천지사방으로 흘러넘쳐서 전 인류의 가슴속에 행복의 꽃을 피우는 고급문화를 끊임없이 창출하는 나라이다. 그러자면 강하면서도 선하지 않으면 안 된다.

5. 이기동 역해, 『주역강설』하, 성균관대학교출판부, 1997, 17페이지.

6. 여기에 대해서는 손병욱, 「한국고전으로 보는 창의적 리더의 길」, 『GNU인성』, 경상대학교출판부, 2013, 54쪽~57쪽의 내용을 참고하기 바람.

7. 손병욱, 위의 책, 59쪽.

8. 손병욱, 「남명학파의 문화공간과 그 활용방안-한국선비문화연구원 일원을 중심으로-」, 『남명학』 제20집, 남명학연구원, 2015, 241쪽, 주14).

9. 에크하르트 톨레/노혜숙·유영일, 『지금 이 순간을 살아라』, 2008, 양문, "If you die before you die, you will not die when you die.(죽기 전에 죽어야 영원히 산다.)"

10. 김대문/이종욱, 『화랑세기』, 소나무, 2009, 137쪽.

11. 이상의 내용은 위의 책, 99쪽의 7세 풍월주 설원랑 조에 나온 내용을 정리해 본 것이다.

12. 선교(仙敎)의 특징에 대해서는 손병욱 외, 『GNU 인성』, 경상대학교출판부, 2013, 101쪽~102쪽의 내용을 참고하기 바람.

13. 세속오계(世俗五戒)의 뿌리는 『삼국유사』, 물계자(勿稽子) 조에서 잘 드러난다. 신라의 10대 임금 내해왕(奈解王: 196~230) 때 크게 활약하였던 물계자가 강조하였던 덕목이 충·효·용(忠孝勇)이었고, 이것이 세속오계가 되었음을 미루어 짐작할 수 있다. 세속오계는 유목문화권에서 유래한 덕목이었다고 하겠다. 이에 비해 유교의 오륜은 농경문화권에서 유래하였고 효를 강조하였다. 세속오계를 한마디로 요약하면 의(義)가 되고, 오륜을 한마디로 요약하면 인(仁)이 된다.

14. 「남명연보」에 따르면 그는 삼가현에서 태어나서 9세 무렵까지 그곳에서 자랐다. 이후 서울 등지에서 지내다가 26세 때 부친상을 당한 이후 다시 고향으로 돌아와서는 평생 가야문화권을 떠나지 않았다.

15. 김대문/이종욱, 앞의 책, 184쪽, 11세 풍월주 하종(夏宗) 조, "仙道本出於宇宙清元之氣, 非是非相爭之謂也."

16. 김대문/이종욱, 위의 책, 8세 풍월주 문노 조, "夫義出於情而情出于志, 三者未嘗相反也, 故曰, 大情爲義, 大私爲公."

17. 여기에 대하여 많은 시사를 줄 내용이 '김대문/이종욱, 위의 책, 문노 조, 117~139쪽'에 상세하게 나온다.

18. 김대문/이종욱, 위의 책, 서문, "賢佐忠臣, 從此而秀, 良將勇卒, 由是而生."

19. 김대문/이종욱, 위의 책, 182쪽~183쪽.

20. 이와 관련하여 『예기』, 「잡기하(雜記下)」에서는 "張而不弛, 文武弗能也, 弛而不張, 文武弗爲也. 一張一弛, 文武之道也"라고 하였다.

21. 사절유택(四節遊宅)은 『삼국유사』에 나온다. "春東野宅, 夏谷良宅, 秋仇知宅, 冬加伊宅."

22. 이것은 선공후사(先公後私)를 넘어서 공사공매(公私共媒)에 의거하여 행복공창(幸福共創)으로 나아가는 것을 겨냥한다. 여기에 대해서는 김태창(金泰昌), 『公共哲學 特卷 公共哲學のあゆみ』(公共哲學京都フォ-ラム), 東京大學出版會, 2008, 335쪽~339쪽을 참고하기 바람.

23. 이런 측면에서 인성교육진흥법에서 강조한 8대 덕목에 효(孝)는 들어 있어도 충(忠)이 빠진 것은 매우 유감스러운 일이다. 이때의 충은 특정한 개인에 대한 충성이 아니라 우리가 열망하는 국가공동체의 미래비전을 날성하려는 개개인의 헌신을 말하는 것이고, 이것은 제대로 된 개인의 지향처 추구와 별개의 것이 아닌데도 불구하고 빠뜨림으로써 개인과 국가가 무관한 존재로 잘못 인식되도록 하였다. 앞으로 적당한 기회에 다시 이 덕목을 반드시 보충해야 한다고 생각한다. 그리하여 9대 덕목을 강조하면 될 것이다.

| 4장 |

우리 문화 속에 숨은 철학 엿보기

- 태극기 속의 태극과 팔괘의 의미를 이해한다.
- 우리 문화 속에 스며든 음양오행사상을 이해한다.
- 숫자 '3'과 '7'에 들어 있는 철학을 이해한다.
- 남을 도와줄 때 도움을 받는 사람의 입장도 배려할 줄 안다.

제1절 전통사상과 민족문화의 관련성

문화는 인간 집단의 생활양식(生活樣式)을 말한다. 생활양식은 사회나 집단이 공통적으로 갖고 있는 생활에 대한 인식이나 생활하는 방식을 의미하기 때문에 의류 문화, 식사 문화, 주거 문화뿐만 아니라 그 민족의 사고방식까지도 포함한다. 유구한 세월 속에 형성된 우리 문화 속에는 옛 조상들이 살아오면서 형성한 전통사상이 곳곳에 깃들어 있다.

전통(傳統)이란 어떤 집단이나 공동체에서, 지난 시대에 이미 이루어져 계통을 이루며 전하여 내려오는 사상、관습、행동 따위의 양식을 말한다. 전통(傳統)이 되기 위해서는 가치가 있고 소중함을 지니고 있어야 한다. 가치가 있고 소중하기 때문에 과거에서 현재로 이어져 왔고, 지금 현재 이어지고 있으며, 미래 세대에게 이어질 수 있다.

전통사상과 민족문화는 밀접한 관계를 지니고 있다. 민족문화 속에는 우리 조상들의 철학이 고스란히 내포되어 있다. 우리 문화 속에 숨어 있는 철학들을 살펴봄으로써 민족문화에 대한 자부심과 전통의 참된 의미를 되새김질할 수 있을 것이다.

전통사상은 우리 민족이 계승해 온 독특한 사유방식과 행동양식으로 과거에서부터 오늘날에 이르기까지 가치가 있고 긍정적인 영향을 미치는 것 중 가장 오래된 것을 가리킨다. 민족문화 또한 한 민족이 생산해 낸 사고체계와 창조적 유산, 예술적 생산물을 지칭한다. 그것은 과거의 문화뿐만 아니라 현대에 형성된 문화까지 모두 포괄한다. 가장 오래 되었다는 것은 그만큼 가치가 있기 때문에 보존된 것이다. 가치가 있다는 것은 아주 오래전부터 사람들이 서로 지켜야 할 것을 생각하고 그것을 오랜 세월 속에서 다듬고 없어서는 안 될 소중한 것으로 면면이 이어왔기 때문이다. 민족문화와 전통사상 중 태극기 속에는 음양과 팔괘의 철학이 들어 있다. 우리 전통 음식 문화는 오행사상을 바탕으로 형성되었다. 지금도 여러 사람들의 입에 자주 오르내리는 구례 운조루(雲鳥樓)의 '타인능해(他人能解)라 새겨진 뒤주는 부(富)를 가진 사람이 주변의 가난한 사람에게 어떤 식으로 도움을 주어야 하는지에 대해 많은 시사점을 남겨 주고 있다.

제2절 태극기 속의 태극과 팔괘

우리나라 국기는 태극기(太極旗)이다. 왜 그렇게 부른 것일까? 그 이유는 태극기의 중심에 태극이 그려져 있기 때문이다. 태극(太極)은 인간을 비롯한 만물 각각에 들어 있다. 태극이라는 용어는 『주역(周易)』(「계사전 상 (繫辭傳 上)」)의 다음 말에서 유래한다.

> 역(易)에는 태극(太極)이 있으니 이것이 양의(兩儀)가 되고 양의는 사상(四象)이 되며, 사상은 팔괘(八卦)가 된다.[1]

성리학에서 태극(太極)은 우주 만물을 생성하게 하는 근본 원리, 모든 존재와 가치의 근원이 되는 궁극적 실체를 말한다. 태극 속에는 음(陰)과 양(陽)이라는 양의(兩儀)가 존재하면서 순환을 한다. 양(陽)은 ‒로 표시하고, 음(陰)은 --로 표시한다. 음과 양은 두 개가 아니라, 동전의 앞면과 뒷면처럼 하나의 양 측면이다. 이러한 음양(陰陽)은 다시 사상(四象)으로 나뉜다. 음양(陰陽)의 이치가 너무 추상적이어서 그것을 파악하지 못하는 사람이 쉽게 파악할 수 있도록 세분화한 것이 사상(四象)이다.[2] 양(‒)에서 다시 양이 생겨난 것(═: 태양(太陽))과 양에서 음이 생겨난 것(==: 소음(少陰))과 음(--)에서 다시 양이 생겨난 것(==: 소양(少陽))과 음에서 음이 생겨난 것(==: 태음(太陰))으로 구분된다. 사상(四象)은 사람의 성질로 분류할 수 있다. 양(‒)이 남성적이라면 음(--)은 여성적인 것으로 구분할 수 있다. 남자이면서 남성적인 강함을 지닌 사람이 있을 수 있고(═: 태양(太陽)) 남자이지만 여성적인 부드러움을 지닌 사람이 있을 수 있으며(==: 소음(少陰)), 여성이지만 남성 못지않은 강함을 지닌 사람이 있고(==: 소양(少陽)) 여성이면서 여성적인 부드러움을 지닌 사람(==: 태음(太陰))이 있을 수 있다. 『주역(周易)』에서 말하는 사상(四象) 이론을 응용하여 조선 후기 동무(東武) 이제마(李濟馬, 1836~1900)는 사람의 체질을 태양인·소음인·소양인·태음인 등 4가지 체질로 나누고 같은 병이라도 해당 체질에 맞게 치료해야 한다고 주장했다.

음양(陰陽)을 사상(四象)으로 세밀하게 분리하여 설명해도 일반 사람들이 태극의 원리를 이해하지 못하자 성인은 이를 다시 팔괘(八卦)라는 여덟 가지 원리와 상황으로 분류하여 설명하였다. 사상(四象) 중 태양(⚌)에서 다시 양이 생겨난 것(☰)과 음이 생겨난 것(☱), 소음(⚍)에서 다시 양이 생겨난 것(☲)과 음이 생겨난 것(☳), 소양(⚎)에서 다시 양이 생겨난 것(☴)과 음이 생겨난 것(☵), 태음(34)에서 다시 양이 생겨난 것(☶)과 음이 생겨난 것(☷)이 그것이다. 괘의 이름은 주(周)나라 문왕(文王)이 붙인 것이라고 하나 확실한 근거는 남아 있지 않다.

태극 도형은 중국 송나라의 주염계(周濂溪, 이름: 주돈이(周敦頤), 1017~1073)가 그림으로 형상화한 것이며, 둥근 원 속에 양과 음이 위아래로 상대하고 있는 형태이다. 양을 위에 두고 음을 아래에 둔 이유는 하늘(天)은 양(陽)에 속하면서 위(上)에 있고, 땅(地)은 음(陰)에 속하면서 아래(下)에 있다는 본래 위치에 따른 것이다.

태극기의 흰색 바탕은 백의민족으로 밝음과 순수함을 상징하고, 전통적으로 평화를 사랑하는 우리 민족성을 의미하고 있다. 가운데의 태극 문양은 음(陰: 파랑)과 양(陽: 빨강)의 조화를 상징하는 것으로 우주 만물이 음양의 상호 작용에 의해 생성하고 소멸한다는 진리를 형상화하여 표현하고 있다. 태극의 원을 가르는 S자 모양의 곡선은 음과 양의 조화로운 관계를 상징하고 동시에 역동적인 우주의 기운을 나타내고 있다.

태극 속에는 음(陰)과 양(陽)의 속성이 들어 있다. 낮은 양(陽)에 해당하고 밤은 음(陰)에 해당한다. 동지는 1년 중 밤이 가장 긴 날이다. 동지 다음부터 낮의 길이가 밤의 길이보다 점점 더 길어지다 하지에 이르러 절정을 이룬다. 동지 다음 날부터 하지까지 양(陽)의 영역으로 표시한다. 하지 이후부터 동지까지는 낮의 길이보다 밤의 길이가 길기 때문에 이 기간을 음(陰)의 영역으로 표시한다. 태극 속 양(陽)의 위치는 해가 뜨는 동쪽이며 음(陰)의 위치는 해가 지는 서쪽이다. 남녀 구분에서 남성은 양(陽)의 기운이 많기 때문에 동쪽에, 여성은 음(陰)의 기운이 많기 때문에 서쪽에 배치한다. 할아버지와 할머니 산소가 같은 장소에 나란히 있을 경우 어느 쪽이 할아버지 산소일까? 여러분이 서서 보았을 때 왼쪽이 할아버지 산소이고 오른쪽이 할머니 산소이다. 제사 때 사용하는 지방(紙榜)에도 남성은 왼쪽에 여성은 오른쪽에 적는 원리, 결혼식 때 신랑이 왼쪽에 서고 신부가 왼쪽에 서는 원리, 절을 할 때 남자는 왼손을 오른손 위에 올리고 여자는 오른손을 위에 올리는 원리에도 태극 속에 있는 음양의 철학이 들어 있다.

만물은 음(陰)과 양(陽) 두 요소의 상호 작용에 의해 형성되고 변화한다. 음양(陰陽)이라는 글자를 자세히 살펴보면 언덕 부(阝) 자가 있다. 언덕을 기준으로 햇빛이 비치는 곳이 양(陽)이고 햇빛이 비치지 않는 그림자 부분이 음(陰)이다. 그런데 햇빛이 비치자마자 언덕에는 양달과 응달이 동시에 생겨나기 때문에 음양(陰陽)은 함께 한다. 유교에서도 음양(陰陽)의 관계를 대립(對立)된 관계가 아닌 대대(待對)의 관계로 파악한다. 대대(待對)란 대립(對立)의 개념과는 다르다. '대립(對立)'이란 이질성(異質性)을 긍정적으로 받아들이지 못하고 부정적으로만 받아들이는 경우에 생기는 것으로 서로 반대되거나 모순된 그런 관계를 말한다. 하지만 '대대(待對)'란 자기 존재의 필요조건으로 상대를 인정한다는 의미이다. '대대(待對)'란 음(陰)과 양(陽)의 이질성(異質性)을 긍정적으로 받아들일 때 생기는 것으로 상대방을 배려하고, 서로가 필요하기 때문에 상대방이 오길 간절히 기다린다는 의미이다. 음양(陰陽) 대대(待對)에 대해 『주역(周易)』에서는 다음과 같이 언급하고 있다.

> 건(乾)이 크게 시작함을 주관하고, 곤(坤)이 물건 이룸을 짓는다.[3]

> 바탕에 반드시 무늬가 있음은 자연의 이치이고, 이치에 반드시 상대가 있음은 낳고 낳는 근본이다. 위가 있으면 아래가 있고, 이것이 있으면 저것이 있으며, 바탕이 있으면 무늬가 있어서, 하나만으로는 홀로 설 수 없으며 둘이 있어야만 문채를 이룰 수 있다.[4]

음(陰)의 대표인 곤(坤)은 땅을 상징하며 양(陽)의 대표인 건(乾)은 하늘을 상징한다. 하늘의 작용은 지구의 자전을 통해 밤과 낮의 순환으로 이어지고, 지구의 공전을 통해 봄-여름-가을-겨울의 순환이 이루어지게 된다. 땅의 작용 또한 하늘의 운행에 따라 때에 맞추어 봄에 싹을 틔우고 여름에 성장시키며, 가을에 결실을 이룬다. 음(陰)과 양(陽)은 서로를 존립 가능하게 하는 요소이다. 해가 비춘 양달이 있으면 해가 비추지 않은 음달이 있듯이 음(陰)이 생길 때 동시에 양(陽)이 존재한다. 밤과 낮의 교체처럼 낮인 양(陽)이 다하면 어두움이 내리면서 밤인 음(陰)으로 순환하고, 밤인 음(陰)이 다하면 새벽이 동트면서 낮인 양(陽)으로 순환한다.[5]

음(陰)이 있어야만 양(陽)의 존재가 확보되고 양(陽)이 있어야만 음(陰)의 존재가 확보될 수 있다. 양(陽)에 속하는 하늘의 경우 만물이 생육·발전하도록 햇빛과 비를 내리지만 만약 음(陰)인 땅이 그것을 받아들여 만물을 길러내지 않으면 만물은 생육하거나 발전할 수 없다. 따라서 음양은 두 차원으로 분리되어 대립적인 관계에 있는 것이 아니라 동전의 양면처럼 서로 보완적인 대대(待對)의 관계에 있는 것이며, 만물은 음양의 조화된 기운과 합쳐져서 보존될 수 있다. '대대(待對)'의 의미에는 상대방이 있어야 내가 존재할 수 있다는 간절함이 담겨 있다. 아래가 있어야 위가 존재할 수 있고, 바탕이 없으면 무늬도 존재할 수 없다. 아무리 꽃이 양지에 화려하게 피어 있어도 뒷받침이 되는 뿌리와 줄기 및 잎이 음지에서 꽃을 피울 수 있도록 역할을 다하지 않는다면 꽃으로서 화려함을 다할 수 없다. 꽃은 뿌리와 줄기 및 잎이 있어야만 존재할 수 있다는 '대대(待對)'의 간절함을 품고 있는 것이다. 남편과 아내의 원만한 관계 또한 상대방이 있어야 내가 존재할 수 있다는 '대대(待對)'의 간절함을 품고 있어야 한다. 상대방이 있어야 내가 존재할 수 있다는 마음은 상대방을 나와 똑같이 소중하게 여긴다는 의미이고, 자신의 마음을 미루어 상대방 마음을 헤아릴 수 있게 된다. 부부의 경우 내 마음을 척도로 하여 배우자의 마음을 헤아리게 되면 가정에서도 서로에 대해 관심을 가질 수 있고 배려를 나눌 수 있게 된다. 상대방의 아름다움을 이루어 주는 것이 자신의 즐거움이 됨을 알게 되면 배우자와 내가 한마음이 될 수 있고, 배우자를 자신처럼 아끼고 사랑하는 마음이 저절로 솟아 나오게 된다. 부부가 서로 상대방의 아름다움을 이루어 주려는 마음씨가 확대되면 상대방의 기쁨을 자신의 기쁨처럼 여기게 되고, 상대방의 슬픔과 괴로움을 자신의 슬픔과 괴로움처럼 여겨 함께 마음 아파해 줄 수 있게 된다.[6] 부부 간에 친밀감을 높이기 위해서 상대방이 좋아하는 것을 알아서 해 주는 것도 중요하지만 상대방이 싫어하는 것도 하지 말아야 한다. 따라서 자신이 하고 싶지 않은 일은 그 마음을 미루어 상대방에게 베풀지 않게 되고, 자신이 하고자 하는 일은 상대방도 하고 싶다는 것을 알기 때문에 기꺼이 남에게 양보할 수 있게 된다. 이런 분위기가 쌓이게 되면 부부 간의 화합과 소통은 저절로 이루어지게 된다.

태극기 바깥에는 ☰, ☲, ☵, ☷ 문양이 있다. 무엇을 상징하는 것일까? 네 모서리의 4괘(乾·坤·坎·離)는 주역의 팔괘 중 ☰은 하늘, ☲은 불, ☵은 물, ☷은 땅을 상징한다. 팔괘의 첫 번째 이름은 건(乾)으로 하늘을 상징하며 부호는 ☰로 나타내며, 두 번째는 태(兌)로 못을 상징하며, 부호는 ☱로 나타낸다. 세 번째는 리(離)로 불을 상징하며 부호는 ☲로 나타내며, 네 번째는 진(震)으로 천둥 번개를 상징하고 부호는 ☳로 나타낸다. 다섯 번째는 손(巽)으로 바람을 상징하고 부호는 ☴로 나타내며, 여섯 번째는 감(坎)으로 물을 상징하며 부호는 ☵로 나타낸다. 일곱 번째는 간(艮)으로 산을 상징하며 부호는 ☶로 나타내고, 마지막 여덟 번째 곤(坤)은 땅을 상징하며 부호는 ☷로 나타낸다. 팔괘(八卦)의 기본 성격은 다음과 같다.

☰ 일건천(一乾天)

건괘(乾卦)는 모두 양(陽)으로 구성된 집단이다. 장점으로는 전체가 양(陽)으로 구성되어 있기 때문에 구성원 모두가 하나처럼 일사불란(一絲不亂)해 강하고 힘이 세다. 추진력도 있어서 저력이 엄청나다. 남성들로만 구성된 군대 집단이 여기에 속한다. 그런데 장점이 있으면 단점이 있기 마련이다. 양으로만 구성된 이 집단은 모두 양의 성격을 지닌 조직이기 때문에 음(陰)이 지닌 장점인 치밀성이 결여되어 덤벙대기 쉽고, 하는 일이 거칠고 꼼꼼하지 못하다.

☱ 이태택(二兌澤)

제일 위의 음이 아래의 젊은 두 양을 거느리고 있는 형국이다. 결혼 적령기를 넘긴 노

처녀가 자신의 마음에 드는 젊은 두 남성을 거느리고 있는 것에 비유할 수 있다. 여성의 입장에서는 매우 기쁜 상황이다. 결혼을 하지 않고 지금 상황이 계속 유지되기를 바라는 마음이 강하기 때문에 보수화되기 쉽다는 단점을 지니고 있다.

☲ 삼리화(三離火)

위아래 두 양(陽)이 있고, 안에 음(陰)이 들어 있는 형국이다. 양(陽)의 성격을 지닌 남편이 부지런하게 돈을 벌어 주면 음(陰)의 성격을 지닌 부인이 치밀하고 꼼꼼하게 살림을 잘 살아 서로 간에 만족하고, 불이 산을 태우듯이 집안이 발전하는 모습에 비유할 수 있다. 불이 일어나듯이 발전하는 장점이 있지만, 다른 데 관심이 없기 때문에 타인과의 관계에 소홀해지기 쉽고 이별수가 있다. 이 괘에서는 이별하지 않도록 노력해야 한다.

☳ 사진뢰(四震雷)

위에는 음(陰)의 성격을 지닌 선배가 자리를 잡고 있는데, 제일 아래는 패기 있는 양(陽)의 성격을 지닌 후배가 자리를 잡은 형국이다. 침체된 분위기를 바꾸기 위해 후배가 신선한 바람을 불러일으키기 때문에 정신 못 차릴 정도로 복잡하고 흔들리는 상황이다. 지각 변동이 일어날 수 있다. 매화가 힘을 다하여 꽃을 피우고 나면 나른해져 늘어질 수 있다. 매화의 본래 목적은 꽃을 피우는 데 그치는 것이 아니라 열매를 맺는 데 있다. 따라서 매화를 분발시켜 새로운 생기를 불러 넣고 열매를 맺는 데 혼신의 힘을 다하도록 하기 위해 하늘에서 천둥과 번개를 내려친다. 천둥과 번개처럼 조직에서 지각 변동과 혼란이 일어나면 망하자는 것이 아니라 발전을 위한 지각 변동이고 혼란이다.

☴ 오손풍(五巽風)

위로 아들 두 명을 낳고 셋째는 딸은 낳은 격이다. 막내 여동생은 두 오빠가 알아서 다 잘 해 주고 오빠 두 명에게 귀여움을 두루 다 받는 형국이다. 제대로 술술 발전을 하고 안정이 되어 가지만, 문제점은 너무 오빠들에게만 의지하기 때문에 줏대나 베짱

이 없다는 점이다. 이 괘는 상황이 나쁠 때 다른 사람의 도움 없이 혼자 개척할 힘이 없다는 것을 암시한다. 이 괘의 단점을 안다면 상황이 어려울 때 스스로 돌파구를 찾아 해결해 나갈 수 있는 힘을 길러야 한다.

☵ 육감수(六坎水)

음(陰)의 성격을 지닌 아내가 실업자가 된 남편을 대신하여 바깥에서 돈을 벌어 오지만 마음은 집안 살림하는 것에 가 있기 때문에 남편이 집안 살림을 하는 것이 영 마음에 들지 않는다. 남편 또한 마찬가지이다. 할 수 없이 실업자가 되어 집안 살림을 하고 있지만 마음은 바깥에 가 있다. 아내가 바깥 일 하는 것이 마음에 차지 않는다. 서로 상대방의 단점을 가지고 헐뜯고 싸우는 형국이다. 이런 상황이 악화되면 진흙탕에서 개 2마리가 엉겨 싸우듯이 자칫 이전투구(泥田鬪狗)가 일어날 수 있다. 이 괘의 단점을 안다면 내가 먼저 상대방을 위해 희생하고 깊은 아량을 베풀 때 크게 성공할 수 있는 기회가 된다는 삶의 지혜를 배울 수 있다.

☶ 칠간산(七艮山)

두 음(陰) 위에 하나의 양(陽)이 있는 형국이다. 산이 앞에 가로막고 있듯이 막혀서 되는 일이 없는 형국을 표현한 괘(卦)이다. 하지만 실망하거나 포기하지 말아야 한다는 점을 이 괘는 강조한다. 위기가 곧 기회란 말이 있다. 물이 흘러가다 저수지에서 막히면 포기하지 않고 쉼 없이 저수지에 물을 채운 뒤 넘쳐흘러 가듯이 실력을 축적해서 앞으로 위력을 발휘할 수 있는 기회로 삼아야 한다.

☷ 팔곤지(八坤地)

모두 음(陰)으로 구성된 괘이다. 여성들로 구성된 여자고등학교에 해당한다. 여성들로 구성되어 있기 때문에 매사가 꼼꼼하고 부드러우며 치밀하다는 장점을 지니고 있다. 그러나 힘이 없고 연약한 면도 있기 때문에 적극적으로 나서지 않고 상황을 판단해 대처해 나가는 과정에서 음흉하다는 비판을 받기도 한다. 따라서 이 괘에서는 남을 이해하는 포용력이 있어야 한다는 교훈을 얻을 수 있다.

팔괘 중 태극기 바깥 네 모서리에는 하늘을 상징하는 건(乾(☰))괘와 땅을 상징하는 곤(坤(☷))괘가 대각선으로 마주 보고 있고, 물을 상징하는 감(坎(☵))괘와 불을 상징하는 리(離(☲))괘가 대각선으로 마주 보고 있다. 하늘은 위에 있고 땅은 아래에 있기 때문에 위에는 하늘을 상징하는 건(乾(☰))괘를 배치하고 아래에는 땅을 상징하는 곤(坤(☷))괘를 배치한 것이다. 물을 상징하는 감(坎(☵))괘가 위에 있고 불을 상징하는 리(離(☲))괘가 아래에 배치되어 있는 것은 수승화강(水昇火降)의 원리가 내재되어 있기 때문이다. 오행 중 불에 해당하는 것은 심장이고, 물에 해당하는 것은 신장이다. 불의 속성은 위로 향하기 쉽고, 물의 속성은 아래로 흘러가기 쉽다. 스트레스로 불의 기운인 심장이 뜨거워지면 화병, 탈모가 진행될 수 있고 정신 활동에 무리가 될 수 있다. 반대로 신장의 기능이 약해지고 혈액 순환이 제대로 되지 않으면 수족냉증이 올 수도 있다. 수족냉증의 증상은 추운 곳에 있을 때뿐만 아니라 따뜻한 곳에서도 손발이 시리듯 차다. 손발이 차가운 것이 주된 증상이지만, 때로는 무릎이 시리며 아랫배, 허리 등 다양한 신체 부위에서 냉기를 함께 느끼기도 한다. 심지어 여름에도 양말을 신고 잠을 자야 되는 경우도 있다. 따라서 오행(五行)으로 수(水)에 속하는 신장(腎臟)의 기(氣)는 올리고, 화(火)에 속하는 심장(心臟)의 기(氣)는 내려서 수(水)와 화(火)의 균형을 이루게 해야 손발이 따뜻해지고 마음이 편안해지며, 머리가 시원해져 신진대사가 원만해진다. 한옥의 온돌방에도 이러한 원리가 숨어 있다. 온돌방에서 잠을 잘 때는 따뜻한 아랫목에 발을 두고 머리 부분은 창호지를 바른 문 쪽으로 둔다. 머리는 차고 시원하게 하고 손발은 따뜻하게 하여 건강을 유지하게 한 삶의 지혜가 녹아 있는 부분이다. 이렇듯 우리가 늘 대하는 태극기 속에는 태극(太極), 팔괘(八卦)의 철학과 수승화강(水昇火降)의 원리가 녹아 있다.

제3절 오행(五行)과 한국인의 생활

음양(陰陽)이 우주와 인간의 생명을 두 원리의 조화로 설명하는 것이라면 오행(五行)은 만물의 생장과 소멸을 목(木), 화(火), 토(土), 금(金), 수(水)의 변화로 설명하는 것이다. 음양(陰陽)은 다시 목화토금수(木火土金水)로 분화된다. 오행은 첫째가 수(水)이고, 둘째는 화(火), 셋째는 목(木), 넷째는 금(金), 다섯째는 토(土)이다. 수의 성질은 물체를 젖게 하고 아래로 스며들며, 화는 위로 타올라 가는 것이며, 목(木)은 휘어지기도 하고 곧게 나가기도 한다. 금(金)은 거푸집에 따르는 성질이 있고, 토(土)는 씨앗을 뿌려 추수를 할 수 있게 하는 성질이 있다.

오행(五行)은 상생(相生)을 한다. 불길을 계속 살리기 위해서는 나무를 더 넣어야 한다. 이를 두고 목(木)이 화(火)를 살린다(木生火)고 한다. 불이 연소하여 재가 되면 흙으로 돌아간다. 흙으로 만든 온돌방이 따뜻해지기 위해서는 불을 지펴야 하고, 땅속의 따뜻한 기운이 솟아올라야 겨우내 땅속에 움츠렸던 싹들이 봄에 움을 틔울 수 있다. 화(火)가 토(土)를 살리는(火生土) 원리이다. 흙이 굳으면 쇠가 된다. 흙 속에는 많은 광물 자원이 내재되어 있다. 금을 비롯한 광물 자원은 흙 속에 있을 때 제대로 보존이 될 수 있다. 여기에 토(土)가 금(金)을 살리는 토생금(土生金)의 원리가 들어 있다. 옥을 비롯한 유익한 광물질은 물맛과 물의 성분을 좋게 만든다. 금(金)이 물(水)을 살리는 금생수(金生水)의 원리이다. 물이 있어야 나무를 살릴 수 있다. 물(水)이 나무(木)를 살리는 수생목(水生木)의 원리이다. 오행의 상생은 항렬자에서도 찾아볼 수 있다. 위 세대와 아래 세대의 조화를 위해 목생화(木生火) → 화생토(火生土) → 토생금(土生金) → 금생수(金生水) → 수생목(水生木)의 순환을 의미하는 순서로 항렬을 배치하였다.

오행은 상극(相剋)하기도 한다. 나무는 땅을 뚫고 뿌리를 박는다(木剋土). 나무는 흙 속에 뿌리를 내리고 흙 속에 있는 영양분을 빨아먹고 자란다. 그리고 점차 뿌리가 굵어져 흙을 깊숙이 파헤치고 들어간다. 흙의 입장에서 보면 나무는 자기의 모든 영양분을 빨아먹고, 그것도 모자라서 뿌리로 자신을 괴롭히는 것이다.[7] 쇠는 뜨거운 불(火)에

녹는다(火剋金). 아무리 단단한 쇠붙이도 용광로에 들어가면 녹는다. 흙은 물을 이긴다(土剋水). 이러한 원리를 응용하여 저수지를 만든 것이다. 쇠붙이로 만든 도끼나 낫, 톱 등은 나무을 베어 버린다(金剋木). 물은 불을 끈다(水剋火). 산불이 났을 때 물로써 불을 끄는 원리다. 수극화(水剋火) 원리를 활용하여 해마다 합천 해인사에서는 소금 단지 묻기 행사를 진행하고 있다. 조선 후기 해인사에 수차례 화재가 발생하였다. 숙종 21년(1695)부터 고종 8년(1871)에 걸쳐 해인사에 일곱 차례 화재가 발생하였다. 이 때 해인사에 무슨 건물이 화재를 당하였고, 또 새로 지어졌음에 대하여 1876년 2월 퇴암(退庵) 스님이 찬술한 '해인사실화적(海印寺失火蹟)'에 자세히 기록되어 있다. 1695년(숙종 21), 1696년(숙종 22), 1743년(영조 19), 1763년(영조 39), 1780년(정조 4), 1817년(순조 17), 1871년(고종 8)에 화재가 발생하였다. 이렇듯 임진왜란 이후 해인사에는 큰 불이 무려 일곱 차례나 났던 것이다. 시작이 언제부터인지 기록으로 알 수 없지만 해인사에서는 소금 단지 묻기 행사를 해마다 실시하고 있다. 불꽃 형세인 해인사 남쪽 남산제일봉의 화기(火氣)가 사찰로 날아들어 불이 자주 일어난다는 풍수지리설에 따라 1년 중 양기가 가장 강한 단오에 맞춰 바닷물로 불기운을 잡는다는 뜻에서 사찰 내 5곳과 합천 해인사 맞은편 남산 제일봉 정상 5곳에 소금 단지를 묻어 오고 있는 것으로 알려져 있다.[8] 바닷물은 물의 결정체이다. 계곡의 물이 강물로 흘러간 후 최종 도착지가 바다이다. 바닷물을 모아서 막아 놓고, 햇빛, 바람 등 자연의 힘으로 바닷물을 증발시켜 소금을 만든다. 바닷물의 기운이 뭉친 소금으로 해인사 남쪽 남산제일봉에서 뿜어내는 불의 기운을 눌러 팔만대장경이 있는 법보 종찰 해인사의 화재를 예방하려는 의도다.

서울 경복궁의 해태 또한 수극화(水剋火) 원리를 활용한 것이다. 해태는 옳고 그름을 가릴 줄 알고, 화재나 재앙을 물리친다고 알려진 상상 속의 동물이다. 본래 이름은 '해치'이다. 경복궁은 우리나라에서 최고의 명당이지만 불에 약한 약점을 가졌다고 한다. 궁궐 앞쪽에 있는 관악산은 불의 기운을 가지고 있는데, 궁궐 뒤의 북악산이 관악산보다 낮아서 불의 기운을 막기 어렵다는 것이다. 이 때문에 조선은 일찍부터 관악산의 불기운을 막기 위해 궁궐 곳곳에 화재 방지를 위한 장치를 만들고, 해태상처럼 불을 막는 상징물도 마련했다. 흙은 물을 이긴다(土克水). 이 원리를 이용하여 저수지를 만들었다. 흘러가는 물을 흙으로 가둔 것이다.

오행은 우리 문화와 밀접한 관계를 지니고 있다. 오행은 색으로도 나타난다. 목(木)은 푸른색(靑), 화(火)는 붉은 색(朱), 토(土)는 누른 색(黃), 금(金)은 흰 색(白), 수(水)는 검은 색(玄)인 오방색으로 배치할 수 있다. 오방색은 오늘날에도 우리의 전통 색으로서 건축물의 단청에서부터 포장지에 이르기까지 그 쓰임새가 다양하다.

음식에도 오행의 조화를 중시했다. 조상들은 약과 음식이 곧 근원이 같다는 약식동원(藥食同源)의 철학을 지니고 있었다. 약(藥)이란 글자를 보면 풀 초(艹) 자와 즐거울 락(樂) 자로 구성되어 있다. 아픈 몸을 아프지 않고 즐겁게 해 주는 풀이라는 의미이다. 풀은 땅에서 나는 식물이다. 음식물 또한 땅과 강, 바다에서 나는 것으로 잘 먹으면 약과 같은 효험을 볼 수 있다. 그런 측면에서 우리 조상들은 음식을 먹되 편식하지 말고 음식의 소중함을 음미하면서 고르게 먹도록 하였다. 본래 인간의 몸은 오행으로 구성되어 있다. 간은 목(木)의 기운과 상관이 있으며, 심장은 화(火)의 기운과 관련이 있고 폐는 금(金)의 기운과 연관이 있다. 신장은 수(水)의 기운과 관계가 있고 비장과 위장은 토(土)의 기운과 관련이 있다.

땅과 강, 바다에서 나는 재료를 바탕으로 만든 음식 속에는 오행의 기운이 들어 있다. 음식물을 통해 오행의 기운을 고르게 섭취하면 건강해질 수 있다는 생각이 약식동원(藥食同源)의 철학이다. 밥을 하는 과정에서도 오행의 철학이 들어 있다. 주재료인 쌀은 땅에서 나온 것이기 때문에 토(土)의 기운이 들어 있는 것이고, 밥을 하기 위해 붓는 물은 수(水)의 기운이다. 쌀과 물을 담고 있는 가마솥은 금(金)의 기운이 모인 것이며, 솥에 쌀과 물은 알맞게 넣은 후 불을 지펴야 하는데 그 재료인 나무는 목(木)의 기운을 가진 것이고, 불은 화(火)의 기운이다.

정월 대보름의 오곡밥에서도 오행의 철학을 엿볼 수 있다. 정월 대보름의 오곡밥은 그 해 농사가 풍년이 들기를 기원하는 뜻이 담겨 있어 농사밥이라고도 하며, 대보름 즈음에 먹는다 하여 보름밥이라고도 한다. 찹쌀·차조·붉은팥·찰수수·검은콩을 섞어서 만든 밥을 오곡(五穀)밥이라 한다.

단맛, 짠맛, 신맛, 쓴맛, 매운맛을 오미(五味)라 하는데 역시 오행(五行)과 관련이 있다. 수(水)의 기운은 짠맛, 불(火)의 기운은 쓴맛, 목(木)의 기운은 신맛, 금(金)의 기운은 매운 맛, 토(土)의 기운은 단맛과 관계가 있다고 본다.[9]

붉은팥은 전통적으로 목(木)에 해당한다. 맛이 달고 신 특징이 있어 간(肝) 기능과 연관 짓는다. 비타민B1이 풍부해 피로회복에 효과적이다. 사포닌을 함유해 간을 해독하는 효능도 갖고 있다. 찰수수는 따뜻한 성질로 화(火)를 대표한다. 심장 및 순환기 혈액의 흐름을 개선한다. 수수에 들어 있는 타닌과 페놀은 항산화 및 항암 작용을 한다. 무기질은 피부를 부드럽고 매끈하게 만들어 준다. 차조는 성질이 약한 차고 맛이 달아 토(土)를 의미한다. 독이 없고 소화 흡수가 잘 돼 위와 비장 기능 강화에 좋다. 찹쌀은 흰색과 서늘한 성질로 인해 금(金)을 상징한다. 식이섬유를 다량 함유하고 있어 위장의 기능을 활성화하고 변비를 막아 주고, 뼈를 단단하게 하는 작용을 가진 비타민D 등도 풍부하다. 검은콩은 수(水)를 상징한다. 모발 성장에 필수 성분인 시스테인(cysteine)이 함유되어 있어 탈모를 방지하는 데도 효과가 있다. 꾸준히 복용하면 신장과 방광이 기능을 원활하게 해 준다. 수수에 들어 있는 비타민E는 혈액 순환을 돕고 항산화 작용으로 노화 방지에 도움이 된다.

제4절 숫자 '3'과 '7'에 얽힌 우리 문화

우리 조상들은 숫자 '3'과 '7'을 중시했다. 1은 하늘, 양, 아버지, 나를 상징하지만 자칫 나 중심의 독단, 독선으로 치닫기 쉽다. 진시황이나 히틀러의 독재가 숫자 '1'의 폐단에 해당된다. 2는 땅, 음 그리고 너, 어머니를 상징한다. 두 개가 조화를 이루면 금

상첨화지만 관계가 나쁠 경우 대립과 투쟁의 관계가 형성되기 싶다. 부부 갈등, 빈부 격차, 갑을 관계, 노사 갈등, 이념 갈등 등이 대표적인 사례라고 할 수 있다. 3은 인간, 조화, 자녀 그리고 완전수, 완성 수, 변화의 계기 수를 상징한다. 숫자 '3'은 양을 나타내는 첫 번째 수 1과 음을 나타내는 첫 번째 수 2가 합해진 조화로운 숫자이며, 하늘, 땅, 인간의 조화, 나, 너, 우리로 연결하는 숫자이다. 우리라는 말은 나도 아니고 너도 아니며 나와 남이 조화를 이루어 형성된 것이다. 여기서 중요한 것은 '나' 중심의 우리가 아니라 상대방 중심의 우리여야 한다는 점이다. '나' 중심의 우리는 자기중심주의로 갈 수 있고 이 때문에 상대방에게 마음의 상처를 줄 수 있다. 반대로 상대방 중심의 우리는 나보다는 상대방 말을 경청하면서 공감하고 배려하는 것이기 때문에 인간관계가 원만해질 수 있다는 장점을 지니고 있다.

아버지와 어머니 사이에서 난 자녀 또한 숫자 '3'에 해당된다. 자녀는 아버지와 어머니의 사랑 속에 태어난 존재이다. 남편과 아내가 각자 다른 생활방식 속에서 성장하여 부부의 인연을 맺은 후 사랑이 익으면 자녀가 출생하게 된다. 사이가 서먹한 부부도 사랑의 결실로 낳은 자녀 때문에 사이가 더 좋아질 수 있다. 자녀가 부모 사이를 좋게 하듯이 3이라는 숫자는 사람과 사람 사이에 조화를 꾀할 수 있다. 숫자 '3'과 관련 있는 사례는 참으로 많다. 단군신화 속에 들어 있는 천부인(天符印) 3개, 가위·바위·보 게임에서 삼세 번, 천지인(天地人) 삼태극(三太極), 삼족오(三足烏), 삼색, 반찬 세 가지, 셋째 딸, 침 세 번 등이 있다. 식물에서 보면 뿌리와 줄기와 꽃이 3에 해당되고 태양을 비유하면 아침해, 점심해, 저녁해로 나누어 볼 수 있다.

천부인 3개는 단군신화에 등장한다. 단군신화에 보면 아버지 환인이 아들 환웅에게 천부인(天符印) 3개를 주었다는 말이 나온다. 천부인(天符印)이란 '하늘에 부합되는 도장'이란 의미이다. 천부인 3개는 하늘의 진리에 부합되는 도장을 3번 찍으라는 말이다. 어떤 문제가 발생할 때 서로의 입장을 주장하게 되면 해결책이 나오지 않게 된다. 이런 경우 분쟁을 잠시 멈추고, 격의 없는 자리를 만들어 분쟁의 문제와 관련 없는 인간적인 대화를 나누면서 서로 간의 정신세계를 이해하고 서로 한마음이 된다면 복잡하게 보이던 문제가 해결될 수 있다.[10] 가위·바위·보의 게임에도 견제와 균형 및 조화의 철학이 들어 있다. 가위는 보를 이기지만 바위에게는 진다. 보는 바위를 이기지만 가위에게 지고, 바위는 가위를 이기지만 보에게 진다. 특정한 하나가 전체를 지배하지 못하도록 한 것이다. 가위, 바위, 보로 결정할 때도 3번 먼저 이긴 사람의 의견으로 하는데, 이 경우도 숫자 '3'과 관련이 있다.

삼태극(三太極)은 하나의 원이 3개로 분화되어 있는 태극의 형태 또는 그 문양을 말한다. 우리나라에서 최초의 삼태극은 경주의 감은사 금당지 앞 삼층석탑에서 찾아볼 수 있다. 삼태극 도형은 천·지·인 삼재가 하나로 혼합된 혼돈 상태를 나타낸 것으로, 우주 구성의 기본 요소인 천·지에 인간을 참여시킨 점에서 음양으로 구성되어 있는 태극과 구별된다. 삼태극은 부채, 사당의 대문 등에서 볼 수 있으며, 훈민정음 모음 창제와도 깊은 관련이 있다. 훈민정음 모음은 하늘을 상징하는 '•', 땅을 상징하는 'ㅡ', 사람을 상징하는 'ㅣ' 모음이 모여 만들어진 글자이다. 옛날이야기에 보면 위기에 대처할 때 노란색 구슬, 파란색 구슬, 붉은색 구슬을 던져 위기를 모면하는 이야기가 나온다. 자신의 이익이 아닌 어느 누가 보아도 진리에 부합되는 1안을 제시했는데, 안 되면 진리에 부합되는 2안을 제시하고, 2안이 안 먹히면 진리에 부합되는 3안을 제시하여 문제를 해결한다는 것이다.

우리는 현재 각자의 이기적 욕심을 추구하는 사회로 치닫고 있다. 따라서 서로 한마음의 상태로 돌아서는 방안이 필요하다. 예들 들어 한국인 시어머니와 외국인 며느리가 다툴 경우에 진리에 부합되는 해결책을 제시할 필요성이 제기된다. 시어머니와 외국인 며느리가 각자의 입장만 고수하지 말고, 진리에 부합되는 생각을 하게 되면 서로의 입장을 이해하게 되고, 우리라는 의식이 생기고, 한마음이 될 수 있는 방안도 나올 수 있기 때문이다. 이때 우리는 나도 아니고 너도 아닌 우리 모두를 포함하는 말이다. 즉, 시어머니와 외국인 며느리가 서로 각자의 가치관이나 문화를 배우라고 강요할 것이 아니라, 진리에 부합되는 방안을 마련하여 서로 화합하면서 함께 웃을 수 있도록 하는 것이 천부인 3개라고 할 수 있다.

숫자 '3'은 변화의 계기 수이다. 화투놀이에서 고스톱이 있다. 화투는 일본에서 건너왔다고 하지만, 고스톱 놀이의 규칙은 우리가 만든 것이다. 고스톱(Go-Stop) 또는 고도리는 대한민국에서 널리 행해지는, 화투를 이용한 노름 또는 놀이의 한 종류이다. 주로 세 명이 어울려 하지만, 두 명 또는 네 명 이상의 사람이 참여할 수도 있다. 보통 3점 이상 먼저 내는 사람이 이기게 된다. 세 번 '고'를 하면 두 배로 주는 규칙은 '고'를 세 번 했으니 현재도 좋은 상황이지만 뭔가 더 좋은 상황으로 변화되어야 한다는 점을 인정해 주는 것이다. 고스톱 규칙 중 자기가 먹은 것과 같은 패를 뒤집어서 '싸면' 재수 없지만 세 번 '싸면' 3점이 되어 이길 수 있다. 이 규칙은 부정적인 것이 세 번 반복되면 긍정적인 것으로 본다는 의식을 보여 준다. 우리가 스스로 만든 이런 규칙들은 수천 년 내려온 숫자 '3'이 지닌 '변화의 계기 수'라는 상징을 현대적으로 재생산하고 있는 것이다.[11]

서양에서는 숫자 '7'을 행운의 숫자라 하여 중시한다. 7이라는 숫자를 좋아하게 되었고 행운의 숫자로 생각을 하는 이유를 성경 창세기에서 찾을 수가 있다. 기독교에서 하느님은 6일 동안 만물을 창조하고 7일째 되는 날 편안히 쉬었다고 한다. 또 7은 하늘의 완전함을 나타내는 수 3과 땅의 완전함을 나타내는 수 4가 합해진 수로, 하늘과 땅이 합해져서 행운을 가져다주는 것으로 여기게 되었다. 우리나라 또한 숫자 '7'을 중시한다. 숫자 '7'을 중시하는 이유는 인간의 수명과 연관되는 북두칠성과 관계가 있기 때문이다. 북두칠성은 인간의 생사를 주관하고 인간에게 길흉화복을 주는 별로서 옛날부터 신성시되었다. 사찰에 있는 칠성각은 북두칠성을 모시는 민간신앙에서 비롯되었다. 북두칠성은 인간의 수명과 복록을 관장하는 별이다. 정화수(淨華水) 한 동이를 떠다 칠성단(七星壇)에 바쳐 놓고 "비나이다, 비나이다, 칠성님께 비나오니 부디 금두꺼비 같은 아들 하나 점지해 주옵소서." 하고 빌던 우리 조상들의 기자(祈子)

신앙의 대상이 북두칠성이었다. 북두칠성과 관련하여 『삼국유사(三國遺事)』에는 김유신 장군이 해, 달, 화성, 수성, 목성, 금성, 토성 등 일곱 별의 정기를 타고 태어나 등에 칠성(七星)의 무늬가 있었다는 이야기가 기록되어 있다.[12] 북두칠성 별자리 이름은 탐랑성, 거문성, 녹존성, 문곡성, 염정성, 무곡성, 파군성이다. 귀주대첩을 이끌었던 고려 강감찬 장군이 북두칠성의 네 번째 별인 문곡성의 기운을 받아 태어났다는 이야기도 그러한 예에 속한다. 안중근 의사도 배와 가슴에 북두칠성 모양의 반점이 있어 어린 시절 북두칠성의 정기에 응해 태어났다는 의미로 이름을 '안응칠(安應七)로 지은 것도 숫자 '7'과 관련이 있다.

제5절 구례 운조루의 뒤주에 새긴 타인능해(他人能解)

각박한 세상에서 부유한 사람들이 가난한 사람들을 선뜻 돕는 일은 드물다. 설령 가난한 사람들을 돕는 일이 생기더라도 자신의 선행을 알리고 생색내기 바쁘다. 남이 자신의 선행을 알아주기를 바라는 마음을 지니고 도움을 주게 되면 도움을 받는 가난한 사람의 마음도 썩 편안하지만은 않게 된다. 아무 대가없이 도와주는 그 자체로 남을 도와주어야 한다. 받는 사람의 마음도 헤아려야 한다는 것은 맹자(孟子)의 다음 말에서도 엿볼 수 있다.

> 한 도시락의 밥과 한 사발의 국을 얻으면 살고 얻지 못하면 죽더라도 꾸짖으며 주면 길 가는 사람도 받지 않으며, 발로 차서 주면 걸인도 좋게 여기지 아니한다.[13]

길 가는 사람에게 음식을 줄 때 꾸짖으면서 주거나 걸인에게 발로 차서 주면 자존심이 상하여 먹지 않거나 받지 않으려 할 것이다. 따라서 남에게 얼마나 많이 베푸는 것이 중요한 것이 아니고, 적게 분배하더라도 사람에 대한 기본적인 예의를 바탕으로 한 사랑과 정성이 깃들어 있어야 한다. 남을 도울 때는 받는 사람의 체면도 고려해야 한다.

그런 측면에서 가난한 이웃을 돕기 위해 설치한 구례 운조루(雲鳥樓)의 쌀독은 우리에게 돈을 가진 자가 이웃에게 어떤 식으로 베풀어야 하는지 시사하고 있다. 구례 운조루는 1776년 조선 영조 때 안동 출신의 유이주(柳爾胄)가 낙안군수로 있을 때 건축하였다. 운조루(雲鳥樓)의 이름은 동진(東晋)과 송(宋)의 왕조 교체기를 살았던 중국의 시인 도연명(陶淵明)이 지은 귀거래사(歸去來辭)에서 따온 글이다. 다음은 도연명의 귀거래사 일부분의 내용이다.

雲無心以出岫하고 운 무 심 이 출 수	구름은 무심히 산의 바위틈에서 나오고
鳥倦飛而知還이라. 조 권 비 이 지 환	새는 날기에 지쳐 돌아올 줄을 아는구나.

시의 문구에서 운(雲)이란 글자와 아래의 조(鳥) 두 글자를 취해 이름을 지었다고 전해진다. 구례 운조루에 있는 나무로 된 쌀독의 마개에는 '어느 누구도 뒤주를 열어 쌀을 가져갈 수 있다(他人能解)'라는 글귀가 있다. 가난하여 제때 끼니를 이어 나가지 못하는 이웃 사람을 위해 설치한 쌀독이다. 더 중요한 점은 가난한 사람이 쌀을 가져갈 수 있는 뒤주를 다른 사람의 출입이 적고 눈에 잘 띄지 않는 곳에 설치해 두었다는 점이다. 가난한 사람이 가족의 생계를 유지하기 위해 부잣집의 쌀을 퍼 가지만 다른 사람의 눈에 쉽게 띄는 곳에 뒤주를 두게 되면 쌀을 퍼 가는 사람의 입장에서는 다른 사람의 시선이 의식되고 불편하기 그지없다. 가난한 사람의 마음을 헤아린 운조루의 주인은 뒤주를 다른 사람의 출입이 적고 눈에 잘 띄지 않는 곳에 설치해 둠으로써 가난한 사람이 좀 더 마음 편안하게 쌀을 퍼 갈 수 있도록 배려했던 것이다. 1776년 조선 영조 때 유이주(柳爾胄)가 낙안군수로 있을 때 구례 운조루를 건축한 이래, 운조루는 주변의 가난한 이웃의 마음을 잘 배려한 점 덕분에 동학혁명운동(1894년), 여수·순천 사건(1948년), 한국전쟁(1950~1953년) 등 소실의 위기에서도 안전할 수 있었다. 구례 운조루의 뒤주는 돈을 가진 자가 가난한 이웃에게 어떤 식으로 베풀어야 하는지를 시사해 주고 있다.

부자가 가난한 사람을 도와줄 때는 자신의 선행을 알아주기를 바라지 말고, 아무 대가나 보상을 바라지 않고 순수한 마음으로 도와주어야 한다. 남을 도와줄 때에도 집착하는 마음 없이 도와주어야 한다. '내가 남을 위하여 베풀었다'라는 생각이 있는 보시는 진정한 보시라고 볼 수 없다. 내가 누군가에게 베풀었다는 의식을 지니고 있으면 집착으로 이어지기 쉽다. 자신의 선행에 집착을 하게 되면 도움을 받은 사람이 도움을 준 자신을 알아봐 주기를 바라게 되고, 알아봐 주지 않으면 마음의 상처나 서운한 마음이 들 수 있다. 가장 현명한 방법은 남을 도와주는 그 자체에 보람과 의의를 두고 도와주는 것이다. 도움을 받는 사람이 자신의 선행을 알아주는 것에 집착하지 않고 순수한 본마음으로 남을 돕는 그 자체에 보람과 의의를 두게 되면 설령 도움을 받는 사람이 알아주지 않더라도 마음의 상처를 받지 않기 때문이다. 보수나 대가를 바라지 않고 도움을 주는 그 자체에 보람을 느끼는 것을 불교에서는 무주상보시(無住相布施)라고 한다. 무주상보시는 보시 중에서도 최고의 보시이다. 보시를 하고도 '내가 했다', '내가 무엇을 누구에게 베풀었다'라는 집착이나 상(相)이 남지 않는 보시이기 때문이다.

핵심 개념 정리

1. 전통(傳統): 어떤 집단이나 공동체에서, 지난 시대에 이미 이루어져 계통을 이루며 전하여 내려 오는 사상·관습·행동 따위의 양식

2. 태극기 속의 태극과 팔괘

가. 태극(太極) : 만물의 근본 원리, 모든 존재와 가치의 근원이 되는 궁극적 실체

나. 팔괘(八卦) : ☰ 일건천(一乾天), ☱ 이태택(二兌澤), ☲ 삼리화(三離火), ☳ 사진뢰(四震雷), ☴ 오손풍(五巽風), ☵ 육감수(六坎水), ☶ 칠간산(七艮山), ☷ 팔곤지(八坤地)

다. 태극기의 구성

㉠ 가운데-태극

㉡ 네 모서리-하늘을 상징하는 건(乾(☰))괘와 땅을 상징하는 곤(坤(☷))괘가 대각선으로 마주 보고 있고, 물을 상징하는 감(坎(☵))괘와 불을 상징 하는 리(離(☲))괘가 대각선으로 마주 보고 있음.

3. 오행(五行)과 한국인의 생활

가. 오행과 성질

㉠ 수(水): 물체를 젖게 하고 아래로 스며들게 함.

㉡ 화(火): 위로 타올라 감.

㉢ 목(木): 휘어지기도 하고 곧게 나가기도 함.

㉣ 금(金): 거푸집에 따름.

㉤ 토(土): 씨앗을 뿌려 추수를 할 수 있게함.

나. 오행의 상생(相生) 원리: 목생화(木生火), 화생토(火生土), 토생금(土生金), 금생수(金生水), 수생목(水生木)

다. 오행의 상극(相剋) 원리: 목극토(木剋土), 화극금(火剋金), 토극수(土剋水), 금극목(金剋木), 수극화(水剋火)

4. 숫자 '3'과 '7'에 얽힌 우리 문화

가. 숫자 '3': 인간, 조화, 자녀, 완전수, 완성 수, 변화의 계기 수

나. 숫자 '7': 인간의 수명과 연관되는 북두칠성과 관계가 있음.

5. 구례 운조루의 뒤주에 새긴 타인능해(他人能解): 돈을 가진 자가 이웃에게 어떤 식으로 베풀어야 하는지 시사점을 제시함.

생각해 보기 1

아름다운 전통문화인 훈민정음 창제 원리와 세종대왕의 애민사상을 생각해 보자.

생각해 보기 2

단군신화 속에 담긴 우리 민족의 고유한 정서를 생각해 보자.

생각해 보기 3

경주 최부자의 육훈(六訓)을 조사해 보고 오늘날 우리에게 주는 시사점에 대해 생각해 보자.

주석

1. 『周易』「繫辭上傳」第十一章: 是故 易有太極 是生兩儀 兩儀生四象 四象生八卦.
2. 이기동, 「하늘의 뜻을 묻다」, 열림원, 2005, 주역50쪽.
3. 『周易』「繫辭上傳」第一章: 乾知大始 坤作成物.
4. 『周易傳義大全』「賁卦」彖辭 程子註: 質必有文 自然之理 理必有對待 生生之本也 有上則有下 有此則有彼 有質則有文 一不獨立 二則爲文.
5. 허균, 『옛 그림에서 정치를 걷다.』, 깊은 나무, 2015, 165쪽.
6. 『大學』經一章: 大學之道 在明明德 在親民 在止於至善.
7. 정현우, 『이야기 사주팔자』, 녹진, 1993, 63쪽 인용.
8. 불교신문, 2017년 6월 1일 자: http://www.ibulgyo.com/news/articleView.html?idxno=158229
9. 『書經』「洪範」: 潤下 作鹹 炎上 作苦 曲直 作酸 從革 作辛 稼穡 作甘.
10. 이기동, 『한국의 위기와 선택』, 동인서원, 1998, 48쪽.
11. 우실하, 『3수 분화의 세계관』, 소나무, 2012, 123쪽 ~ 124쪽.
12. 일연, 『삼국유사(三國遺事)』 제1권 기이(記異) 제1: 庾信公以眞平王十七年乙卯生 禀精七曜 故背有七星文.
13. 『孟子』「告子章句 上」第十章: 一簞食 一豆羹 得之則生 弗得則死 嘑爾而與之 行道之人 弗受 蹴爾而與之 乞人 不屑也.

| 5장 |

인(仁)사상과 동이족(東夷族)

- 인(仁)사상의 기원(起源)을 이해한다.
- 인(仁)의 의미와 대동 사회를 이해한다.
- 인(仁)을 회복하는 세부적인 실천 방안을 올바르게 이해하고 실천한다.

제1절 인(仁)사상의 기원(起源)

일본의 조선 침략 후 단군 관련 책이 불태워졌거나 유실되었다. 광복 후 출간된 『제헌국회사』[1], 『군국일본조선강점 36년사』[2]에 의하면 조선총독부 초대 총독 데라우치 마사다케(寺內正毅)의 명령에 의해 1910년 11월부터 이듬해 12월 말까지 1년 2개월 동안 고사서 51종 20여만 권을 약탈했으며, '단군조선'에 관한 서적 대부분이 이때 소실된 것으로 되어 있다. 압수 대상 서적은 단군 관계 조선 고사서, 조선 지리, 애국충정을 고취하는 위인전기·열전류, 미국의 독립사 등이었다고 한다.

지금까지 남아 있는 중국 측 역사 관련 책을 통해 알 수 있는 우리 민족의 신체적 특징은 키가 크면서 활을 잘 쏘는 민족(夷)이었다. 정신적으로는 사람 됨됨이(仁)를 갖춘 민족, 둘이서 붙어 다니기를 좋아하고(人+二=仁), 어질고 살리기를 좋아하는 민족, 예의와 교양이 있는 민족, 천성이 유순하고 진리로 인도하기 쉬운 민족이었다. 인(仁)이란 글자를 보면 '사람 인(人)'에 '둘 이(二)'라는 글자가 합쳐져 있다. 우리나라 사람들은 식당에 갈 때에도 혼자 가는 것을 별로 좋아하지 않는다. 두 명 이상 어울려 가는 것이 오랜 관습으로 굳어져 있다. '우리'라는 말도 '울 + 이'로 되어 있다. '울'이라는 글자 아래에 있는 'ㄹ'이 '이'라는 글자와 만나면서 '우리'라는 글자가 된 것이다. '울'은 울타리를 말하며, '이'는 사람을 지칭하는 지시 대명사이다. 우리라는 말은 울타리 안에 있는 살고 있는 사람을 지칭하는 것으로 공동운명체를 뜻한다.

춘추전국시대 신하가 임금을 시해하고 자식이 부모를 시해하는 등 사회 문제가 발생하자 공자는 인(仁)사상이라는 처방전 제시를 통해 혼란을 극복하려고 노력했다. 공자사상의 중심인 인(仁)사상(思想)은 동이족에 기원을 두고 있다. 동이족과 인(仁) 사상의 관련성은 다음 내용에서 이를 유추해 볼 수 있다.

> 이(夷)는 동쪽에 거주하는 사람이고, 큰 활을 메고 있는 사람이다.[3]
>
> 용기와 힘이 뛰어나고 활쏘기를 잘하는데 활은 길이가 네 자로 그 힘이 쇠뇌 같으

며 화살로는 싸리나무의 줄기를 썼고 길이는 한 자 여덟 치에 청석을 촉으로 썼다.[4]

동방을 이(夷)라 한다. 이(夷)는 뿌리이니 仁하면서 살리기를 좋아하니 만물은 땅에 뿌리를 박고 생긴다. 따라서 천성이 유순하고 진리로 인도하기 쉽다.[5]

동이는 천성이 유순하여 기타 세 방위의 종족들과는 다르다. 그리하여 공자께서 도가 행해지지 않음을 가슴 아파하며 바다에 뗏목을 띄우고 구이(九夷)에 살고 싶어 하셨던 것이니 그 까닭이 있었던 것이다.[6]

고대 중국에서는 동방에 사는 사람을 이(夷)라 불렀고, 그들은 성품이 인(仁)하면서 만물을 살리기를 좋아하기 때문에 진리로 인도하기 쉬운 민족이었다. 공자 또한 군자가 사는 구이(九夷)를 언급하고 있듯이 군자국 사람들은 성품이 온유하고 양보하기를 좋아하며 다투지를 않는 특징을 지니고 있있다.[7] '이(夷)'는 '대(大)'와 '궁(弓)'이 합성된 글자로 활을 잘 쏘는 동방인을 일컫는다. 활의 우수성은 『삼국사기』 구진천 이야기에서도 찾아볼 수 있다.

문무왕 9년에 당나라에서 신라의 쇠뇌를 만드는 기술자인 사찬 구진천(仇珍川)을 데려가 쇠뇌를 만들게 하였으나, 쏘아 보니 30보밖에 나가지 않았다. 당나라 황제 고종이 묻기를 "들으니 너희 나라에서 만든 쇠뇌를 쏘면 1천 보를 간다는데, 지금 만든 것은 겨우 30보밖에 나가지 않으니, 어찌된 일인가?" 하니 그는 대답하기를 "재료가 좋지 않기 때문입니다. 만약 본국에서 목재를 가져온다면 잘 만들 수 있을 것입니다"라고 하였다. 천자가 사신을 보내어 나무를 구하므로 곧 북한 대나무를 보내어 바쳤다. 즉시 명하여 다시 만들게 한 후 쏘아 보니 60보밖에 못 나갔다. 그 까닭을 물으니 그가 대답하기를 "저도 그 까닭을 알 수 없으나 아마도 목재가 바다를 건너올 적에 습기가 찼던 것인가 합니다"라고 하니 황제는 그가 일부러 하지 않는 것인지 의심하여 무거운 죄를 준다고 위협했지만 구진천은 끝까지 자신의 재능을 모두 발휘하지 않았다.[8]

위의 기록에서 우리 민족이 만든 활이 중국의 활보다 성능이 뛰어났음을 알 수 있다. 당나라 황제의 위협과 명령에도 기계활을 만드는 기술자였던 구진천은 활을 만드는 비법을 전해 주지 않았음을 알 수 있다. 역사적으로 고구려를 건국한 고주몽, 조선을 건국한 태조 이성계의 신궁 이야기, 1988년 올림픽부터 이어지고 있는 여자 양궁 선수들의 금메달 행진 등에서도 활을 잘 쏘는 민족의 기질을 엿볼 수 있다.

'인(人)'은 본래 인간이라는 보통명사가 아니라 '인족(人族)'이라는 고유명사이다. '인(人)'이 인간이라는 보통명사로 바뀌게 된 유래에 대해 중국 학자 노간(勞幹)은 다음과 같이 말하고 있다.

> 동방 사람들을 동이(東夷)라고 하는데 '이(夷)' 자와 '인(仁)' 자는 서로 통한다. '인(仁)' 자와 '인(人)' 자도 한 근원에서 나온 것이다. 중국어에서 '인(人)' 자를 일컫는 것은 그 근원이 동방에서 나왔다. 만약 문화적으로 선진(先進)인 동이(東夷)가 먼저 '인(人)' 자를 사용했다고 하면 후대 서방에서 기원한 부족들이 이를 차용하여 전 인류의 명사로 쓰게 된 것이다.[9]

위 내용을 통해 유추해 볼 수 있는 사실은 고대 중국은 동부족과 서부족이 존재했는데, 서부족보다는 동부족의 문화가 선진국이었고, '인(人)'이라는 글자 또한 동방 사람들이 먼저 사용하다가 서부족에게 전파되어 사람을 지칭하는 인류 공통 명사가 되었음을 알 수 있다. 그리고 동이족의 인(仁)의 의미는 후대의 공자사상의 중심인 인(仁) 사상 형성에 많은 관련이 있다는 사실도 알 수 있다.[10]

제2절 인(仁)의 의미

유교에서 말하는 인(仁)의 넓은 의미는 인의예지(仁義禮智) 덕을 총칭한 말이고 좁은 의미의 인(仁)은 남을 나처럼 사랑하는 도덕적 원리이다. 나와 남을 구분하지 않고 한마음이 되면 남을 나처럼 사랑하는 마음이 나온다. 의(義)는 주어진 상황에서 사리(事理)

를 판별하는 올바름, 주어진 상황에서의 가장 옳고 마땅함(宜)을 의미한다. 의(義)라는 원리가 발현(發顯)하여 수오지심(羞惡之心)이 된다. 수오지심(羞惡之心)은 양심에 비추어 자신에게 잘못이 있으면 부끄러워하고, 다른 사람이 비양심적으로 행동하는 것을 보면 분개하고 미워하는 마음이다. 비양심적인 행동을 부끄러워하고 미워하는 마음은 후천적으로 만들어지는 것이 아니라 태어날 때부터 부여받은 것이다. 잘못을 저지르고 부끄러워하는 것은 그 행위가 의롭지 못한 것임을 알기 때문이며, 다른 사람의 옳지 않은 행동을 보고 미워하는 것도 그 행위가 의롭지 않다는 것을 알기 때문이다. 따라서 잘못을 저지르고도 부끄러워할 줄 모르고, 다른 사람의 옳지 않은 행동을 보고도 분개하거나 미워할 줄 모르는 사람은 사람으로서 지녀야 할 본성(本性)을 버린 사람이기 때문에 죽은 사람이나 마찬가지인 것이다.[11] 남의 옳지 못함을 미워하는 밑바탕에도 사람을 사랑하는 마음이 바탕에 깔려 있다. 예컨대 일본 침략자를 미워하여 응징하려는 안중근 의사(義士)의 마음속에는 일본 침략자에게 침략을 받고 괴로워하면서 피해를 입고 있는 조선의 순박한 사람들을 사랑하는 마음이 깔려 있었다.

예(禮)라는 원리가 발현되어 겸손하고 남에게 사양할 줄 아는 마음인 사양지심(辭讓之心)이 생기게 된다. 예절을 지키는 목적은 원만한 대인 관계를 유지하고 사회생활을 편안하고 아름답게 하기 위해서이다. 예(禮) 또한 다른 사람을 나처럼 사랑하는 마음과 의(義)라는 도덕적 판단에 의해서 나오게 된다. 예컨대 남과 내가 같이 피로할 때 차 안에 앉아 쉴 수 있는 자리가 제한되어 있다면 남을 나처럼 사랑하는 어진 마음씨를 지닌 사람은 차 안에 상황을 면밀하게 판단한 후 자신보다 약한 사람이 있으면 그 사람에게 기꺼이 자신의 자리를 양보하여 그 사람이 쉬게 한다.

지(智)는 인의예(仁義禮)를 실현할 수 있는 지혜로움을 의미한다. 자녀에게 무슨 일이 있을 때 바로 알아차리는 부모의 마음, 부모에게 무슨 일이 있을 때 바로 알게 되는 자녀의 마음에서 엿볼 수 있다. 지혜로움이 발현되면 옳음과 그름을 가릴 줄 아는 마음이 생기게 된다. 공자와 맹자는 인의예지가 후천적으로 습득되는 것이 아니라 본래 가지고 있음을 다음과 같이 역설하고 있다.

> 인(仁)이 멀리 있는가? 내가 인(仁)을 하고자 하면 곧 인에 이른다.[12]
>
> 인의예지(仁義禮智)는 밖으로부터 나에게 녹아 들어오는 것이 아니라 내가 본래 가지고 있는 것이지만 그것을 생각하지 않을 뿐이다. 그러므로 말하기를 '구하면 얻고 놓아 두면 잃어버린다'라고 하는 것이다.[13]

지하수에서 나오는 샘물은 물이 만나는 지점에 따라 물맛이 달라질 수 있다. 그와 마찬가지로 인의예지(仁義禮智) 본성은 인간이 처한 상황에 따라 인(仁)의 원리가 측은지심(惻隱之心)으로 표현되어 나올 수 있고, 의(義)의 원리가 수오지심(羞惡之心)으로 표현될 수도 있으며, 예(禮)의 원리가 공경하고 사양하는 사양지심(辭讓之心)으로 표현되어 나올 수 있으며, 지(智)의 원리가 옳고 그름을 분별하는 시비지심(是非之心)으로 표현되어 나올 수 있다. 맹자가 말했듯이 인의예지(仁義禮智) 본성은 본래 가지고 있는 것이다. 본성에서 곧고 바르게 발현되면 측은지심(惻隱之心)·수오지심(羞惡之心)·사양지심(辭讓之心)·시비지심(是非之心)이라는 사단(四端)으로 표현된다. 사단(四端)을 인간이 본래 가지고 있다고 하여 본심(本心)이라 하며, 처음 지녔던 순수한 마음이라 한다. 인의예지(仁義禮智) 본성에서 본심으로 발현되도록 하기 위해서는 순간순간 내 마음을 정밀하게 관찰하고, 상황이 바뀌더라도 순수한 본마음을 바꾸지 않도록 해야 한다. 만약 내 마음을 정밀하게 관찰하지 않고 초지일관(初志一貫) 순수한 본마음을 지키지 않고 놓아 버리면 본성에서 본심으로 발현되는 과정에 이기적 계산이 개입되어 본성이 왜곡되게 발현되어 '너 죽고 나 살자'는 식의 극단적인 이기심이 나오게 된다. 맹자가 본심인 사단(四端)을 확충하여 인의예지(仁義禮智) 본성을 회복하여야 한다고 역설했던 이유이기도 하다.

『논어(論語)』에 등장하는 다양한 인(仁) 개념은 애인(愛人)이라고 하는 기본적 의미를 모두 함축하고 있다.[14] 이와 같이 볼 때 인(仁)은 인간의 본성이요, 내 마음을 미루어 남을 나처럼 사랑하는 도덕적 원리이다. 남을 나처럼 여기는 마음은 남과 내가 하나 되는 한마음이고 한마음이 곧 인(仁)이다.[15] 한마음이 되면 다른 사람을 자연스럽게 사랑하게 된다. 이러한 삶 자체가 행복이고, 행복한 삶을 영위할 줄 아는 이가 군자(君子)이다.

그러나 몸이 본마음에 의해 움직이지 아니하고 이기적인 욕심에 따라 자신의 몸만 소중하게 생각하면 나와 남은 각각 개별적인 존재가 되어 버린다. 따라서 남과 다른 마음은 불인(不仁)이며, 자신의 몸만 중시하기 때문에 다른 사람과 경쟁하는 삶을 살 수밖에 없다.[16] 몸은 유한하기 때문에 출생-늙음-병듦-죽음이라는 자연계의 흐름을 피할 수 없다. 육체적 삶을 중시하게 되면 죽음의 두려움을 피하기 위해 순간의 쾌락을 중시하게 된다. 그 결과 돈이 생겨도 자신의 순간적이고도 찰나적인 쾌락 추구를 위해 사용해야 하기 때문에 다른 사람의 어려움을 돕거나 불쌍한 모습에 동정을 보내는 것은 생각하지 않게 된다. 이런 삶을 추구하는 것은 불행한 삶이며, 그러한 삶을 사는 이가 소인(小人)이다. 유교에서 강조하는 인(仁)의 의미를 다시 한 번 되새겨 보아야 할 때이다.

제3절 인(仁)의 완성

마음속에 이기적 욕심이 차지하는 비중보다 본마음이 차지하는 비중이 커지게 되면 본심이 마음의 주인이 된다. 모든 사람이 이기적 욕심을 버리고 본심으로 사는 세상은 인(仁)이 완성된 지상 천국이다.[17] 이러한 이상 사회를 유교에서는 대동 사회(大同社會)라고 한다. 『예기(禮記)』에서는 대동 사회에 대해 다음과 같이 말하고 있다.

> 큰 진리가 행해지면 천하가 모두의 것이 된다. 현명한 사람을 골라 뽑고 능력 있는 사람을 정치에 참여하도록 하고 믿음을 강론하고 화목함을 행하도록 했다. 그리하여 사람들은 자기의 부모만을 부모로 여기지 않고, 자기 자녀만을 자녀로 여

기지 않았다. 그래서 모든 노인은 여생을 편안하게 마칠 수 있었고, 젊은이는 다 일자리가 있어 일을 할 수 있었으며, 어린이들은 곱고 바르게 잘 자랄 수 있었으며, 홀아비와 과부와 고아와 자녀 없는 노인들, 나쁜 병에 걸린 사람들까지 모두 잘 봉양받을 수 있었다. 남자들은 모두 어울리는 직분을 가지고 있었고, 여자들은 다 적당한 곳으로 시집가 살게 된다. 돈이나 재물이 땅에 떨어져 버려지는 것을 싫어하지만, 그것을 주운 자가 자기 집에다 감춰 두는 일이 없었다. 힘이 자신에게서 나오지 않음을 미워하지만, 자기를 위해서 하는 것은 아니었다. 그러므로 권모술수와 불만을 토로하는 모의가 일어나지 않게 되고 도둑이나 남의 물건을 훔치는 자, 사회를 어지럽히는 자들이 없었다. 이리하여 집집마다 문을 열어 두고 닫는 일이 없다. 이러한 사회를 가리켜 대동(大同)이라 말한다.[18]

'대동(大同)'이란 인(仁)이 완성된 상태로 하늘의 뜻과 사람의 뜻이 모두 하나가 되는 최상의 상태를 의미한다. '어질고도 유능한 자를 통치자로 삼는다'라는 것은 요(堯)임금이 순(舜)임금에게 왕위를 전하고, 순(舜)임금이 우(禹)임금에게 왕위를 전하듯이 천하는 만인의 공유물이기 때문에 어떠한 계급의 세습정권도 인정할 수 없으며, 오로지 국민의 여망에 따라 선출된 덕(德)이 있고 유능한 사람이 천하를 통치해야 한다는 입장이다. 그리고 '자기의 부모만을 부모로 여기지 않고, 자기 자녀만을 자녀로 여기지 않았다'라는 것은 자기 부모에 대한 효도를 바탕으로 남의 부모까지 공경하고, 자기 자식에 대한 사랑을 남의 자식에게까지 단계적으로 확대해 모두가 행복한 세상을 만들어 나간다는 의미이다. 가장 자연스러운 차별애(差別愛)이지만 궁극적으로 더 절실한 박애와 평등의 내용을 담고 보편적 사랑이 이루어지는 인(仁)의 참된 의미를 알 수 있다. 이런 입장이기 때문에 홀아비·과부·고아·늙어서 자식 없는 노인 등 의지할 곳이 없는 사람들도 편안하게 살아갈 수 있게 된다. 문왕(文王) 또한 정사(政事)를 펴고 인(仁)을 베푸시되 반드시 이 네 종류의 사람들을 가엾게 여겨 먼저 구휼하였다.[19] 이 네 종류의 사람들 중 어려서 부모가 없는 고아와 늙어서 자식 없는 노인은 현대 국가에서도 사회복지의 주요 수혜 대상이 되고 있다.

제4절 인(仁)을 회복하는 세부적인 실천 방안

인(仁)을 회복하는 세부적인 실천 방안으로 이기적 욕심을 이겨 내고 본마음을 회복하여 예로 돌아가려는 극기복례(克己復禮), 한마음을 경험할 수 있는 효제(孝悌)의 실천, 남을 나처럼 사랑하는 마음이 바탕이 되었을 때 나올 수 있는 선난후획(先難後獲) 등이 있다.

1. 극기복례(克己復禮)

극기복례(克己復禮)는 자신의 삿된 욕심을 이겨 내고 본마음을 회복하여 천리(天理)에 의해 규정된 인간 행동의 고유한 질서인 예(禮)로 돌아가면[20] 이 마음의 본체가 보존되지 않음이 없고 이 마음의 작용이 실행되지 아니함이 없음을 의미한다.[21] 극기복례(克己復禮)라는 말은 『논어(論語)』「안연(顔淵)」편의 다음 내용에서 유래한다.

> 안연이 인(仁)에 대해서 묻자 공자께서 말씀하셨다. "자기를 이기고 예(禮)로 돌아가는 것이 인이다. 어느 날 하루 자기를 이기고 예로 돌아가면 천하가 인으로 돌아간다. 인을 하는 것은 자기로 말미암는 것이니, 남에게 말미암는 것이겠는가!" 안연이 말했다. "그 구체적인 방법을 묻겠습니다." 공자께서 말씀하셨다. "예가 아니면 보지 말며, 예가 아니면 듣지 말며, 예가 아니면 말하지 말며, 예가 아니면 움직이지 말라." [22]

사람의 마음에는 본성에서 곧고 바르게 발현된 본마음과 이기적 계산에 의해 생겨난 삿된 욕심이 있다. 마음속에 삿된 욕심의 비중이 본마음을 능가하게 되면, 우리 인간의 삶은 끝없이 욕심을 채우는 삶으로 전락하게 된다.[23] 욕심을 채우기 위해서는 돈을 비롯한 제한된 물질을 두고 경쟁해야만 한다. 경쟁이 심해지면 남의 불행을 자신의 기쁨으로 여기는 삿된 마음이 나오게 된다. 남을 항상 자신의 경쟁자로만 여기기 때문에 힘들고 어려운 상황이 생겨도 속마음을 터놓을 수 없는 불행한 삶을 살게 된다. 따라서 불행한 삶을 청산하고 행복한 삶을 영위하기 위해서는 자기의 이기적 욕심을 이겨 내고 본마음을 회복하여 천리(天理)에 의해 규정된 인간 행동의 고유한 질서인 예(禮)로 돌아가려는 극기복례(克己復禮)의 노력이 필요하다.

극기복례(克己復禮)의 구체적인 방법으로 첫째, 하늘로부터 부여받은 진리의 소리를 듣도록 해야 한다. 이기적 욕심을 버리고 본마음에서 정신을 집중하여 진리의 입장에서 귀를 기울이면 상대방이 말하고 싶어 하는 의도를 파악할 수 있기 때문이다.

둘째, 자신에게 주어진 상황을 욕심이 아닌 본마음의 차원에서 바르게 보고, 다른 사람을 대할 때 편견이나 선입견을 버리고 그 사람의 참모습을 그대로 보도록 해야 한다. 편견, 선입견, 고정 관념과 이기적 욕심을 버리고 본마음에서 사물이나 사람을 보게 되면 참모습을 볼 수 있게 된다.

셋째, 본마음에서 우러나온 말은 하고, 이기적 욕심에 의해서 나오는 말은 상대방의 인격을 존중하지 않는 말이기 때문에 하지 말아야 한다. 남의 인격을 존중하는 마음을 그에 합당한 예절의 형식을 갖추어 하는 말은 본마음에서 우러나온 말이기 때문에 본인의 마음도 편안할 뿐만 아니라 듣는 상대방도 기분 좋게 만들 수 있다.

넷째, 남과 한마음이 되는 예(禮)를 실천하는 데에서 중요한 것은 이해득실을 떠나 순수한 본마음에서 우러난 공손함이어야 한다.[24] 왜냐하면 공손함 또한 자신에게 이익이 되는 상대방에게는 공손하고 이용 가치가 없다고 판단되는 상대방에 대해서는 불손하게 대하는 그런 공손함이 있을 수 있기 때문이다. 극기복례의 결과 인(仁)을 이룰 수 있다. 인(仁)은 남과 내가 구별되지 아니하는 본래의 상태인데, 극기를 통해 마음속에 순수한 본마음의 비중이 이해득실에 따라 수시로 변하는 이기적 욕심이 차지하는 비중보다 많아지게 되면, 내 마음과 남의 마음은 근본적으로 같다는 것을 자연스럽게 깨닫게 되고 한마음이 되어 원만한 인간관계를 유지하고, 세상은 질서 있는 아름다운 세상으로 바뀌게 된다.

2. 효제(孝悌)의 실천

치열한 경쟁을 중시하는 현실적 인간관계 속에서 내 속마음을 털어놓고 한마음이 될 수 있는 가장 가까운 관계는 부모와 자녀의 관계 및 형제자매 간의 관계이다. 『논어(論語)』에서는 인(仁)을 실천하는 근본으로 효제(孝悌)의 중요성을 다음과 같이 강조하고 있다.

> 효제(孝悌)는 그 인(仁)을 실천하는 근본이다.[25]
>
> 인(仁)이란 사람 됨됨이니 부모와 하나 됨이 으뜸이다.[26]

부모는 평생 자신의 삶과 자녀의 삶을 분리해서 생각하지 못하고[27] 자녀의 기쁨을 자신의 기쁨 이상으로 좋아하고 자녀의 슬픔을 자신의 슬픔 이상으로 슬퍼해 주는 등 자녀를 자기 자신처럼 아끼고 사랑한다. 따라서 자녀의 처지를 변함없이 이해해 주고 포용해 주는 부모의 사랑은 자녀의 입장에서 볼 때 이 세상에서 가장 귀하고 든든한 버팀목이 될 수 있다. 자신과 한마음이 된 부모의 무조건적인 사랑을 받게 되면 자녀는 치열한 경쟁 속에서도 마음의 안식처를 얻을 수 있게 된다. 따라서 자녀는 자신에게 필요한 마음의 안식처의 원천인 부모의 사랑을 지속적으로 받으려고 노력을 하게 되는데 그것이 효도이다. 부모가 오랫동안 마음의 안식처가 되어 주기 위해서는 부모가 건강하고 마음이 편안해야 한다. 따라서 자녀는 부모의 건강을 위해 함께 모시고 살면서 평소 잡수시고 싶어 하는 것을 여쭈어 공손하게 올리고,[28] 겨울에는 따뜻하게 해 드리고 여름에는 시원하게 해 드리는[29]등 물질적 봉양에 정성을 다하게 된다.

부모의 마음을 편안하게 해 드리기 위해서는 형제자매끼리도 화목하게 지내야 한다. 형제자매가 다투게 되면 그것을 지켜보는 부모의 마음은 타 들어간다. 형제자매 간 다툼의 근본적인 원인은 서로를 남남으로 여기기 때문이다. 서로에 대한 배려를 하지 않고 각각 자신의 이익만 중시하고 손해를 보지 않으려고 하기 때문이다. 따라서 형제자매끼리 화목하게 지내기 위해서는 부모와 자녀 사이에 흐르는 한마음을 확대해 나가야 한다. 부모와 나는 하나이면서 한마음이고 부모와 형제자매도 하나이면서 한마음이기 때문에 부모를 통해 나와 형제자매는 한마음이 될 수 있다. 즉, 부모와 한마음이 되는 만큼 그 마음을 미루어 형제와 한마음이 될 수 있고, 그러한 마음을 미루어 사회의 모든 구성원과 한마음이 될 수 있기 때문에 효(孝)와 제(悌)는 인(仁)을 실천하는 근본이 될 수 있다. 부모형제로부터 자신이 사랑받고 이해받고 있다는 느낌을 받은 만큼 다른 사람들의 감정과 생각, 그리고 행동 동기를 함께 느끼게 되고, 상호 작용을 하면서 자연스레 '공감', '존중', '타협' 등의 능력을 발달시켜 나가게 된다. 도덕성 함양 또한 이러한 철학적 바탕 위에서 이루어져야 한다.

3. 선난후획(先難後獲)

선난후획(先難後獲)이란 힘들고 어려운 일은 내가 우선적으로 맡아 해 나가고 이익이 되는 일은 다른 사람에게 미루거나 뒤에 생각한다는 의미이다. 내 마음과 남의 마음의 근원이 같다는 것을 깨닫게 되면 자연스럽게 한마음이 나오게 된다. 인자(仁者)는 다른 사람과 한마음을 지녔기 때문에 남을 나처럼 아끼고 사랑한다. 인자(仁者)의 모습은 자녀를 헌신적으로 사랑하는 어머니의 모습에서 찾아볼 수 있다. 가정에서 어머니의 마음은 자녀의 마음과 한마음이고, 자녀를 당신 이상 아끼고 사랑한다. 따라서 어머니는 맛있는 것이 생기면 당신은 드시지 않고 자녀들에게 먼저 먹이고, 힘들고 어려운 일은 자녀들에게 미루지 않고 당신이 먼저 한다. 인자(仁者) 또한 남들이 원하지 않는 일은 자신이 솔선수범하여 먼저 실천하고, 쉽고 이익이 되는 일은 다른 사람에게 양보를 하거나 배려를 한다. 다음 내용에서 인자(仁者)의 행동을 엿볼 수 있다.

> 인자(仁者)의 부류에 속한 사람이 어려운 일을 먼저 하고 얻는 것을 나중에 하면 인(仁)이라 할 수 있다.[30]

> 대저 인자(仁者)는 자신이 서고자 할 때 남을 세우며 자신이 출세하고 싶을 때 남도 출세하게 한다.[31]

> 자공이 물었다.
> "한마디 말로써 종신토록 행할 만한 것이 있습니까?"
>
> 공자께서 말씀하셨다.

"아마도 서(恕)일 것이다. 자기가 하고자 하지 않는 것을 남에게 베풀지 않는 것이다."[32]

중궁(仲弓)이 인(仁)을 묻자 공자(孔子)께서 말씀하셨다. "문을 나갔을 때에는 큰 손님을 뵈온 듯하며, 백성에게 일을 시킬 때에는 큰 제사를 받들 듯하고 자기가 하고자 하지 않는 것을 남에게 베풀지 말아야 하며, 나라에도 원망함이 없으며, 집에서도 원망함이 없어야 한다.[33]

인자(仁者)의 부류에 속한 사람은 남을 나처럼 생각하고 한마음을 지닌 사람이다. 그런데 유의할 점은 남과 내가 한마음이 되더라도 자신보다 다른 사람에게 더 비중을 두는 한마음이어야 한다. 만약 남과 한마음이 되더라도 남보다 자신에게 무게의 비중을 두고 한마음이 되면 자신이 원하지 않은 일은 남에게 먼저 시키게 되고, 이익이 되는 일은 자신이 먼저 챙길 수 있기 때문이다. 남과 한마음이 되더라도 남에게 비중을 두게 되면 자신의 마음을 미루어 다른 사람의 마음을 헤아리게 된다. 그 결과 자신이 원하지 않은 일은 남도 원하지 않는 것을 미루어 짐작할 수 있기 때문에 남에게 함부로 베풀지 않고 자신이 먼저 책임을 지고 처리한다. 그리고 자신이 원하는 것은 남도 원한다는 것을 미루어 짐작할 수 있기 때문에 이익이 되고 좋은 일은 남부터 먼저 얻도록 양보 내지 배려를 하고 자신은 제일 마지막에 얻으려고 한다. 이런 마음가짐으로 생활해 나간다면 문 밖에 나가 사람들을 만나더라도 우리 집에 오시는 큰 손님 대하듯이 본마음에서 우러나온 공손함으로 대하게 되고, 백성에게 일을 시킬 때에는 큰 제사를 받들 듯이 공손하게 부탁을 하게 된다. 설령 나라의 정치나 집안일을 하다가 어려운 일이 생기더라도 인자(仁者)는 남 탓으로 돌리거나 원망하지 않으며, 하늘이 시련을 주어도 긍정적으로 받아들이며 원망하지 않게 된다.[34]

제5절 인(仁)사상의 현대적 의의

인(仁)은 인간의 본성이요, 내 마음을 미루어 남을 나처럼 사랑하는 도덕적 원리이다. 남을 나처럼 여기는 마음은 남과 내가 하나 되는 한마음이고 한마음이 곧 인(仁)이다. 한마음이 되면 남과 내가 구별되지 아니하는 본래의 상태에 도달하기 때문에 다른 사람을 자연스럽게 사랑할 수 있게 된다. 그런 경지에 도달할 수 있기 위해서는 먼저 이기적 욕심을 이겨 내고 마음속에 본마음이 차지하는 비중이 많아지도록 극기복례의 노력이 필요하다. 극기를 통해 마음속에 순수한 본마음의 비중이 이해득실에 따라 수시로 변하는 이기적 욕심이 차지하는 비중보다 많아지게 되면, 내 마음과 남의 마음은 근본적으로 같다는 것을 깨닫게 되고 한마음이 되어 원만한 인간관계를 유지하고, 세상은 질서 있는 아름다운 세상으로 바뀌게 된다. 이런 체험을 가장 자연스럽게 할 수 있는 것이 부모에 대한 효도와 형에 대한 공경이다. 부모와 나는 하나이면서 한마음이고 부모와 형제자매도 하나이면서 한마음이기 때문에 부모를 통해 나와 형제자매는 한마음이 될 수 있다. 부모형제와 한마음 되는 체험을 통해 자신이 사랑받고 이해받고 있다는 느낌을 받은 만큼 다른 사람들의 감정과 생각 그리고 행동 동기를 함께 느끼게 되고, 상호 작용을 하면서 자연스레 '공감', '존중', '경쟁', '타협' 등의 능력을 발달시켜 나가게 된다.

극기복례(克己復禮)와 효제(孝悌)의 실천을 통해 내 마음과 남의 마음의 근원이 같다는 것을 깨닫게 되면 본마음이 이기적 욕심보다 마음속에 더 큰 비중을 차지하기 때문에, 본마음을 확충할수록 자연스럽게 다른 사람과 하나가 될 수 있는 한마음이 나오게 된다. 인(仁)사상이 우리 사회에 제대로 적용되면 훈훈한 분위기가 형성될 수 있을 것이다. 만약 내가 힘들고 어려운 일은 남에게 미루지 않고 자신이 먼저 하고, 이익이 되고 쉬운 일은 다른 사람에게 양보를 하거나 배려를 하게 되면 선순환이 이루어지게 된다. 즉, 대접을 받은 상대방 또한 본마음으로 삶을 영위하게 되면 힘들고 어려운 일은 남에게 미루지 않고 자신이 먼저 하고, 이익이 되고 쉬운 일은 다른 사람에게 양보를 하거나 배려를 하기 때문이다. 그 결과 사회 분위기가 훈훈해질 수 있게 된다.

핵심 개념 정리

1. 한국인의 특징

가. 정신적 측면

㉠ 사람 됨됨이(仁)를 갖춘 민족

㉡ 둘이서 붙여 다니기를 좋아하고(人+二=仁) 어질고 살리기를 좋아하는 민족

㉢ 예의와 교양이 있는 민족

㉣ 천성이 유순하고 진리로 인도하기 쉬운 민족

나. 신체적 측면: 키가 크면서 활을 잘 쏘는 민족(夷)

2. 인의 의미

가. 넓은 의미–인의예지(仁義禮智) 덕을 총칭

나. 좁은 의미–남을 나처럼 사랑하는 도덕적 원리

3. 인(仁)의 완성–대동 사회: 모든 사람이 이기적 욕심을 버리고 본심으로 사는 세상

4. 인(仁)을 회복하는 세부적인 실천 방안

가. 극기복례(克己復禮): 자신의 삿된 욕심을 이겨 내고 본마음을 회복하여 천리(天理)에 의해 규정된 인간 행동의 고유한 질서인 예(禮)로 돌아가는 것

나. 효제(孝悌)의 실천: 부모에게 효도하고 형제자매끼리 화목하게 지내는 것

다. 선난후획(先難後獲): 힘들고 어려운 일은 내가 우선적으로 맡아 해 나가고 이익이 되는 일은 다른 사람에게 미루거나 뒤에 생각하는 것

생각해 보기 1

우리 전통으로 내려오고 있는 한국인의 장점을 생각해 보자.

생각해 보기 2

우리 문화 속에 남아 있는 인의예지의 전통문화에 대해 생각해 보자.

생각해 보기 3

오늘날 우리 사회에 인(仁)을 실천해야 하는 중요한 이유에 대해 생각해 보자.

주석

1. 김진학.한철영,『제헌국회사』, 신조출판사, 1954, 25쪽.

2. 문정창,『군국일본조선강점36년사』, 오케이서적, 1967, 80쪽.

3. 許愼,『說文解字』: 夷 東方主人也 從大從弓.

4. 부사년 지음·정재서 역주,『이하동서설(夷夏東西說』, 서울:우리역사연구재단, 2011, 275쪽.

5. 『後漢書』「東夷列傳」: 東方曰夷 夷者柢也 言仁而好生 萬物柢 地而出 故로 天性柔順하고 易以道御.

6. 부사년 지음·정재서 역주,『이하동서설(夷夏東西說』, 서울:우리역사연구재단, 2011, 313쪽.

7. 『山海經』「海外東經」: 君子國在其北 衣冠帶劍 食獸 使二大虎在旁 其人好讓不爭 有薰華 朝生夕死.

8. 『삼국사기』 권 제6「신라 본기」 문무왕 9년 5월 기록.

9. 勞幹 ,『中韓文化論集』, 제2권,「中韓關係論略」 394쪽 引用: 我們常常把東方的人稱謂東夷 而夷字和仁字是通用的 仁字和人字也是出於一源那麼韓語中人的 稱謂 甚至於還有出於東方的可能.(…)(…)假若夷人先成文化的先進 夷人先用了人字 作爲全人類的名類 西方後起的部族 可能再爲借用的.

10. 유승국,『유가철학과 동방 사상』, 전통문화연구소, 2009, 158쪽 參照.

11. 孔泳立,「朱子 倫理思想의 本質에 관한 연구」, 成均館大學校 博士學位論文, 1986, 133쪽

12. 『論語』「述而」제29장: 仁遠乎哉 我欲仁 斯仁至矣.

13. 『孟子』「告子章句上」제5장: 仁義禮智 非由外鑠我也. 我固有之也 弗思耳矣. 故 求得則之 舍則失之.

14. 『論語』「顔淵」第二十二章: 樊遲問仁 子曰愛人.

15. 『孟子』「告子章句上」第十一章: 仁 人心也.

16. 『論語』「翁也」第二十八章 程子註: 程子曰 醫書 以手足痲痺 爲不仁 仁者 以天地萬物爲一體 莫非己也.

17. 大學』傳一章: 大學之道 在明明德 在親民 在止於至善.

18. 『禮記』「禮運」: 大道之行也 天下爲公 選賢與能 講信修睦 故人不獨親其親 不獨子其子 使老有所終 壯有所用 幼有所長 矜寡孤獨廢疾者 皆有所養 男有分 女有歸 貨惡其弃於地也 不必藏於己 力惡其不出於身也 不必爲己 是故謀閉而不興 盜竊亂賊而不作 故外戶而不閉 是謂大同.

19. 『孟子』「梁惠王章句 下」第5章: 老而無妻曰鰥 老而無夫曰寡 老而無子曰獨 幼而無父曰孤 此四者 天下之窮民而無告者 文王 發政施仁 必先斯四者.

20. 『心經附註』卷一: 爲己者 人欲之私也 禮者 天理之公也.

21. 『聖學十圖』「仁說」: 克己復禮爲仁 言能克去己私 復乎天理 則此心之體無不在 而此心之用.

22. 『論語』「顔淵」第一章: 顔淵問仁 子曰克己復禮爲仁 一日克己復禮 天下歸仁焉 爲仁由己 而由人乎哉 顔淵曰請其目 子曰非禮勿視 非禮勿聽 非禮勿言 非禮勿動.

23. 『栗谷全書』「克己復禮說」: 人莫不具此本心 而其所以未仁者 由有私欲閒之也.

24. 『論語』「學而」第十三章: 有子曰信近於義 言可復也 恭近於禮 園恥辱也.

25. 『論語』「學而」第二章: 孝弟也者 其爲仁之本與.

26. 『中庸』第二十章: 仁者 人也 親親 爲大.

27. 이기동, 『한마음의 나라』, 동인서원, 2011, 96쪽 引用

28. 『小學』「明倫」第一章: 問所欲而敬進之.

29. 『小學』「明倫」第一章: 曲禮曰 凡爲人子之禮 冬溫而夏淸.

30. 『論語』「雍也」第二十章: 問仁 曰仁者先難而後獲 可謂仁矣.

31. 『論語』「雍也」28장 :夫仁者 己欲立而立人 己欲達而達人.

32. 『論語』「衛靈公」23장: 子貢問曰有一言以可以終身行之者乎 子曰其恕乎 己所不欲 勿施於人.

33. 『論語』「雍也」第二十章: 仲弓 問仁 子曰出門如見大賓 使民如大祭 己所不 欲勿施於人 在邦無怨 在家無怨.

34. 『論語』「憲問」第三十七章: 子曰 不怨天 不尤人 下學而上達 知我者 其天乎.

| 6장 |

옛 사람들의 마음 수양

- 경(敬)의 의미와 필요성을 이해한다.
- 호연지기의 의미를 알고 호연지기를 함양하고 실천한다.
- 도덕적 공감 능력 발현의 중요성을 이해하고 실천한다.

경쟁과 효율을 중시하는 신자유주의가 유입되면서 인성과 도덕성 대신 지성과 능력만 강조하는 교육이 주류를 형성하고 있다. 이런 분위기 속에서 최근 우리 사회 청소년들이 욕설, 폭언 등을 사용하는 행태는 도를 넘어설 정도로 매우 심각한 상황에 와 있다. 더욱 우려되는 일은 '방관자 효과'로 최소한의 윤리성과 사회 연대 의식마저 무너지고 있다는 점이다. 서구의 개인주의적 사고가 만연하면서 눈앞에서 불의를 보고도 '누군가 하겠지'라고 생각하여 선뜻 나서서 해결하지 않거나, 신고를 하게 되면 번잡한 절차에 휘말려 자신의 시간이 희생될 수 있다는 생각 때문에 보고도 애써 방관하려는 사람이 늘고 있다. 사회 구성원들의 마음 수양과 인성교육이 절실히 요구되는 시대가 왔음을 추론해 볼 수 있다.

맹자를 비롯한 성선설적 입장에서 보면 인간은 천부적으로 착한 본성을 모두 구비하고 있었다. 하지만 이기적인 욕심과 주변 환경에 의해 착한 본성이 악해졌다. 따라서 수양에서 가장 먼저 해야 할 일은 이기적인 욕심으로 잃어버린 인의예지의 본마음을 회복하는 일이다. 맹자는 이를 두고 '학문의 길은 다른 것이 없다. 그 잃어버린 본마음을 구하는 것일 뿐이다.'[1]라고 말하였다. 유교에서는 잃어버린 본마음을 찾아가는 과정이 수양이다. 그래서 본 강의에서는 동양사상 중 유교, 불교, 도가 사상의 수양론 중심으로 옛 사람들의 마음 수양을 살펴보고자 한다.

제1절 유교, 불교, 도가의 마음 수양론

본 절(節)에서는 유교의 경(敬) 수양을 통한 자기 본래성 회복, 긍정적 사고방식을 통한 자존감 함양, 호연지기 함양, 도덕적 공감 능력 발현, 불교의 응무소주이생기심(應無所住而生其心), 도가의 심재(心齋) 등을 중심으로 옛 사람들의 마음 수양을 살펴보고자 한다.

1. 경(敬) 수양을 통한 자기 본래성 회복

우리 사회에서 실시하고 있는 대부분 인성교육은 개인의 내면에 대한 진지한 수양을 통한 자율성 신장보다는 외면에 대한 형식적인 예절만 강조하는 측면이 강하다. 이러한 한계를 근본적으로 해결하기 위해서는 인간의 이기적 욕심과 주위 환경 때문에 상실된 인의예지의 자기 본래성을 회복해야 한다. 아 문제에 대해 맹자는 다음과 같이 말하고 있다.

> 인의예지는 밖으로부터 나를 녹여서 들어오는 것이 아니라 내가 본시 가지고 있는 것이지만 생각하지 아니한다. 그러므로 말하기를 '구하면 얻고 놓아두면 잃어버린다'라고 하는 것이다.[2]

인간의 자기 본래성은 생각을 하지 않을 뿐이지 자신의 내면에 본래 간직되어 있다. 따라서 수양에 의해 자기의 존재 원리인 본마음을 회복할 수 있다. 맹자 또한 잃어버린 본마음을 찾는 것이 학문이며 그 본마음을 찾는 과정이 학문의 길이라고 강조했다.[3] 천부적 본성이 이기적인 욕심으로 작용하지 않도록 하기 위해서는 경(敬)을 통한 수양이 필요하다.

잡념이 일어나지 않도록 마음을 항상 경건하게 유지하는 방법인 경(敬)의 의미로는 외경(畏敬), 주일무적(主一無適), 정제엄숙(整齊嚴肅), 기심수렴불용일물(其心 收斂 不容一物), 상성성(常惺惺) 등이 있다.[4]

외경(畏敬)은 경(敬)의 원초적인 의미이다. 두려워해야 할 대상이 있는 것처럼 무서워하는 것, 위로는 귀신과 부모와 스승이 임해 계신 듯이 하고, 아래로는 깊은 연못과 얇은 얼음에 처해 있는 듯이 한다면, 마음의 허령지각(虛靈知覺)이 스스로 혼란해지는 것을 용납하지 않을 것이다.

둘째, 주일무적(主一無適)이다. '주일무적(主一無適)'은 하나의 일에 의식을 집중하고, 다른 곳에 마음을 향하지 않는 것을 말한다. 즉, 생각하고 헤아리고 계산하는 등의 마음의 기능을 중단시킨 상태에서 하나를 주(主)로 하여 옮겨 감이 없는 것을 의미하며, 이는 곧 경건성을 유지하는 것으로 정신 집중을 말한다. 집중된 마음에는 잡념이나 사심(私心)이 침범하지 못한다. 친구와 대화를 할 경우 눈은 그 친구에게 향해 있고, 귀는 그 친구와 나누는 대화에 집중되어 있으며, 생각이나 마음 또한 대화를 나누는 그곳에 집중되어 있는 것을 '주일무적'의 예로 들 수 있다. 활을 쏠 때 과녁을 정확하게 맞히기 위해서는 몸을 반듯이 하고 정신을 집중해야 한다. 만약 자세가 흐트러지거나 과녁에 맞히고자 하는 욕심이 앞서게 되면 화살은 엉뚱한 곳으로 날아가게 된다. 경(敬) 공부를 중시한 퇴계 이황 또한 제자들과 함께 학문을 연구하면서 흐트러진 마음을 바로 잡기 위해 투호를 사용하였다. 투호통에 화살을 정확하게 넣기 위해서는 자세를 바르게 하면서 욕심을 버리고 정신을 하나로 통일해야 한다. 만약 자세가 불안정하거나 욕심이 앞서게 되면 화살을 투호통에 제대로 넣을 수 없다. 퇴계는 자신의 마음 상태를 점검하는 수단으로 투호를 중시하였다.

셋째, 정제엄숙(整齊嚴肅)이다. '정제엄숙(整齊嚴肅)'은 옷차림이나 몸가짐을 단정하고 가지런하게 하고 마음가짐을 통일되고 엄숙하게 하는 것을 뜻한다. 공부할 때뿐만 아니라 일상의 모든 생활에서 그렇게 해야 한다.

넷째, 마음을 다잡아 외부로부터 자극이 마음을 뒤흔들지 못하도록 하라(기심 수렴 불용일물(其心 收斂 不容一物))는 것이다. 외부의 쓸데없는 물건이나 물욕에 정신이 팔리게 되면 마음이 중심을 잡지 못해 본마음을 유지하지 못하게 된다. 따라서 마음의 중심을 다잡아 외부로부터 자극이 본래 지니고 있던 순수한 본마음을 뒤흔들지 못하도록 해야 한다.

마지막으로 상성성((常惺惺)이다. '상성성(常惺惺)'은 맑은 저녁 하늘에 떠 있는 초롱초롱한 별처럼 항상 깨어 있다는 의미이다. 자연 상태로 마음이 맑아서 잡념이 없고 정신력이 안정되어 정일(精一)한 상태를 의미한다. 마음은 본래 텅 비어 있고 신령스러우며, 어둡지 않기 때문에 항상 불러 깨어 있게 한다면 마음의 본성은 잘 보존될 수 있을 뿐만 아니라 마음으로 수많은 도리를 비추어 보고 알아서 그에 따라 일을 처리하게 할 수 있다.[5] 이렇게 '경(敬)'을 가지면 지나친 욕심을 억제할 수 있고 천부적 본성의 발현됨이 왜곡되지 않고 곧고 바르게 발현된다. 『서경(書經)』에서도 내면을 밝히는 경(敬)의 중요성을 다음과 같이 언급하고 있다.

> 인심(人心)은 오직 위태롭고 도심(道心)은 오직 미미하니, 오직 정밀하게 하고 오직 한결같이 해야 진실로 그 중용의 도를 붙잡을 것이다.[6]

사람의 마음은 순수한 본마음인 도심(道心)과 수시로 변하는 인심(人心)으로 분류할 수 있다. 도심(道心)은 천심(天心)에서 나온 것으로 다른 사람의 불쌍한 모습을 보고 측은하게 여기고, 양심에 어긋난 행동을 했을 때 부끄러워하고 미워하며, 사양하고 공손하며, 옳고 그름을 판단하는 마음의 발로[7]와 같이 성명(性命)의 바른 것에서 근원한 것이다.[8] 따라서 도심은 원래의 마음으로 본성에서 나온 순수한 감정이며, 변하지 않는 마음이지만 미묘하여 보기 어렵다.

인심(人心)은 이목구비, 사지의 작용인 형기(形氣)의 사사로움에서 생긴 것으로 본성에서 나왔지만 이기적인 계산에 의해 변질된 감정 전체를 말한다. 사람은 모두 형체를 갖추고 있기 때문에 아주 현명한 사람도 인심이 없을 수 없고, 아주 어리석은 사람도 성인이 될 수 있는 본성을 갖추고 있기 때문에 도심(道心)을 가지고 있다.[9] 따라서 마음 가운데 인심(人心)과 도심(道心)이 섞여 있기 때문에 이것을 제대로 다스리지 못하면 인욕에 빠져 위태로운 것은 더욱 위태로워지고, 미미한 것은 더욱 미미해져 천리(天理)의 공평함이 인욕(人欲)의 사사로움을 이길 수 없게 된다.

마음은 육체와 접촉되어 있기 때문에 몸의 감각기관을 통해 보고, 듣고, 말하고, 행동하는 것과 사려·분별·지각·운동 등의 작용력을 가진다. 마음이 육체적 욕구와 물질적 제한성에 구애받아 거기에만 지배될 때 허령불매(虛靈不昧)하여 모든 이치를 갖추고 만사에 대응하는 마음의 능력을 제대로 발휘하지 못하게 되면 어둡게 된다. 특히 인심은 남과 나를 구별하는 마음이다. 따라서 자신의 사사로운 이익 추구를 위해 상황에 따라 수시로 마음이 변한다. 사람들마다 상황에 따라 마음이 수시로 변하고, 자신의 이익만 중시하게 되면 삶 자체가 경쟁과 투쟁으로 이어지게 되어 사회가 삭막해진다. 자신의 이해득실에 따라 수시로 변하는 인심을 추구하면 할수록 인간성은 위태로워지기 쉽다. 따라서 매 순간 자신의 마음이 도심(道心)인지 인심(人心)인지 정밀하게 점검하고, 도심(道心)을 초지일관(初志一貫) 유지하도록 해야 한다. 즉, 정밀하게 도심과 인심 사이를 잘 살펴서 섞이지 않도록 하는 유정(惟精)의 방법, 오직 정밀하게 살피는 방법, 초지일관(初志一貫) 그 본마음의 바른 것을 지켜 이탈되지 않도록 하는 유일(惟一)의 방법이 필요하다. 이렇게 쉬거나 중단하는 바 없이 인심(人心)이 도심(道心)의 명령을 듣게 되면 위태로운 것은 더욱 편안해지고, 미미하여 잘 드러나지 않던 도심(道心)은 잘 드러나서 동정(動靜)과 말하고 행하는 것이 스스로 지나치거나 미치지 못하는 오차가 없게 된다.

경(敬)을 통해 본마음을 초지일관 유지하도록 항상 깨어 있어야 하고, 순간순간 정신을 집중하여 이기적 욕심으로 흘러가지 않고 본마음이 충만하도록 수시로 정밀하게 살펴야 한다. 마음속에 본마음이 충만하면 다른 사람의 불쌍함에 대해 측은하게 여길 수 있고, 양심에 어긋난 행동을 했을 때 부끄러워하고 미워하게 되며, 사회적 약자에 대해 사양하고 공손함이 저절로 우러나와 실천으로 옮길 수 있고, 양심이란 기준에 비추어 옳고 그름을 판단하여 행복한 삶을 영위할 수 있기 때문이다. 경(敬)을 통한 수양 공부가 원숙해지면 일체의 잡념이나 사심(私心)을 갖지 않고, 모든 생명과 하나가 되는 마음을 가질 수 있다. 보편애적 사랑의 마음이 충만하여 몸 밖으로 자연스럽게 배어 나오게 되면 불쌍한 사람 역시 자신의 몸처럼 여기게 된다.

2. 긍정적 사고방식을 통한 자존감 함양

유교의 마음수양에서 중시하는 것은 자신에 대한 긍정적인 사고방식을 통해 자존감을 키우는 것이다. 자존감을 키우기 위해서는 자신이 다른 사람의 사랑과 관심을 받을 만한 가치 있는 사람이라는 것과 자신에게 주어진 일을 잘 해낼 수 있는 자신감이 있어야 한다. 공부 또한 모르는 것을 '알아 가는 것' 또는 '알아내는 것'이며, 자신의 괴로움을 극복하고 기쁨을 터득해 가는 과정이기 때문에 즐거운 것이고, 공부 자체가 즐거운 것이기 때문에 스트레스를 받지 않는다. 『논어』에는 다음과 같이 말하고 있다.

> 배우고 때맞춰 익히니 또한 기쁘지 아니한가![10]

배움의 대상들을 배워서 알고 그것을 익혀 자기의 것으로 소화하는 과정을 거치는 데서 우러나오는 기쁨과 쾌감은 매우 크다. 이때 느끼는 기쁨과 쾌감은 사람의 기분, 쾌감, 의욕, 학습과 기억 등을 조절하는 신경 신호 전달 물질인 도파민이라는 호르몬과 밀접한 관련이 있다.

자존감이 높게 되면 아무리 복잡하고 어려운 문제도 스트레스를 받지 않고 끝까지 해결해 나갈 수 있으며, 설령 실패하더라도 좌절하지 않고 실패를 교훈 삼아 실력을 쌓아 또 다시 도전하게 된다. 유교에서는 그러한 경지를 다음과 같이 표현하고 있다.

> 하늘의 운행이 꿋꿋하니 군자가 이 괘의 이치를 살펴서 스스로 꿋꿋하게 실천하여 쉬지 아니한다.[11]

> 흐르는 물의 상태는 웅덩이를 채우지 아니하면 다음으로 흘러가지 아니한다. 군자가 진리에 뜻을 두었어도 환하게 드러남을 이루지 아니하면 통달하지 아니한다.[12]

밤과 낮 그리고 봄-여름-가을-겨울로 순환하는 하늘의 운행은 잠시의 중단 없이 꿋꿋하게 운행된다. 물의 흐름이 웅덩이를 채우고 다시 흘러가기 위해서는 근원이 있는 샘물이 콸콸 솟아나 밤낮을 쉬지 않고 흘러나와야 한다. 그와 마찬가지로 군자는 하늘의 굳건한 운행과 쉼 없이 흐르는 물의 흐름을 본받아 꿋꿋한 삶을 영위하여 쉼 없는 노력을 한다. 설령 중간에 실패하더라도 좌절하거나 포기하지 말고 다시 실력을 쌓아 도전을 할 것을 권장한다.

3. 호연지기(浩然之氣) 함양

호연지기(浩然之氣)란 지극히 크고 굽혀 흔들릴 수 없는 올곧은 도덕적 기개 또는 인간의 본래 모습을 실현할 수 있는 당당하고 호연(浩然)한 기운을 말한다. 맹자는 호연지기를 기르는 방법으로 천부적 본성에서 곧고 바르게 발현되는 마음을 지속적으로 가지는 '직양(直養)'과 의(義)를 지속적으로 실천하는 '집의(集義)', 물욕(物欲)이 일어나지 않는 야간의 평정하고 맑은 우주적 기운인 야기(夜氣)를 보존하는 '존야기(存夜氣)'를 제시하고 있다. '직양(直養)'은 천부적인 본성이 왜곡된 감정으로 발현되지 않고 곧게 발현되도록 하는 노력을 의미한다. 여기서 직(直)이란 깨끗한 거울이 사물을 있는 그대로 비추고 저울대가 반듯하여 경중을 재는 데 조금도 어그러짐이 없게 하는 것처럼 본성을 따르고 천부적인 본마음이 왜곡됨이 없이 곧게 표현되도록 바르게 하여 한 치의 어긋남이나 사사로움이 없도록 하는 것이다. 콩 심은 데 콩 나고 팥 심은 데 팥 나는 것처럼 사람이 살아가는 이치도 천부적 본성대로 곧고 바르게 살아갈 때 편안하고 행복한 삶을 영위할 수 있다.[13]

맹자에 의하면, 사람은 천지의 기운과 하나가 되어 함께 흐르는 존재이다. 따라서 사람의 마음이 바르면 천지의 마음이 바르고 사람의 기운이 순조로우면 천지의 기운도 순조로울 수 있기 때문에 낙천지명(樂天知命)처럼 하늘과 땅의 기운대로 삶을 영위하면 몸은 최선의 상태를 유지하게 된다. 그런데 인간은 자라면서 이기적인 욕심에 자신을 가두어 버림으로써 하늘과 땅의 기운에서 이탈하게 되었고, 천지(天地)와 함께 흘러갈 수 있는 통로를 막아 버렸다. 그 결과 호연지기가 쭈그러지게 되었고 천부적인 본성이 왜곡된 감정으로 발현되었다. 따라서 하늘과 땅의 기운대로 삶을 영위할 수 있도록 하기 위해서는 곧은 마음의 상태를 왜곡하는 이기적 욕심을 버리고 본성이 곧게 발휘되도록 직(直)의 상태를 유지해야 한다.

더 중요한 것은 곧음(直)으로써 호연지기를 기른 이후에도 삿된 마음이나 삿된 욕심을 가짐으로써 기(氣)를 해치는 일이 없어야 한다. 마음이 순수한 사람이라면 양심에 어긋난 일을 하게 되면 얼굴이 붉어지고 고개를 제대로 들지 못하기 쉽다. 그와 마찬가지로 자신의 양심에 어긋난 행동을 하고도 부끄러워할 줄 모르고, 남의 잘못된 행동을 보고도 분개할 줄 모르는 일이 쌓이게 되면 호연지기는 다시 위축된다. 따라서 자신이 양심에 어긋난 행동을 했을 때에는 부끄러워하고 남의 비양심적인 면을 보면 미워해야 한다. 이렇게 의로운 행동을 지속적으로 쌓아 나가면 항상 떳떳해지고 우주의 기운과 몸 안에 있는 기운이 하나가 되어 호연지기가 길러질 수 있게 된다.[14]

호연지기를 기르는 방법으로 물욕(物欲)이 일어나지 않는 야간의 평정하고 맑은 우주적 기운인 야기(夜氣)를 보존하는 방법이 있다. 사람은 원래 우주의 기운을 받아 태어났고, 우주의 기운으로 삶을 유지한다. 그러나 의식이 생겨나 남과 나를 구별함으로써 자신을 우주적 존재로부터 분리하였다. 자신을 우주와 분리하고 남과 분리하면 욕심이 꽉 차게 된다. 욕심이 꽉 차 있는 사람은 자신의 이익을 위해 남과 경쟁하게 되고, 자기가 남보다 잘되기를 바라기 때문에 자신보다 앞서는 남을 용납하지 않거나 미워하게 된다. 사람들이 착하지 않는 것도 의식이 깨어 있는 동안 계속 물욕(物欲)에 빠져서 그러한 것이다.[15] 그렇지만 의식이 잠든 야간에는 다시 평정하고 맑은 우주적 기운으로 돌아간다. 잠든 야간에는 호연지기가 되살아나는 것이다. 그러므로 야간의 기(氣)를 낮에까지 연장하는 것이 또한 호연지기를 기르는 방법이 된다. 맹자는 이를 '존야기(存夜氣)'라고 했다. 존야기(存夜氣)의 공부는 마음이 발(發)하기 전에 하는 공부로 사물과 접하지 않은 새벽과 사물과의 접촉을 끊기 시작하는 밤에 하는 것이 효과적이다. 새벽이나 밤에 정좌법을 통해 야기(夜氣)를 기르면 바로 호연지기가 길러진다.

4. 도덕적 공감 능력 발현

보편적 인간성을 회복하여 남과 하나 되는 본질적인 삶을 살게 되면 다른 사람의 감정을 함께 느끼는 도덕적 공감 능력이 발현되어 다른 사람에 대한 사랑이 저절로 확산된다. 유교에서는 도덕적 공감 능력 발현 과정을 다음과 같이 표현한다.

> 큰 학문의 길은 밝았던 덕(德)을 밝히는 데 있고 백성과 하나가 되는 데 있으며 지극히 좋은 상태에서 머무는 데 있다.[16]

> 오직 천하의 지극한 정성스러움만이 자기의 성(性)을 다할 수 있게 된다. 자기의 성(性)을 다할 수 있으면 남의 성(性)을 다할 수 있다.[17]

위에서 말하는 덕(德)은 인의예지(仁義禮智) 본성이 주변의 어떠한 영향에 의해 왜곡되거나 변질되지 않고 곧고 바르게 발휘될 수 있도록 하는 마음의 능력을 의미한다. 덕을 밝히는 만큼 남을 자기처럼 아끼고 사랑하는 마음이 저절로 솟아 나오기 때문에 다른 사람도 자신처럼 본래성을 깨닫도록 도와주게 되고, 남의 기쁨을 자신의 기쁨처럼 여기게 되며, 남의 슬픔과 괴로움을 자신의 슬픔과 괴로움처럼 여겨 함께 마음 아파해 줄 수 있게 된다. 사람들은 남을 나처럼 아끼고 사랑하면서 잃어버렸던 자신의 본래 모습을 발견하게 되고, 도덕적 공감 능력이 발현되어 다른 사람들도 각자의 목소리를 낼 수 있도록 배려하게 된다. 또한, 개인이 가지고 있는 긍정적인 면을 찾아주고 존중하면서 잘 조합하여 원하는 결과까지 도출할 수 있도록 그 과정을 잘 이끌어낼 수 있게 된다.

도덕적 공감 능력이 발현되도록 하기 위해서는 첫째, 가정에서 부모와 사녀의 관계부터 회복해야 한다. 왜냐하면 세상에 태어나서 사랑과 관심을 가장 먼저 받는 곳은 가정이기 때문이다. 부모와 자녀가 인간관계를 원만하게 유지하면 최소한 외로움과 고독에서 벗어날 수 있다. 그뿐만 아니라 자신의 입장을 이해해 주고 받아 주는 부모의 사랑을 제대로 받은 사람은 어떤 어려운 환경 속에서도 꿋꿋하게 제대로 성장해 나갈 수 있으며, 도덕적 공감 능력이 발현되기 때문에 부모에게 받은 사랑을 다른 사람에게 자연스럽게 베풀 수 있게 된다. 그래서 유교에서는 자녀에 대한 부모의 마음, 부모에 대한 자녀의 마음을 인(仁)의 으뜸으로 여긴다.[18]

둘째, 경청과 올바른 언어 습관이다. 최근 문제가 되고 있는 청소년들의 폭력적인 언어도 도덕적 공감 능력이 발현되면 생기지 않게 된다. 폭력적인 언어를 내뱉는 청소년들은 폭언과 욕설이 상대방의 기분을 나쁘게 할 수 있다는 점을 간과하고 있다. 따라서 수양(修養)을 통해 자신이 하는 말을 객관적으로 관찰하여 반성하며, 다른 사람이 하는 말에도 관심을 가지고 귀 기울여 경청하고, 상황에 맞는 적절한 표현과 부적절한 표현을 선별하여 보다 나은 언어 표현을 체득(體得)하도록 해야 한다. 다른 사람이 자신의 마음을 말에 실어 보내면 그 사람의 말과 그 속에 담긴 사랑받고 싶고, 인정받고 싶고, 존중받고 싶고, 이해받고 싶은 마음을 너그럽게 받아 주도록 해야 한다.

5. 응무소주이생기심(應無所住而生其心)

불교의 경전 중 하나인『금강경((金剛經)』에 나오는 '응무소주이생기심(應無所住而生其心)'은 '마땅히 머무르는 바가 없는 상태에서 그 마음을 내어라'라는 의미이다. 마땅히 어느 때 어느 곳에서든 머무름이 없고 걸림이 없어야 하며, 사물이 다가오면 응하고 지나가면 미련을 두지 말아야 한다.

인간은 이미 지나간 과거에 집착하고 아직 오지 않은 미래에 대해 불안한 마음을 지니고 살아간다. 손에 지닌 것을 놓을 줄 모르면 그것 때문에 새로운 것을 쥘 수 없다. 손에 지닌 것을 놓을 줄 모르는 아프리카 원숭이의 습관을 파악한 아프리카의 어느 부족은 유리병 하나만 가지고도 손쉽게 야생 원숭이를 잡는다고 한다. 방법은 의외로 간단하다. 먼저 야생 원숭이가 많이 다니는 곳에 입구가 가늘고 몸통이 큰 유리병을 가져다 놓고 안에는 땅콩을 넣어 둔다. 그러면 원숭이들이 지나가다 병 속에 들어 있는 땅콩을 보고 손을 집어넣어 한 주먹 가득 쥔다. 그때 숨어 있던 원주민 사냥꾼들은 소리를 지르며 뛰쳐나와 원숭이를 향해 달려간다. 그러면 원숭이는 땅콩으로 불룩해진 주먹을 빼지 못하고 유리병을 질질 끌며 도망가다가 결국 잡히고 만다. 손에 쥔 땅콩을 버리면 그렇게 허무하게 잡히지는 않았을 것이다.

인간 또한 지나간 일에 대한 집착으로 괴로워한다. 똑같은 잘못을 하지 않기 위해서는 자신의 잘못에 대한 철저한 반성도 중요하다. 더 중요한 것은 이미 지나가 버려

어찌할 수 없는 과거의 잘못을 자책하기보다는 현재 자신에게 주어진 순간순간에 마음을 집중하여 충실하게 일을 처리하는 일이다. 이와 연관되는 이야기는 송나라 때 정명도와 정이천 형제 사이에 있었던 일화에서 찾을 수 있다.

송나라 성리학자 정명도(程明道)가 하루는 동생 정이천(程伊川)과 함께 어느 잔칫집에 초대되어 갔다. 취흥이 오르자 형인 정명도는 기생들과 함께 어울리며 노래를 부르고 춤을 추면서 점잖지 못한 취태를 보였다. 형의 이런 행동에 동생 정이천은 매우 못마땅한 표정을 지었다. 그는 공자의 '예가 아니면 보지 말며, 예가 아니면 듣지 말며, 예가 아니면 말하지 않고, 예가 아니면 움직이지 않는다.'[19]는 공자의 사물잠(四勿箴)을 실천하고 있었기 때문이다. 집에 돌아온 다음 날 동생 정이천은 술이 깬 형에게 어제 한 선비답지 못한 행동을 책망하였다. 그러자 명도는 '마음이 있지 않으면 보아도 보이지 않고 들어도 들리지 않으며, 먹어도 그 맛을 모르는 법이다.[20] 나는 어제 취흥을 그곳에 두고 왔는데 자네는 어제 취한 것을 아직도 깨지 못하고 있네 그려'라고 했다. 정명도는 지나간 일에 집착하지 않고 머무는 바 없이 현재 주어진 마음을 내었지만, 동생 정이천은 지나간 일에 집착하여 현재 주어진 마음을 내지 못했음을 말하고 있다. 지나간 과거에 집착하지 않고 지금 이 순간 여기에서 행복을 찾는 삶의 지혜가 필요하다.

6. 심재(心齋)

심재(心齋)는 마음을 한결같이 하고 텅 비우는 것이며, 마음속에 잡념이 없도록 마음을 통일하여 깨끗이 하는 것이다. 심재(心齋)는 몸을 가다듬는 신재(身齋)와 차이가 있다. 심재(心齋)라는 말은『장자(莊子)』「인간세(人間世)」에 나오는 공자와 안회의 다음 대화 내용에 잘 나타나 있다.

> 안회: "저의 집은 가난해서 오직 술을 마시지 않고 매운 채소를 먹지 않은 지 몇 달이 되었습니다. 이와 같다면 심재라고 할 수 있습니까?"

공자: "그것은 제사 지낼 때의 가다듬는 방법이다. 마음을 가다듬는 것이 아니다."

안회: "감히 마음을 가다듬는 방법을 묻겠습니다."

공자: "너는 뜻을 한결같이 해서 귀로 듣지 말고 마음으로 들어라. 마음으로 듣지 말고 기(氣)로 들어라. 귀는 소리만 들을 뿐이고, 마음은 파악만 할 뿐이다. 기는 텅 비어 있으면서 다른 것을 대응하는 것이다. 오직 도는 빈 곳에 모이는 것이니 비우는 것이 바로 심재이다."

상대방의 말을 잘 듣기 위해서는 뜻을 한결같이 해야 한다. 귀에 들리는 것만 곧이곧대로 들으면 상대방 마음을 제대로 파악할 수 없다. SBS에 '웬만해선 그들을 막을 수 없다'라는 드라마가 있었다. 이 드라마에서 탤런트 신구 씨가 아버지 역할을 맡았고 노주현 씨가 아들 역을 맡았다. 어느 날 아버지 신구 씨가 "요즘 외롭고 쓸쓸하다"라고 하소연하자 아들 노주현 씨는 "아버님 그럼 오늘 저랑 주무시죠!"라고 답변했다. 새 장가 들고 싶다는 말을 에둘러 말한 것인데, 아들이 아버지 마음을 제대로 파악을 하지 못하고 곧이곧대로 이해한 것이다. 귀로 들리는 것만 듣지 말고 말 속에 숨어 있는 상대방의 마음을 입장 바꾸어 생각해 볼 필요가 있다는 것을 시사해 준 대목이다.

'마음으로 듣지 말고 기(氣)로 들어라'라는 말의 의미는 무엇일까? MBC에 '야경꾼일지'라는 드라마가 있었다. 주인공 정일우는 서열로 따지면 왕위 계승 1순위였으나 선왕 아버지가 질투심과 광기에 사로잡혀 중전이었던 어머니를 해치고 급작스럽게 승하한 후, 졸지에 천애 고아가 되었다. 어느 날 자신을 애지중지했던 궁녀를 만난다. 궁녀는 죽어 원귀가 되어 있었다. 자신을 애지중지했던 궁녀가 원귀가 되어 자신에게 증오의 눈빛을 보내고 있는 것에 대해 정일우는 아무리 입장 바꾸어 궁녀의 마음을 헤아려 보아도 그 연유를 알 수 없었다. 결국 정일우는 자신의 마음을 텅 비우고 원귀를 자기 몸으로 받아들인다. 그 결과 궁녀가 원귀가 될 수밖에 없었는지 확연하게 알 수 있게 된다. 내가 가지고 있는 선입견이나 편견을 가지고 있는 한 상대방을 100% 이해할 수 없다. 그런 의미에서 장자는 마음을 텅 비우라고 조언하고 있다. 내가 생각하는 것을 텅 비우는 순간 상대방은 오롯이 내 마음속에 들어올 수 있고, 그 사람의 마음과 내 마음이 하나가 될 수 있다.

제2절 결론

유교와 불교 및 도가 수양론의 공통점은 인간이 어떤 삶을 살아야 인간다운 삶인지에 대해 언급하고 있다. 성선설적 관점에서 인간은 비록 기질에는 청탁이 있지만 인간의 본성은 선한 것이기 때문에 일반 사람도 경(敬)으로써 안을 곧게 수양하면 마음이 바르게 되어 사사로움이 없게 되고, 의(義)를 지속적으로 실천하여 쌓아 나가면 호연지기를 기를 수 있게 되어 천부적 본성대로 삶을 영위해 나갈 수 있게 된다. 천부적인 착한 본성대로 긍정적이고 적극적인 인생관을 지니고 살게 되면 삶 자체가 여유롭고 즐거우며 마음이 평온해지고 행복해져 고통과 번뇌가 없어진다. 그래서 아무리 고통과 시련을 겪더라도 비관하여 자살을 선택하거나 쉽게 자포자기(自暴自棄)하지 않고 주어진 삶을 긍정적으로 받아들이고 지혜롭게 문제를 해결해 나갈 수 있게 된다.

자기 본래성을 회복하고 자기에 대해 긍정적인 마음이 있는 사람은 남의 감정을 자신의 감정에 미루어 느낄 수 있는 도덕적 공감 능력이 발현되기 때문에 다른 사람의 아픔을 자신의 아픔처럼 함께 아파해 주고 다른 사람의 기쁨을 자신의 기쁨처럼 진심으로 기뻐해 줄 수 있다. 따라서 자신이 하고 싶지 않은 일은 그 마음을 미루어 남에게 베풀지 않게 되고, 자신이 하고자 하는 일은 남도 하고 싶다는 것을 알기 때문에 기꺼이 남에게 양보할 수 있게 된다. 사회적 존재로서 인간이 행복한 삶을 영위하기 위해서는 내 주변 사람과의 관계를 원만하게 유지할 수 있어야 한다. 그렇게 되기 위해서는 도가에서 제시하는 심재(心齋)의 수양론을 적용하여 편견이나 선입견을 다 비우고 상대방을 오롯이 받아들일 수 있어야 하며, 아무 대가를 바라지 않고 도와주는 그 자체에 의미를 두는 불교의 무주상보시(無住相布施)나 응무소주이생기심(應無所住而生其心)의 수양론이 필요하다. 자신의 마음을 갈고 닦는 옛 사람들의 마음 수양론(修養論)이 오늘날 절실한 이유가 바로 여기에 있다.

핵심 개념 정리

1. 경(敬)을 통한 수양의 필요성: 천부적 본성이 이기적인 욕심으로 작용하지 않도록 하기위해

가. 경(敬)의 의미

㉠ 외경(畏敬): 두려워해야 할 대상이 있는 것처럼 무서워하는 것

㉡ 주일무적(主一無適): 하나의 일에 의식을 집중하고, 다른 곳에 마음을 향하지 않는 것

㉢ 정제엄숙(整齊嚴肅): 옷차림이나 몸가짐을 단정하게 하고 마음가짐을 통일되고 엄숙하게 하는 것

㉣ 상성성(常惺惺): 맑은 저녁 하늘에 떠 있는 초롱초롱한 별처럼 항상 깨어 있는 것

2. 호연지기(浩然之氣) 함양

가. 호연지기의 의미: 지극히 크고 굽혀 흔들릴 수 없는 올곧은 도덕적 기개 또는 인간의 본래 모습을 실현할 수 있는 당당하고 호연(浩然)한 기운

나. 호연지기를 기르는 방법

㉠ 직양(直養): 천부적 본성에서 곧고 바르게 발현되는 마음을 지속적으로 가지는 것

㉡ 집의(集義): 의(義)를 지속적으로 실천하는 것

㉢ 존야기(存夜氣): 물욕(物欲)이 일어나지 않는 야간의 평정하고 맑은 우주적 기운인 야기(夜氣)를 보존하는 것

3. 도덕적 공감 능력을 발현하기 위한 방법

가. 가정에서 부모와 자녀의 관계부터 회복

나. 경청과 올바른 언어 습관

4. 응무소주이생기심(應無所住而生其心): 마땅히 머무르는 바가 없는 상태에서 그 마음을 내는 것

5. 심재(心齋): 마음을 한결같이 하고 텅 비우는 것이며, 마음속에 잡념이 없도록 마음을 통일하여 깨끗이 하는 것

생각해 보기 1

현대인에게 경(敬) 수양이 필요한 이유를 생각해 보자.

생각해 보기 2

맹자가 중시했던 대장부의 삶에 대해 생각해 보자.

생각해 보기 3

치열한 경쟁 사회 속에 스트레스를 받지 않고 살아갈 수 있는 자신만의 마음 수양 방법에 대해 생각해 보자.

주석

1. 『孟子』「告子章句上」第十一章: 人有鷄犬放則知求之 有放心而不知求 學問之道無他也 求其放心而已矣.

2. 『孟子』「告子章句上」第五章: 仁義禮智 非由外鑠我也 我固有之也 弗思耳矣 故 求則得之 舍則失之.

3. 『孟子』「告子章句上」第十一章: 學問之道 無他 求其放心而已矣.

4. 孫炳旭은 宋代 이후에 '敬'에 부여된 의미를 7가지로 정리하고 있다. ① 勿忘勿助長 ② 其心收斂 ③ 整齊嚴肅 ④ 戒愼恐懼와 愼獨 ⑤ 不在焉 視而不見 聽而不聞 食而不知其味矣 ⑥ 常惺惺 ⑦ 主一無適이 그것이다.(孫炳旭,「儒家 修行法으로서의 敬에 대한 연구」,『민족통일논집』제6집, 경상대학교 통일문제연구소, 1990, 10쪽~11쪽 참조.

5. 錢穆,『朱子新學案』冊二, 或問: 吾儒喚醒此心 欲他照管許多道理.

6. 『書經』「大禹謨」: 人心 惟危 道心 惟微 惟精惟一 允執厥中.

7. 『中庸』「中庸章句序」: 道心 發於理 如惻隱羞惡辭讓是非之端 是也.

8. 『中庸』「中庸章句序」: 而以爲有人心道心之異者 則以其或生於形氣之私 或原於性命之正.

9. 『中庸』「中庸章句序」: 然 人莫不有是形 故 雖上智 不能無人心 亦莫不有是性 故 雖下愚 不能無道心.

10. 『論語』「學而」第一章: 學而時習之 不亦說乎

11. 『周易』「乾卦」象傳: 象曰天行 健 君子 以 自彊不息.

12. 『孟子』「盡心章句上」: 流水之爲物也 不盈科不行 君子之志於道也 不成章不達.

13. 『論語』「雍也」第十七章; 子曰 人之生也直.

14. 이상호,「孟子의 浩然之氣 涵養에 관한 小考」,『東洋哲學研究』第41輯, 東洋哲學研究會, 2005. 266쪽 인용.

15. 『孟子』「告子章句上」第六章 朱子註; 人之爲不善 乃物浴陷溺而然.

16. 『大學』經一章: 大學之道 在明明德 在親民 在止於至善.

17. 『中庸』第二十二章: 惟天下至誠 爲能盡其性則能盡人之性.

18. 『中庸』第二十章: 仁者 人也 親親 爲大.

19. 『論語』「顔淵」第一章: 顔淵問仁 子曰克己復禮爲仁 一日 克己復禮 天下歸仁彦 爲仁由己 而由人乎哉 顔淵曰請問其目 子曰非禮勿視 非禮勿聽 非禮勿言 非禮勿動 顔淵曰回雖不敏 請事斯語矣.

20. 『大學』傳七章: 心不在焉 視而不見 聽而不聞 食而不知其味.

| 7장 |

무속의 문화와 사유 체계

- 무(巫)의 의미, 무속(巫俗)의 세계를 이해한다.
- 무(巫)가 한국 전통사상과 문화에서 어떠한 영향을 미치고 역할을 담당했는지 이해한다.
- 무(巫)의 의의, 긍정성과 부정성을 성찰한다.

제1절 무속(巫俗)·무교(巫敎)의 세계

1. 무(巫)의 의미－무(巫)란 무엇인가?

무(巫)란 무엇일까? 무속신앙인가? 재래풍습인가? 신앙적 관습인가? 속신(俗信) 또는 미신인가? 아니면 종교로서 무교(巫敎)인가? 어떤 관점을 지니고 어떤 입장에서 서 있는가에 따라서 다양한 답변이 나올 수 있다. 현재 우리 사회에서 보이는 무(巫)의 모습에 대해 다양한 시각에서 규정이 가능하고, 이에 따라 긍정적 평가와 부정적 평가가 모두 가능한 것이 사실이다. 그러나 어떤 입장에 서 있든 우리의 전통사상이나 문화·예술을 살펴볼 때, 깊이 들어갈수록 무(巫)와 어떤 형태로든 만날 수밖에 없다. 어쩌면 무(巫)는 우리 문화와 사상에서 가장 심층적인 원형의 형태 중 하나라고 할 수 있을 것이다.

'무(巫)'의 글자에 담긴 의미를 풀이해 보면 다음과 같다.[1]

巫: 一 (하늘.신령계) ＋ _ (땅.인간계) ＋ | (중재자.무당) ＋ 人人 (춤추는 형상)

가장 위에 있는 가로선은 하늘 또는 신령계를 의미하고, 가장 아래에 있는 가로선은 땅이나 인간계를 의미한다. 가운데 있는 세로선은 하늘과 땅, 신령계와 인간계를 이어주고 소통을 도와주는 중재자 즉 무당을 의미한다. 가운데 세로선 양 옆에 있는 '사람 인(人)' 자(字) 두 개는 무당이 소매가 넓은 옷을 입고 너울너울 춤을 추는 형상을 뜻한다. 즉 하늘과 땅의 소통을 이루기 위해서, 무당이 춤을 추며 신비직 상태－모종의 합일(合一) 상태－로 들어가는 모습이 '무(巫)'라는 글자에 담겨 있다고 할 수 있다.

그러므로 글자에 담긴 의미에서도 알 수 있듯이, '무(巫)'란 땅[인간계]에 사는 인간의 고충을 무당의 존재에 의거하여 하늘[신령계]의 신령에게 도움을 청하는 오랜 역사를 지닌 종교라고 할 수 있다.

신령(신(神)적인 존재)

↙ ↓

'굿' 무당(사제)

↖ ↓

신도(인간)

2. 무(巫)의 기원은?

한국의 문화 또는 한국인의 정서와 감성 속에 원형적 형태로 남아 있는 무(巫)는 언제부터, 어디로부터 비롯되었을까? 이에 대한 정확한 역사적 기록은 찾아볼 수 없지만, 역사 기록이 남아 있던 가장 오래된 시기부터 '무(巫)' 또는 무(巫)적인 모습을 찾아볼 수 있다. 그래서 수많은 학자들은 아마도 단군 시기 혹은 우리가 생각할 수 있는 한국사의 가장 초기부터 무(巫)가 존재해 왔을 것으로 추정하고 있다. 예를 들어, 이능화는 환웅 내지 단군에서 비롯된 한국의 고유 종교를 '신교(神敎)' 또는 '단군신교(檀君神敎)'라고 불렀는데, 이 신교에는 풍류도와 무축(巫祝)의 흐름이 있다고 주장하였다.[2]

> "지나(支那)의 모든 기록을 상고해 보면, 모두가 은(殷)나라의 무당 무함(巫咸)을 무당의 원조로 삼고 있다. 『상서』 이훈(伊訓) 편에는 「항상 궁중에서 춤추고 집에서는 서로 어울려 노래한다」 하였으니, 이것이 곧 무풍이다. 소(疏)에는 「무당은 노래와 춤으로 신을 섬기므로 춤추는 것은 무당의 풍속이라」고 했다. (...) 고 한 것으로 보아, 조선의 무풍은 그 근원이 은나라의 무당에서 나온 것 같다. 그러나 나의 생각으로는 단군신교가 우리 조선 무풍의 시초라 생각한다. 또 요(遼)·금(金)·원(元)·청(淸)의 무풍이 우리와 거의 비슷한 것은, 그 지역이 본래 조선의 옛 땅이었기 때문이다."[3]

이능화의 학설대로라면, 단군신교의 흐름을 이어받은 하나의 계통이 '무(巫)'인 셈이다.[4] 단군신화와 '무(巫)'의 관계를 어떻게 규정할 것인가에 대해서는 여러 가지로 논의가 진행되어 왔지만, 여기에서는 아직 그 둘의 연관성에 대해서 어떤 구체적인 결론은 내리지 않을 생각이다. 다만 그 둘의 연관성에 대한 대표적인 예를 들어보면서, 우리가 '단군'의 이야기 즉 단군신화의 내용을 인식하고 자각했던 먼 옛날의 사유를 오늘날까지 지속되는 '무(巫)'의 문화와 비교해 보고자 한다. 물론 이를 통해 '무(巫)'의 출발점은 어디로부터 비롯되었는지 밝혀내기에는 아직 부족할 것이다. 그러나 적어도 우리 문화 안에 내재되어 있는 '무(巫)'의 기원이 얼마나 오래된 것인지를 유추할 수 있을 것이다.

첫 번째 예로 우리나라에서 발굴된 청동기시대 유물 중 거울[다뉴세문경多紐細文鏡], 방울[팔주령八珠鈴], 칼[세형동검細形銅劍]은 단군신화의 천부인(天符印) 3개[청동거울, 청동방울, 청동검]과 연결 지을 수 있고, 이는 다시 오늘날 '무(巫)'에서 사용하고 있는 금속무구(金屬巫具)인 명두(明斗), 방울, 신칼과 같은 종류로 이어질 수 있다.

'무(巫)'의 기원에 대해서는 또한 『삼국사기』에서도 다음과 같은 기록을 찾아볼 수 있다.

> "차차웅을 혹은 자충(慈充)이라고도 하는데, 김대문(金大問)은 말하기를 「방언으로 무당을 말하며, 세상 사람들이 무당은 귀신을 섬기고 제사를 숭상하므로 그를 경외하여 존장자(尊長者)를 일컬어 자충이라 하였다.」"[5]

이러한 기록에 의거하여, 이능화는 『조선무속고』라는 글에서 조선 무속의 기원에 대하여 다음과 같이 설명하고 있다.

> "옛날에는 무당이 하늘에 제사 지내고 신을 섬김으로써 사람들의 존경을 받았다. 그러므로 신라에서는 왕의 칭호가 되었고[차차웅(次次雄), 혹은 자충(慈充)은 방언(方言)에서 무(巫)를 말한다] 고구려에서는 사무(師巫)라는 칭호가 있었다. 이와 같이 마한의 천군(天君), 예(濊)의 무천(舞天), 가락(駕洛)의 계락(禊洛), 백제의 소도(蘇塗), 부여의 영고(迎鼓), 고구려의 동맹(東盟)도 모두 단군신교(檀君神敎)의 유풍(流風)과 여속(餘俗)이 아닌 것이 없으며, 이것이 곧 무축신사(巫祝神事)를 말하는 것이다."[6]
>
> "[巫堂] 우리말에 여무(女巫)를 무당(巫堂, Mutang)이라고 부르며, 여무가 신에게 제사 지내는 곳을 당(堂)이라 한다. (...) 이것은 여진(女眞)의 살만(薩滿)[師巫]이 당(堂)

에서 신에게 제사 지내는 것과 그 풍속이 같은 근원이다.

신라 방언에 무당을 '차차웅'이라고 하는데, 웅(雄)을 무당이라 하는 것은 신시(神市) 환웅으로부터 비롯되었을 것이다. 대개 환웅의 신시(神市)라는 것은, 고대 무축(巫祝)의 일로 단(壇)을 설치하고 하늘에 제사 지내므로 단군(檀君)이라 불렀다. '단군'이란 곧 신권(神權)을 가진 천자(天子)였다."[7]

이능화는 '무(巫)'를 고대 사회의 군왕으로 연결하고 있는데, 사실 제정일치 사회에서 하늘에 제사 지내는 제사장을 인간 사회를 통치하는 군왕의 역할로 연결 짓는 것은 이미 널리 알려진 이야기이다. 다만 우리나라의 '무(巫)' 전통이 제정일치 시대로부터 이어지는 만큼, 오랜 전통과 역사 속에서 우리의 문화와 시유 형태에 상당히 많은 영향을 끼쳐 왔다는 점을 짐작할 수 있다.

또 한편으로, '무(巫)'가 우리의 삶 속에서 뿌리 깊은 작용을 해 왔다고 하더라도, '무(巫)'를 과연 우리만 가지고 있던 고유의 문화라고 할 수 있는지에 대해서는 생각해 볼 여지가 있다.

이 점에 대해서는 먼저 "'우리'의 범위를 어디까지 규정할 것인가'라는 문제와 '한민족(韓民族)의 '무(巫)'와 샤머니즘의 차이는 무엇인가'라는 문제를 생각해 볼 수 있다. 우선 '무(巫)'와 관련하여 '우리'를 한반도에 사는 현재의 한국인으로 규정짓느냐, 만주를 포함한 동북방의 문화를 포함할 것인가, 혹은 몽골, 말갈, 일본 등 여러 동이 계열의 문화집단을 의미하는 것으로 볼 것인가 하는 문제가 제기될 수 있다. 여기에서는 우선 한민족(韓民族)으로 국한지어 논의를 전개할 예정이지만, 관점에 따라 다양한 시각으로 접근이 가능하며 이에 따라 고려해야 할 문제들이 다양하게 등장할 수 있다. 다음으로 살펴볼 것이 '무(巫)'와 샤머니즘의 차이에 관한 문제이다.

3. 샤머니즘과 무(巫)

샤머니즘(Shamanism)의 의미는 퉁구스 말의 '샤먼'(Saman)에서 유래되었다고 한다.[8] 여기서 샴(Sam)은 '흥분하다', '춤춘다'라는 의미의 동사이므로 샤먼은 흥분하여 이리저리 뛰며 춤추는 자를 의미한다고 한다. 즉 사람[무당, Shaman]이 춤을 춤으로써 신과 인간을 연결하는 현상을 가리킨 것이라고 할 수 있다. 샤머니즘에 대해서 엘리아데(M.Eliade)는 '황홀경에 들어가는 고대적인 기술(archaic technique of ecstacy)'라고 정의하기도 했다.[9]

그렇다면 샤머니즘의 기원은 어디서부터 시작되었을까. 정확히 알 수는 없지만, 유교, 불교, 도교 등이 한국에 들어오기 훨씬 전부터 한국에 있었던 재래종교로 추정할 수 있다. 다만 샤머니즘은 한국만의 고유 종교는 아니고 시베리아를 중심으로 널리 몽골, 만주, 한국, 일본 그리고 우랄 알타이 여러 종족 사이에 공통적인 원시종교라고 할 수 있다. 샤머니즘이 우리 한민족만 가지고 있던 고유 종교는 아니지만, 오히려 샤머니즘은 본래 일정한 교리나 조직의 체계를 갖지 못한 원시종교였기 때문에 각 민족에 따라 그 특색이 다르다고 볼 수 있다. 예컨대 한국의 경우, 샤머니즘은 한국의 종교적 바탕을 이루넌서 외레 종교들을 받아들였으며, 그 외래 종교와 혼합하고 변형하면서 역사 속에서 전개되었다.

현재까지 알려진 시베리아 샤머니즘과 한국 무속의 차이점은 다음과 같다.[10] 시베리아 샤머니즘과는 달리 한국의 무속은 여자 부[女巫]를 위주로 형성되어 있다. 또한 샤머니즘은 천상(天上), 지상(地上), 지하(地下)에 선신(善神), 인간, 악신(惡神)이 거주하며 지고신(至高神)으로서 창조주가 존재하는 반면, 한국 무속에는 '수평적 공간 개념' 속에, 선신(善神)과 악신(惡神)의 차이가 없다. 한이나 원망에 집착하는 원령(怨靈)만 있을 뿐이다. 따라서 이 원령을 어떻게 달래 주고 그 한을 풀어줄 것인가가 '무(巫)'의 주요 역할이었다. 또한 접신 방법에서도 차이가 있다.「샤먼」은 '샤먼의 영혼이 몸을 빠져나가 영계를 여행하는 탈혼(soul-loss)'의 현상을 거치지만,「무(巫)」는 반대로 '신을 인간의 몸속으로 불러들이는 강신(降神, possession)'의 현상을 겪는다.

제2절 무(巫)의 세계

1. 세습무와 강신무

'무(巫)'의 의례를 진행하는 무당은 세습무(世襲巫)와 강신무(降神巫)의 두 종류로 구분할 수 있다. 먼저 세습무란 조상 대대로 무당의 신분을 세습하여 무업(巫業)을 수행하는 무당을 뜻하는데, 대개는 신들리는 현상이 없는 경우가 많다. 주로 남부 지방[한강 이남과 태백산맥 동쪽 지역]에 많이 분포하는데, 일정한 지역을 자신의 당골판으로 가지고 있다. 호남 지역에서는 무당을 당골 또는 단골이라고 부르기도 하는데, 각자의 당골판에서 무당들은 독점적인 권한을 가지고 있었다. 굿 등 '무(巫)'의 의례를 통해 마을 주민들의 종교적 요구를 충족시켜 주며, 마을은 그 대가로 무당에게 경제적인 소득을 제공하였다. 이러한 사제권은 대개 부계로 세습되는데, 무업(巫業)은 시어머니에서 며느리에게 이어지므로, 세습무권에서는 여자만 무당으로 굿을 한다. 남자는 양중·화랭이·사니 등으로 부르는데, 악사로서 무악(巫樂)을 담당하며 굿의 진행을 돕는다.

강신무(降神巫)란 신병(神病)을 앓아 내림굿을 받고 신이 실려 공수를 하는 무당을 뜻한다. 당골판은 없지만, 주로 중부·북부 지방[한강 이북]에 분포한다. 신들린무당·내린무당이라고도 부르는데, 대개 여자가 많으며 남자 강신무는 박수무당이라고 한다.

강신무에게 내리는 신병은 무병(巫病)이라고도 하는데, 신병을 앓다가 신어머니 무당을 만나 내림굿을 하고 무당이 되는 것이다. 강신무가 가장 먼저 얻는 능력은 예언이며, 이를 '말문연다'고 한다. 말문을 여는 예언 능력을 얻었다 하더라도, 무당이 되기 위해서는 반드시 굿이라는 무속의례를 학습해야 하며, 그렇지 않으면 점쟁이로 머물게 되고 만다. 즉 강신무는 반드시 신병, 신당, 무의(巫儀)라는 세 가지 조건을 갖춰야 한다. 내림굿을 받은 무당은 내림굿을 해 준 무당과 스승과 제자 관계 또는 신어머니[신아버지]와 신딸[신아들] 관계를 맺어 굿을 학습하며 춤, 무가(巫歌) 등을 익히며 무업을 전승한다.[11]

2. 무속의 인생관

무속의 인생관은 기본적으로 현세 중심적 성격을 띤다. 어떻게 보면, 자연주의적 현실적 인생관이라고도 할 수 있다. 그 구체적인 내용은 생로병사의 자연적 삶의 운명을 인간이 피할 수 없는 것으로 전제하고 그 운명의 테두리에 순응하면서 최대한 만족을 얻고자 하는 것이다. 예컨대 무속에서 바라는 복(福)은 부(富), 귀(貴), 다남자(多男子), 가족과 가운(家運)의 번창, 신체의 건강, 수명장수 등과 관련된 것들임을 보아도 알 수 있다. 무속적 인생관에 의하면, 사람은 자연 속에 태어나서 가족들과의 관계 속에서 살다가 결국은 죽을 수밖에 없는 존재이다. 따라서 죽을 때가 되면 죽더라도 살아 있을 동안에는 되도록 고생하지 않고, 불안하지 않고, 비애(悲哀)로 심통(心痛)하지 않고, 불의의 사고로 놀라지 않고, 주어진 신분에 안정하여 평안히 지내다가 불의의 죽음으로 원사(寃死)를 하지 말고 천명을 다한 후에 가족들과의 관계를 유지하면서 안락하게 운명하자는 것이 무속적 인생관에 드러나는 기본적인 지향이라고 할 수 있다. 이는 "근력 좋고 원력 좋게 돌아다니다가 얼마 동안 몸져누워 자식 불러 유언하고 자는 듯이 열반하소서"라는 무가(巫歌)의 축원 속에서도 드러난다.[12]

3. 무속의례 '굿'

굿은 마치 기독교의 예배, 또는 불교의 불사(佛事)와 같이, 무속에서 가장 핵심적인 제의(祭儀) 행사이다. 먼저 무속에서 굿이 열리는 공간은 상당히 특이하다. 다른 종교에서는 교회나 절과 같이 신(God)의 공간인 성역(聖域, holy grounds; sanctuary)을 별도로 상정하고 있으나, 굿은 마을이건 집이건, 사람의 삶의 공간 어디서나 열릴 수 있다는 점이다. 굿에 등장하는 주인공은 크게 셋으로 나누어 볼 수 있다. 사람, 신격(神格) 그리고 사람과 신 사이에서 중개(仲介, intermediation) 역할을 하는 무당(巫堂)이다.

굿의 전체적인 구조는 다음과 같다.

첫째, 사람들의 삶의 세계, 즉 인간 세상에 뭔가 문제가 생길 것 같아 찜찜하거나[

예컨대, 해가 바뀌었다던가 또는 집을 새로 지었다던가] 혹은 우리 힘으로 해결할 수 없는 문제가 발생했을 때[예컨대 사람이 병이 났다, 자꾸 젊은이가 죽는다 등등], 다시 말해서 인간 세상에 뭔가 균형이 깨졌을 적에 이것을 인간이 아닌 더 강한 힘이 작용한 것으로 간주하고 신의 힘을 빌어서 해결하고자 하는 것이다.

둘째, 구체적으로 이 문제를 해결하기 위하여 무당을 불러 기도를 전하게 하는 단계이다. 즉 무당에게 가서 문제를 의논한다. 점을 쳐 보고 굿이 필요하면, 무당에게 신을 불러들이게 하는 것이다. 참고로 기독교처럼 사람이 하나님에게 직접 기도하지는 않는다. 왜냐하면 사람의 공간과 무당의 공간과 신의 공간이 다른 것으로 간주하기 때문이다. 그 때문에 평상시에도 무당은 보통 사람들과 같이 살지 못하고 떨어져 살았던 것이다. 무당은 신을 부를 줄 아는 전문가이며, 구체적으로는 신과 연결해 주는 전문가이자, 또 한편으로 신을 보내는 전문가이기도 하다. 굿의 앞부분은 먼저 신을 부르는 절차로 구성되어 있다. 즉 무가(巫歌)와 춤 등을 통해 신을 부른다. 앞에서 무속에서 굿을 하는 공간이 현실의 삶의 현장이라고 언급했는데, 무속에서는 세속사회를 신이 올 수 있는 신성한 공간[성역(聖域)]으로 임시로 바꾸며, 이에 따라 신과 인간과 무당이 함께 공존하게 되는 '굿판'이 마련되는 것이다.

셋째, 강신(降神)의 단계이다. 신이 무당을 통해 내려와서 그동안 알아주지 않은 것에 대해 투정하거나 불만을 토로한다. 즉 위세를 과시하고, 위협을 하기도 한다.

넷째, 신을 달래 주는 단계이다. 예컨대 "우리가 뭘 압니까, 먹고 살다 보니까 그렇게 됐습니다. 소례(小禮)를 대례(大禮)로 알고 받아 주십시오." 등의 이야기로 신을 달래 준다.

다섯째, 오신(娛神)의 단계이다. 시간이 좀 지나서 신이 마음을 풀고 모든 문제해결을 약속하고 복을 주게 되는데, 이후 차린 굿판에서 함께 어우러져 즐기는 단계이다.

여섯째, 송신(送神)의 단계이다. 문제가 해결된 인간의 입장에서 신을 돌려보내는 단계이다. 우리 무속의 사유구조에 의하면, 인간끼리 어우러져 사는 세상이 가장 좋고 정상적이라는 생각이 기반에 깔려 있으므로, 무당에게 신을 돌려보내게 하는 것이다.

일곱째, 무당도 돌려보내는 단계이다. 정통 강신무의 굿에서는 굿이 모두 끝나면 서로 싸운 듯이 돌아보지도 않고 인사도 안 하고 헤어지는 것이 예법이라고 한다. 굿판에서는 사진도 찍고, 또 다른 무당 굿할 때 먹을 것도 갖다 주고 하더라도, 끝나자마자 본 척도 안하고 헤어지는 것이다. 이는 인간과 무당과 신은 완전히 별개의 존재로 별개의 세계에서 사는 것이라는 생각에서 나온 행동이라고 할 수 있다. 다시 말해서 무당은 신과의 브로커(Broker 중개인)로서 신을 부를 줄 아는 전문가이며, 신과 연결해 주는 전문가이며, 신을 보내는 전문가인 것이다.[13]

제3절 무속의 의의

1. 한국사회와 무속

앞에서 살펴보았듯이 '무(巫)'는 고대 사회에서는 주류 종교 전통과 문화로서 상당한 영향력을 발휘하였으나, 점차 외세와 지배계층의 사상 및 문화에 의해 배척·위축되게 되었다. 대표적인 예로 16세기 무렵 사림(士林)이 무당을 축출하고 굿을 금시한 것이나, 사헌부에서 무당을 도성 안으로 들어오지 못하게 했던 것을 들 수 있다. 또한 일제의 국사당 파괴와 신사 건립, '미신'(superstition)이라는 용어를 만들어 '무(巫)'를 종교가 아닌 절대배척의 대상으로 규정한 것도 그 하나의 예이다.

그러나 어떻게 가치를 평가하고 의미를 부여하고 해석하든 상관없이, '무(巫)'는 고대부터 현재까지 한국인들의 삶 근저에 여전히 살아 있는 기층문화(基層文化)라고 할 수 있다. 우선 무속문화는 강력한 문화적 생명력을 지니고 있기 때문이다. 우리 문화 가운데 가장 오랜 생명력을 지니고 있으며, 현재까지도 굿판 등 전승력(傳承力)이 있는 문화라고 할 수 있다. 직접적인 '무(巫)' 문화의 전승 이외에도, 앞서도 언급했듯이 전통 음악, 전통 무용, 전통 미술[민화, 공예, 탱화 등]과 같은 한국의 전통문화 예술로

깊이 있게 들어가 보면, 거의 모든 부문에서 '무(巫)'의 전통과 만나게 된다.

다음으로, 무속문화는 가장 광범위한 영향력을 지니고 있기 때문이다. 한때 불교가 융성했을 때는 불교와 융합하면서, 유교가 이데올로기였던 조선시대에는 유교와 융합하면서, 현재는 기독교와 융합하면서 상호 영향을 주고받고 있다.

예를 들어 무교 측이 불교에서 받은 영향으로는 극락과 지옥, 명부(冥府)와 시왕(十王) 앞에서 생전의 선악행위에 대한 심판 등 내세관, 불상 또는 보살상을 모시고 무업(巫業)을 치르는 행위, 신당이나 굿당의 장식에 불화와 탑등을 거는 모습 등을 지적할 수 있다. 반면 불교 측이 무교에서 받은 영향은 고대 제천(祭天)의례와 불교가 융합된 고려시대 팔관회, 산신각(山神閣, 山神堂, 山王閣, 山靈閣 등), 칠성각 혹은 사찰 앞에 있는 장승에게 제(祭)를 올리는 풍습 등을 지적할 수 있다.

조선조는 유교를 이데올로기로 건국하였던 국가였던 만큼, 유교 이외의 사상문화를 이단으로 배척했으며 이러한 맥락에서 무교와도 대립적 태도를 취하였다. 그럼에도 불구하고, 내적으로는 음양이 서로 보완하듯 조화와 공존의 구도를 형성했다는 것이 학자들의 견해이다. 유교와 무교의 상보(相補) 관계–'묵시적 보완관계'–라고 설명 가능한 지점들은 다음과 같다. 예컨대 인왕산의 국사당(國師堂), 의사와 무당이 함께 있던 활인원(活人院)[14], 국가적인 규모의 기우제(祈雨祭), 조선 성균관 대성전에서의 굿판[15] 연산군 당시 왕이 참관하던 굿판 등등을 예로 들 수 있다.

근래에 와서 기독교와 무교의 융합 양상에 대해서도 활발한 연구가 진행되고 있다. 대표적인 예로는 현세기복신앙, 통성기도의 몰아지경(沒我之境), 방언과 치유 은사 강조, 산속 기도원을 통한 재충전 등이 지적되고 있다. 이외에도 근현대의 독재자 숭배 역시 무교 문화의 일종으로 해석되기도 한다. 예컨대 김일성 숭배에 대해 왕을 국부(國父)로 모시는 봉건주의적 가부장사회의 관념과 함께, 독재자를 신명처럼 떠받는 우상숭배에서 무교 문화의 흔적을 읽어 내기도 한다. 이는 사실 과거 남한의 독재자 숭배 관념에서도 유사한 모습을 찾아볼 수 있다.

마지막으로 무속문화에는 21세기의 핵심가치인 조화, 평화, 화해, 인간성과 같은 요소가 내재되어 있으므로, 그 현대적 의미와 미래적 가치에 대한 재해석을 통하여 얼마든지 긍정적으로 역할을 할 수 있는 여지가 있다. 특히나 배타적·독선적이었던 조선 후기 유교문화나 기독교 등 외래사상을 받아들인 무속문화의 유연성과 융통성을 고려할 때, 현재의 시대정신과 함께 할 수 있는 새로운 모습으로 변모할 가능성은 충분하다.

2. 무속의 당대적 의미

무속의 당대적 의미란, 무속이 그 당시 시대에 지니고 있던 의미를 다시 고찰해 보고자 하는 것이다. 과거 무속이 성행했던 시기, 다시 말해서 사람들이 무속에 진심으로 의지했던 시절 무속은 사람들에게 어떤 것을 전해 주었던 것일까? 이러한 질문은 고대의 무속뿐만이 아니라 현재의 무속에도 많은 시사점을 줄 수 있는 내용을 담고 있다.

무엇보다 지금보다 전체적으로 인간다운 삶의 조건이 덜 갖춰졌던 시기에 무속의 역할을 살펴볼 수 있다. 즉 인간의 과학적인 역량 면에서도 자연의 재해에 속수무책으로 피해를 입을 수밖에 없었고, 사회적·경제적·정치적인 조건에서도 지금보다 덜 자유로웠던 시기, 덜 평등했던 시기의 무속의 역할을 생각해 볼 수 있다. 이러한 상황에서 지금보다 훨씬 더 자주 던져질 수밖에 없었던 것이 '우리의 삶은 과연 공정한가?(Life is Fair or Unfair?)'라는 의문이었다. 이에 대한 해답을 찾아내는 과정이 인간의 과학적·사회적 역량이 신장되는 과정이었을지도 모른다. 어쨌든 이 질문에 대한 답을 당장 찾아내기는 어려웠을 테지만, 그럼에도 불구하고 계속 삶을 유지해야 하는 사람들, 주로 억울함을 집어삼키고 살아가야 하는 기층 민중들에게 그들의 삶과 화해하도록 하는 것이 무속의 가장 큰 역할이었는지도 모른다. 여기에 대해서는 세 가지 측면으로 나누어 살펴보았다. 첫째, 부조리하고 억울한 현실적 삶에 대한 수용이나 포용을 도와주는 위로이다. 주로 피지배계층인 기층 민중(the proletarian classes)이 겪게 되는 부조리하고 억울한 현실이 주요 대상이었겠지만, 이외에도 혹은 인간의 힘으로 어쩔 수 없는 여러 가지 비극들도 이에 해당된다. 둘째, 인간 사회에서 늘 일어나게 마련인 수많은 모순 갈등, 억울함, 원한, 안타까움에도 불구하고, 이를 받아들이고 살아갈 수 있도록 위로해 주는 것이다. 셋째, 살아남은 자들을 위로하고 부조리해 보이는 삶과 화해하도록 돕는 것도 무속의 역할이자 임무였다. 예컨대 근현대의 역사적 사건 가운데에서 3.1운동, 6.25, 4.19, 5.18 등에서 우리는 이러한 삶의 부조리성을 직간접적으로 경험할 수 있었다. 좀 더 구체적으로 살펴보면, 일제 강점기나 독재 시대 대부분의 인권, 민주를 위한 운동은 기층 민중을 중심으로 발생하였고, 여기서 운이 좋아서 혹은 비겁함을 무릅쓰고 살아남은 사람들은 죄책감이나 부채 의식에서 온전히 자유로울 수 없었다. 또는 이러한 운동에도 불구하고 여전히 득세하고 있는 불공정하고 부정의한 기득권 세력이나, 혹은 한때 순수해 보였던 이들이 변절하여 적들의 앞잡이가 되어 호의호식하는 모습은 우리의 삶을 부조리함의 나락으로 떨어뜨리고 말아, 우리가 어떻게 살아가야 할지 막막하게 만들곤 했다. 또한 이러한 총체적 슬픔에도 불구하고 삶을 살아나가야 하는 우리들에게, 비록 근본적인 차원에서 납득시켜 주지는 않더라도, 우리의 삶[현실]을 받아들이고 삶을 유지해 나갈 수 있도록 위로와 공감을 통해 도와주어 왔던 것이 무속의 역할이었다고 할 수 있다.

3. 무속의 의의, 의미

이 절에서는 보다 근본적인 차원에서 무속의 의의 또는 의미에 대해 살펴보고자 한다. 크게 세 측면에서 살펴본다면, 첫째 무속의 '인간·현세 중심적' 특징에 주목해 볼 수 있다. 무속의 사유구조에 의하면 신(神)보다 인간의 이익이 우선시되고, 열반보다 이승이 선호된다. 이러한 인간·현세 중심적 사유 기반 위에서 '굿'이라는 (연)극적 절차를 통해, 가족·마을·친지들로 이루어진 공동체 속에서, 자기 삶의 의미와 자기정체성을 확인할 수 있도록 도와준다. 삶에 대한 태도·의무·희망 등을 감성적인 측면에서 자연스럽게 긍정적으로 수용하도록 도와줄 수 있다. 둘째, 굿에는 강한 카타르시스 효과가 있다. 이러한 카타르시스는 우리가 삶에서 경험하게 되는 여러 가지 사건 사고 속에 발생하는 개인이나 집단의 불안, 설움, 갈등 관계를 해소하는 데 도움을 줄 수 있으며, 특히 마을 굿의 경우 공동체의 친화력을 높이는 데 큰 역할을 해 왔다. 셋째, 무속은 한국 문화 속에서 작용해 온 여러 가지 종교들 중에서 가장 연원이 오래되는 종교 현상과 관련되어 있다. 따라서 자연스럽게 우리 전통문화의 전승 기능을 담당하고 있다고 할 수 있다. 예컨대 신화, 예술, 사고방식, 생활방식 등 삶의 양식과 지혜를 전승하고 있으므로, 한국 문화의 성격이나 한국 사회의 변천 과정을 이해하는 데 큰 도움을 줄 수 있다.

핵심 개념 정리

1. 무(巫)의 의미: 우리 문화예술과 전통사상에서 가장 심층적인 원형의 형태 중 하나

가. 무(巫)의 자의적(字意的) 풀이

㉠ 하늘과 땅의 소통을 이루기 위해서, 무당이 춤을 추며 신비적 상태-모종의 합일 (合一) 상태-로 들어가는 모습

㉡ '무(巫)'란 땅[인간계]에 사는 인간의 고충을 무당의 존재에 의거하여 하늘[신령 계]의 신령의 도움을 청하는 오랜 역사를 지닌 종교

나. 샤머니즘Shamanism의 의미

㉠ 퉁그스 말의 '샤먼'(Saman)에서 유래. 즉 사람(무당, Shaman)이 춤을 춤으로써 신과 인간을 연결하는 현상을 가리킨 것

㉡ 엘리아데(M.Eliade)의 정의: '황홀경에 들어가는 고대적인 기술 (archaictechnique of ecstacy)'

다. 샤머니즘(Shamanism)과 무(巫)

㉠ 샤머니즘은 유교, 불교, 도교 등이 한국에 들어오기 훨씬 전부터 한국에 있었던 재래 종교[원시종교]이나, 한국만의 고유 종교는 아니다.

㉡ 시베리아 샤머니즘과 한국 무속의 차이점: 남자 무 중심의 시베리아 샤머니즘과 여자 무[女巫] 중심의 한국 무속. 천상(天上), 지상(地上), 지하(地下)에 선신(善神), 인간, 악신(惡神)이 존재하는 샤머니즘과, '수평적 공간 개념' 속에, 선신(善神)과 악신(惡神)의 차이가 없이 한이나 원망에 집착하는 원령(怨靈)만 있을 뿐인 한국 무속. 접신 방법에서도「샤먼」은 '샤먼의 영혼이 몸을 빠져나가 영계를 여행하는 탈혼(soul-loss)'의 현상,「무巫」는 반대로 '신을 인간의 몸속으로 불러들이는 강신(降神, possession)'의 현상

2. 무(巫)의 기원

가. 단군 시기 혹은 우리가 생각할 수 있는 한국사의 가장 초기부터 무(巫)가. 존재해 왔을 것으로 추정

- 예) 이능화는 환웅 내지 단군에서 비롯된 한국의 고유 종교를 '신교(神敎)' 또는 '단군신

교(檀君神敎)'라고 불렀는데, 이 신교에는 풍류도와 무축(巫祝)의 흐름이 있다고 주장

나. 단군신화와 '무(巫)'의 연관성에 대한 예

㉠ 우리나라에서 발굴된 청동기시대 유물 중 거울, 방울, 칼과 단군신화의 천부인 (天符印) 3개[청동거울, 청동방울, 청동검], 그리고 오늘날 '무(巫)'에서 사용하고 있는 금속무구(金屬巫具)인 명두(明斗), 방울, 신칼과 같은 종류

㉡『삼국사기』,『조선무속고』 등에 보이는 제정일치 사회에서 '무(巫)'의 역할과 기원

3. 무(巫)의 세계

가. 세습무와 강신무: 조상 대대로 무당의 신분을 세습하여 무업(巫業)을 수행하는 세습무와, 신병(神病)을 앓아 내림굿을 받고 신이 실려 공수를 하는 강신무

나. 현세 중심적 인생관(자연주의적 현실적 인생관): 생로병사의 자연적 삶의 운명을 인간이 피할 수 없는 것으로 전제하고 그 운명의 테두리에 순응하면서 최대한 만족을 얻고자 하는 것

다. '굿'의 내용과 구성: 일곱 단계

4. 무속의 의미, 의의

가. 당대적 의미:【삶은 공정한가? Life is Fair or Unfair?】라는 질문 속에서, 계속 삶을 유지해야 하는 사람들에게, 그들의 삶과 화해하도록 하는 것

나. 인간·현세 중심적, 카타르시스 효과, 문화 전승 기능

생각해 보기 1

무(巫)의 기원에 대해 고찰하면서, '단군신교(檀君神敎)', '단군신화', '천부인' 등을 함께 논의해 보자.

생각해 보기 2

무(巫)의 글자 뜻과 함께, 무(巫)와 샤머니즘(Shamanism)의 관계에 대해 생각해 보자.

생각해 보기 3

무속의 의의와 당대적 의미에 대해 생각해 보자.

주석

1. 유동식, 『민속종교와 한국문화』, 현대사상사, 1978, 268쪽; 유동식, 『한국 무교의 역사와 구조』, 연세대학교출판부, 1989, 64쪽; 최준식, 『한국종교이야기-제1권 근세 이전의 종교』, 한울, 1995, 15쪽~16쪽; 최준식, 『한국의 종교, 문화로 읽는다.-1 무교·유교·불교』, 사계절, 2000, 15쪽~16쪽.

2. 이능화, 『朝鮮基督教及外交史』, 緖言, 民俗苑, 1928.

3. 이능화, 李在崑 옮김, 『조선무속고』, 동문선, 1995, 300쪽.

4. "오늘날 길거리의 무속은 또한 단군신교의 계통이다.(在今日 閭巷巫俗 亦是檀君神教之系統也)": 이능화, 「朝鮮神教源流考(3)」, 『史林』8-1, 1923, 142쪽.

5. 『삼국사기』 권1 「신라본기 · 남해차차웅 1년」: "次次雄, 或云慈充. 金大問云: 「方言謂巫也. 世人以巫事鬼神尙祭祀, 故畏敬之, 遂稱尊長者謂慈充」"

6. 이능화, 李在崑 옮김, 『조선무속고』, 동문선, 1995, 10쪽.

7. 이능화, 李在崑 옮김, 『조선무속고』, 동문선, 1995, 13쪽.

8. 문상희, 『한국의 샤머니즘』, 왜관: 분도출판사, 1990, 129쪽~136쪽.

9. 미르치아 엘리아데, 문상희 역, 『샤머니즘』, 삼성출판사, 1996, 21쪽.

10. 미르치아 엘리아데, 문상희 역, 『샤머니즘』, 삼성출판사, 1996, 21쪽.

11. 이상 내용은 다음 자료들을 참고하여 정리하였다. 김인회, 『한국인의 가치관-무속과 교육철학』, 서울: 文音社, 1979, 112쪽. 김인회, 「무속의 예절문화, 그 교육적 의의」, 『인문과학』 제76,77합집, 연세대학교 인문과학연구소, 93쪽~104쪽. 임석재, 「韓國巫俗研究序說 II」, 『亞細亞女性研究』第10集, 1971, 193쪽~195쪽. 金泰坤, 「韓國巫系의 分化變遷」, 『韓國民俗學』 創刊號, 韓國民俗學會, 1969.12. 『한국민속대백과사전 · 한국민속신앙사전』 「무당」(서영대), 「강신우」(김시덕), 「세습무」(조정현)항목. 『한국민족문화백과사전』 「강신우」(최길성), 「무당」(김태곤), 「세습무」(최길성)항목

12. 이햇님, 「한국무속사상에 나타난 가치관 연구」, 동아대학교 교육대학원 석사학위논문, 1997, 39쪽~42쪽.

13. 김인회, 「무속의 예절문화, 그 교육적 의의」, 『인문과학』 제76,77합집, 연세대학교 인문과학연구소, 105쪽~106쪽; 김인회, 「한국무속의 사상적 특질」, 『寒碧文叢』第十一號, 월전 미술문화재단 동방예술연구회, 2002; 김인회, 『한국무속사상연구』 집문당, 1987.

14. ‘활인원’은 조선시대에, 서울에서 의료에 관한 일을 맡아 보던 관아이다. 태종 14년(1414)에 대비원<동서대비원(東西大悲院)>을 고친 것<동서활인서(東西活人院)>으로, 세조 12년(1466)에 다시 이를 통합하여 ‘활인서(活人署)’로 고쳤다. 『경국대전』에는 이와 관련하여 다음과 같은 구절이 보인다. “무당을 등록시켜 동,서 활인서별로 나누어 소속시키고, 지방이면 본 고을에서 대장에 올려놓고 환자 치료에 종사하게 한다.”

15. 성종이 병이 들어 앓고 있을 때 정희대비가 까닭을 물어보자 무당들이 한결같이 “공자묘의 신이 빌미가 되었다”고 아뢰었다. 정희대비는 궁녀와 무당을 시켜 성균관 대성전 뜰 앞에서 굿판을 벌였다. 푸닥거리에 놀란 성균관 학생들이 몽둥이로 무당들을 두들겨 패고 무구를 짓밟아 버렸다.

| 8장 |

통과의례-상장례

- 통과의례의 의미와 상·장례의 의미를 이해한다.
- 전통 상·장례의 절차와 형식을 이해한다.
- 현대 상·장례의 예절을 알아두고, 그 의미와 변용에 대해 성찰한다.

제1절 통과의례와 상·장례

'통과의례(通過儀禮)'란 프랑스 인류학자 겸 민속학자 아놀드 반 게넵(A. Van Gennep, 1873~1957)이 『통과의례(Les rites de passage: The Rites of Passage)』라는 책에서 제시된 용어이다. 국립국어원의 『표준국어대사전』에 의하면 "출생, 성년, 결혼, 사망 따위와 같이 사람의 일생 동안 새로운 상태로 넘어갈 때 겪어야 할 의식을 통틀어 이르는 말"로 정리되어 있다.[1]

또한 『한국민속대백과사전』의 『일생의례사전』 「일생의례」의 「통과의례」 조에서는 '통과의례'의 의미에 대하여 "인생의 고비와 계절의 변화에서 나타나는 위기를 잘 넘기기 위해 짜낸 구상과 그 과정에서 벌어지는 행위들"로 정의하면서 "'의례를 통하여 개인의 인생고비를 넘긴다'라는 것에 착안한 아놀드 반 게넵(A. Van Gennep)이 개인의 삶의 과정에 초점을 맞추어, 태어나고 어른이 되고 결혼하고 자녀를 생산하고 죽음을 처리하는 과정[産-冠-婚-葬]들을 고려하여 삶을 설명"한 것이라고 정리하였다.[2]

다시 말해서 마치 대나무가 일정 시기만큼 성장하면서 마디가 형성되듯이, 나무가 일정한 시간 동안 성숙하면 나이테가 형성되듯이, 한 사람의 삶의 전체 과정 속에서도 겪어 내게 되는 그리고 중요한 의미를 부여할 만한 삶의 마디[분기점]가 있게 마련이다. 각각의 문화집단마다 그 구체적인 내용은 조금씩 달라질 수 있겠지만, 흔히 탄생-성인식-결혼식-장례식으로 구분되는 각각의 단계-삶의 마디의 시점-에 대하여 '의례'라는 절차를 만들어 가는 것이다. 이를 통해 개인적 차원에서는 각자의 삶의 의미를 부여하고 공동체적 차원에서는 사회적 관계를 규격화하고 돈독하게 만들어 줄 수 있다. 좁은 의미로는 유교적 차원에서 말하는 관(冠)·혼(婚)·상(喪)·제(祭)도 이러한 '통과의례'에 해당될 수 있을 것이며, 이외에도 실질적으로는 관·혼·상·제 외에도 출산의 전후에 이어지는 여러 출산의례들[자식을 기원하는 기자(祈子)의례, 삼신상등 출산의례, 산후의례, 삼칠일·백일·돌잔치]이나, 61살에 맞게 되는 수연례(壽宴禮, 환갑연, 회갑연) 등도 통과의례에 포함될 수 있을 것이다.[3] 여기에서는 통과의례 가운데에서도 상·장례에 관하여 살펴보기로 하겠다.

『한국민속대백과사전』 중 『한국일생의례사전』의 「일생의례」·「상장례(喪葬禮)」 조[4]에 의하면 '상장례'에 대하여 "상례(喪禮)와 장례(葬禮)를 함께 이르는 말"이라고 정의 내리며 "상장례란 상례의 다른 이름이다. 굳이 설명하면, 죽음을 처리하는 장사(葬事)와 고인을 조상신으로 승화하고 상주가 일상으로 돌아오는 과정을 담은 '상례'를 구체화한 용어이다"라고 설명하였다. 즉 고인의 시신을 처리하는 의례가 '장례'라면 고인을 조상신으로 승화시키는 절차를 '상례'라고 할 수 있는데, 굳이 이 둘을 구분하지 않고 '상례'로 통칭하기도 한다고 보고 있다. 따라서 『한국일생의례사전』의 「일생의례」·「상장례(喪葬禮)」의 「상례(喪禮)」 조에는 '상례'에 대하여 "사람이 태어나 마지막으로 맞이하는 죽음을 처리하고 가계의 계승을 정상화하는 의례"라는 의미로 정의하며 "일생을 살면서 마지막으로 거쳐야 하는 관문이 죽음이고 이를 처리하는 의례가 상례이다. (…) 죽음을 보는 종교적 견해는 크게 두 가지이다. 하나는 죽음을 두려운 존재로 보는 견해이다. 이 경우에는 가능한 한 빨리 시신을 처리하여 이승과 분리하는 것이 의례의 핵심이 된다. 다른 하나는 죽음을 조상숭배를 위한 과정으로 인식하는 견해로, 고인을 조상으로 승화하기 위해 오랜 기간 의례를 치른다. 유교식 삼년상이 이러한 의례의 과정을 잘 보여 준다"라고 설명하고 있다.[5]

다시 말하면, 상장례는 통칭 '상례'의 다른 이름으로, 장례[장사(葬事)]와 상례를 구체화한 용어이며, 그 내용은 사람의 죽음을 맞고 그 주검[屍]을 갈무리해 장사 지내며 근친들이 일정 기간 슬픔을 다해 죽은 이를 기리는 의식 절차라고 정리할 수 있다.

제2절 전통 상 · 장례의 절차와 형식

여기에서 전통적인 상 · 장례 즉 고례(古禮)의 상례 절차를 정리해 보면 다음과 같다.[6]

고례의 상례 절차

임종(臨終) → 수시(收屍)/고복(皐復) → 발상(發喪) → 전(奠) → 습(襲) ⇒ 소렴(小殮) ⇒ 대렴(大殮) ⇒ 성복(成服) → 치장(治葬) → 천구(遷柩) → 발인(發靷) ⇒ 운구(運柩) → 하관(下棺) → 성분(成墳) → 반곡(反哭) ⇒ 초우(初虞) → 재우(再虞) → 삼우(三虞 → 졸곡(卒哭) → 부제(祔祭) → 소상(小祥) → 대상(大祥) → 담제(禫祭) → 길제(吉祭)

이에 대해 하나하나 살펴보면, 돌아가신 첫날에는 ①초종(初終), 초종의(初終儀)와 ② 습(襲, 염습=습렴)을 진행한다. '초종(初終)' 또는 '초종의(初終儀)란 사람의 죽음을 맞는 데서부터 죽음을 알리는 부고(訃告)를 보내는 절차를 말한다. 즉 죽음의 확인 및 상례를 준비하는 절차[초혼, 시신 목욕 등 시신 처리 준비]를 의미한다. 보통 초상(初喪)이라는 말을 예문(禮文)에서 '초종'이라고 쓰는데, 본래는 운명(殞命)에서 졸곡(卒哭)까지를 뜻하지만, 일반적으로 운명에서 전(奠)까지를 의미한다. 여기에 해당하는 절차는 다음과 같다.

먼저 환자의 손과 발을 잡고 환자가 마지막 숨을 거두는 것을 분명하게 알기 위해, 햇솜[纊]을 환자의 코 밑에 대 놓고 환자의 숨을 그치는 것을 지켜보는데, 이를 '속광(屬纊) 또는 속굉(屬肱)'이라고 한다. 이 때 솜이 움직이지 않으면 완전히 숨을 거두었다는 것을 의미한다. 환자가 완전히 숨을 멈추지 않았을 때 곡성이 요란하면, 운명하는 이가 순간이나마 마음이 불안하고 정신이 혼란할까 염려되므로 가족은 울음을 참고 조용하고 경건한 마음으로 속광한다.

다음 절차는 '수시(收屍)'이다. 수시(收屍)란 시신을 수습한다는 의미로, 숨이 끊어지면 눈을 감기고 준비한 햇솜으로 입, 코, 귀를 막은 후에 머리를 높여 반듯하게 괸다. 가족들은 자연히 시신을 붙들고 울게 되는데, 이때 친척 가운데 초종의 범절에 익숙한 사람이 가족의 울음을 멈추게 하고, 시신이 굳기 전에 손과 발을 주물러서 펴게 한다.

그리고 문을 닫고 하고, 시체를 안치한 방에는 불기운을 없애고 바닥에 짚을 깐다. 백지로 시신의 얼굴을 덮고, 백지나 베로 양쪽 어깨를 반듯하게 묶는다. 그 다음 턱을 괴고, 양손을 배 위에 올려놓는데 남자는 왼손을, 여자는 오른손을 위로 한다. 백지 또는 베로 시신의 자세가 어그러지지 않게 팔과 다리를 묶는다. 그런 다음 시신을 시상(屍床) 위에 옮겨 누이고 홑이불로 덮은 후에 병풍이나 가리개로 가린다.

그 앞에 고인의 영정을 모시고 양쪽에 촛불을 밝힌 다음, 중앙에 향을 피우고 곡을 한다. 이 수시 절차를 소홀히 하면 손발과 몸이 뒤틀리고 오그라드는 경우가 생기므로 정성을 들여야 한다.

다음으로는 '고복(皐復)'을 한다. 고복(皐復)은 다른 말로 '복(復)', '초혼(招魂)' 또는 '혼을 부른다'라고도 하는데, 죽은 사람의 흐트러진 혼을 불러 돌아오게 한다는 뜻이다. 시신을 보지 않은 사람이 지붕 위로 올라가는데 남상(男喪)일 때는 남자가 올라가고, 여상(女喪)일 때는 여자가 죽은 사람이 입던 속적삼을 들고 올라간다. 지붕의 동쪽 끝에서 올라가 중앙에서, 왼손으로 그 옷의 깃을 잡고 오른손으로는 옷의 허리를 잡고 북쪽을 향해 휘두른다. 이때 크고 긴 목소리로 "00도 00군 00면 00리 학생 000공(公) 복 복 복!" 하고 외친다. 죽은 자가 관작(官爵)이 있으면 "00관(官) 0공(公)"이라 하고, 죽은 자가 여자일 때는 남편의 관작을 좇아 "00부인 0씨"라 하고, 관작이 없으면 "유인(孺人) 00 씨"라고 한다.

이와 같이 고복할 때는 상주 이하 모든 가족이 울음[곡]을 멈추어야 하는데, 이것은 떠나려는 혼이 다시 시신으로 돌아와 되살아나게 하기 위한 것이다. 그러나 이렇게 해도 살아나지 않으면 정말로 죽은 것이 확인되는 것이다. 고복한 후의 옷[復衣]은 지붕 위에 그대로 놓거나 시체의 가슴 위에 올려놓는 등, 각 지방마다 조금씩 다르다. 또 지방에 따라서는 주소와 관작과 성을 말하지 않고 "복!복!복!" 하기도 하고, "돌아보고 옷이나 가지고 가시오!"라고 하기도 한다.

다음 절차는 '사잣밥'을 차리는 것이다. 고복을 한 다음 밥상에 밥 세 그릇과 술 석 잔과 백지 한 권, 북어 세 마리, 짚신 세 켤레, 약간의 동전을 얹어 놓고 촛불을 켜서 뜰아래나 대문 밖에 차려 놓는데, 이것을 사잣밥이라고 한다. 염라대왕이 사자(使者)를 시켜 사람의 목숨을 거두게 하는 것이라고 믿어 왔기 때문에 그 저승사자를 대접해 고인을 편안히 모셔 가 달라는 뜻이다.

그 다음 절차는 '발상(發喪)'과 '입상주(立喪主: 상주, 호상, 사서, 사화)'이다. 고복이 끝나면 아들, 딸, 며느리, 즉 자손들이 머리를 풀고 곡을 하며 옷을 갈아입는데, 남자는 심의(深衣)를 입고 섶을 여미지 않으며, 여자는 흰옷으로 갈아입고 모두 맨발로 신을 신지 않는다. 이와 같이 상제의 모습을 갖추고 초상 난 것을 밖에 알리는 것을 '발상(發喪)'이라고 한다. 발상과 동시에 상중(喪中), 기중(忌中) 또는 상가(喪家)라고 써서 문밖 또는 길목에 붙인다.

'입상주(立喪主)'는 상중에 담당해야 하는 역할을 분담하는 절차를 의미한다. 예제(禮制)에 따라 상주(喪主), 주부(主婦), 호상(護喪), 사서(司書), 사화(司貨)를 정한다. '상주'는 상사(喪事)의 중심이 되는 상인(喪人)을 가리키는데, 죽은 사람의 맏아들이 상주가 되는 것이 원칙이다. 맏아들이 없고 맏손자가 있을 때는 맏손자가 상주가 된다. 주부는 여자 상주로서 아내가 대신한다. '호상'이란 발상이 끝나면 상주를 도와서 상사의 모든 일을 처리하는 사람으로서, 상사를 알리는 일에서부터 치상(治喪)의 범절까지를 주관한다. '사서'는 상사에 관계되는 모든 문서를 맡은 자이며, '사화'는 장재(掌財)라고도 하며 장례를 치르는 데 필요한 물품과 금전의 출납을 관리 담당하는데, 친척이나 친지 중에서 선임한다. '부고(訃告)'는 초상을 여러 사람에게 알리는 절차이다.

다음 절차는 '전(奠)=설전(設奠)=시사전(始死奠)'으로, 고인의 영혼이 의지할 수 있도록 전을 차려 제사를 올리고, 혼을 위한 간단한 음식을 차려 놓는 절차이다. '전(奠)'이란 고인이 살아 있을 때와 같이 섬기기 위해 술, 과일 등을 차려 놓은 것이다. 집사(執事)가 포(脯)와 식혜(食醯), 과일 등을 탁자 위에 놓으면 축관(祝官)이 손과 술잔을 씻고 술을 따라 올린다. 술은 잔에 가득 차게 부어 시신의 오른쪽 어깨 가까운 곳에 놓는다. 이것을 염습이 끝날 때까지 날마다 한 번씩 행한다.

여기까지가 초종의(初終儀)였다면, 다음으로 진행해야 할 것은 '습(襲, 염습, 습렴)'으로, 죽은이를 목욕시키고 수의를 입히고 염포로 묶는 절차 및 죽은이를 표시하는 명정(銘旌)을 써서 세우는 절차이다. 먼저, 향나무 삶은 물이나 쑥을 삶은 물로 시신을 정하게 씻기고 나서 수건을 닦고 머리를 빗질하고 손톱과 발톱을 깎아 주머니에 넣는다. 이것이 끝나면 시신을 침상에 눕히고 수의를 입히는데, 옷은 모두 오른쪽으로 여민다. 다음으로 '습전'이라 하여 제물을 올리고 주인 이하 모두가 자리에서 곡을 한다. 다음으로 시신의 입 속에 구슬과 쌀을 물려 주는데 이를 '반함'이라 한다. 함을 하는 이유는 차마 입이 비어 있게 하지 못하기 때문에 맛있고 깨끗한 물건으로 채우는 것이라고 한다. 염습의 절차가 끝나면 사자는 이불로 시신을 덮는데 이를 '졸습'이라 한다.

이 때 화톳불을 피우고 영좌(靈座: 영위(靈位)를 모시는 자리)를 꾸민다. 교의(交椅: 제사를 지낼 때 신주(神主)를 모시는, 다리가 긴 의자)에는 혼백(魂帛)을 만들어 얹고 명정(銘旌: 죽은이의 관직과 성씨 등을 적은 기)도 만들어 세워 놓는다. 이 의식이 끝나면 친족 친지들이 들어가서 곡을 한다. 이상이 운명 첫째 날에 해야 할 절차이다.

둘째 날에는 '③소렴(小斂)'을 진행한다. '소렴(小斂)'이란 운명한 후 이틀째(운명한 다음 날)에 죽은이를 작은 이불[베, 옷과 이불]로 싸서 묶어 관에 넣을 수 있도록 준비하는 절차이다.

셋째 날에는 '④대렴(大斂)'을 진행한다. '대렴(大斂)'은 소렴이 끝난 뒤 시신을 염포[큰 이불]로 싸서 묶은 다음 관(棺)에 넣는 입관(入棺) 의식을 의미한다. 이 때 생시에 빠진 치아나 먼저 깎은 손톱、발톱을 담은 주머니를 관 귀퉁이에 넣는다. 이것이 끝나면 병풍이나 포장으로 관을 가린 뒤 관 동쪽에 영상을 마련하고 제물을 올린다. 3일째에 염을 하는 것은 혹시 살아나기를 기다리는 효성 때문이라 한다. 다만 요즘은 목욕과 습, 소렴과 대렴을 한꺼번에 처리하며, 염습(殮襲)이라고 한다.

운명하신 지 넷째 날의 절차는 '⑤성복(成服)'이다. '성복(成服)'이란 대렴이 끝난 다음날, 죽은 지 나흘째 되는 날 하는 의식으로 오복제도(五服制度)에 맞추어 상주들이 상복을 입는 절차이다. 먼저 날이 밝으면 죽은이의 근친들[五服의 사람들]이 각각 그 정해진 상복(喪服)을 입고, 제 자리에 나간 후에 조곡을 하고 서로 죽음을 슬퍼하는 조상(弔喪)을 하며, 손님의 조문(吊問)을 받는다. 차마 부모가 죽은 것으로 여길 수가 없어서 급히 성복을 하지 않고 4일이 된 후에 성복을 하는 것이다. 따라서 오늘날처럼 대렴과 성복을 같은 날 하는 것은 전통적인 예법에는 어긋나는 행위이다.

성복을 하고 나면 문상객들이 방문하여 상주를 위로하고 고인의 명복을 비는 '조(弔)'가 진행된다. 즉 성복 후부터 조문이 가능하다는 것을 의미한다. 사실 '조'는 상례의 절차로서의 의미가 없으나, 성복을 한 후에야 문상을 할 수 있기 때문에 성복 다음에 하나의 절차로 위치시킨 것이다. 또한 상주가 출타 중 또는 멀리서 부고(訃告)를 받았을 때 행하는 의례를 '문상(聞喪)'이라고 한다. 먼저 부고를 듣고 상가로 뛰어가는 것을 '분상(奔喪)'이라고 한다. 집에 도착하면 관 앞에서 재배하고, 다시 옷을 갈아입고 곡을 한다. 4일이 지나서 성복을 한다. 만약 집이 멀어 갈 수 없을 경우에는 별도의 전을 차려 올리는데, 절은 하지 않는다.

다음으로 운명 후 30일부터 100일 사이에 이루어지는 일을 살펴보도록 하겠다.

먼저 장사(葬事)할 시간과 장소[묘지]를 정하고 필요한 도구를 제작하는 절차를 '⑥치장(治葬)'이라고 한다. 옛날에는 석 달 만에 장사를 지냈는데, 이 기간 내에 장사를 지낼 만한 땅을 고른다. 묏자리를 정하면 이어 장사 지낼 날짜를 잡는다. 날짜가 정해지면 영역(塋域:산소)에 산역(山役)을 시작한다. 토지신에게 사토제(祠土祭)를 지낸 후 광중(壙中:무덤의 구덩이)을 파고, 회격을 하는데 이를 '천광(穿壙)'이라고 한다. 또 고인의 공덕을 기록한 표지물을 '지석(誌石)'이라고 하는데, 고인의 인적사항이나 무덤의 소재를 기록하여 무덤 앞이나 옆에 묻는데, 묘를 분실하였을 때 지석(誌石)이 묘의 주인을 찾아내는 결정적인 역할을 한다.

다음으로 관을 방에서 들고 나와 상여로 옮기는 '⑦천구(遷柩)'가 진행된다. 발인 전날 영구(靈柩, 관)를 사당에 모셔 가 뵌 뒤, 즉 사당에 모신 조상에게 고한[인사한] 다음, 마루로 옮겼다가 이튿날 날이 밝으면 상여로 옮긴다. 이때 오복(五服)의 친척들이 모두 와서 각각 자기의 복을 입고 참례한다. 오후 3~5시[일포시:日晡時] 사이에 조전(祖奠:발인 전에 영결을 고하는 제사 의식)을 올린다.

다음 절차는 '⑧발인(發靷)'이다. 영구(靈柩, 관)를 상여에 싣고 장지(葬地)로 운반하는 절차이며, 중간에 노제(路祭: 친척과 빈객이 길가에 장막을 치고 전을 올리는 것)를 지낸다. 관을 방에서 들고 나와 상여로 옮기는 것이 '천구(遷柩)'라면, 상여가 상가를 떠나 장지로 출발하는 것이 '발인(發靷)' 또는 '출상(出喪)'이다. 즉, 장례를 지내러 가기 위해 상여 또는 영구차가 집에서 떠나는 절차이다. 발인 때는 반드시 먼저 발인제(發靷祭, 견전(遣奠))를 올린다. 영구를 상여에 싣고 행상(行喪)할 준비를 한다. 영구를 상여에 실으면 고인을 영원히 보내는 견전(遣奠)을 올리는데, 조전 때와 같이 제물을 올리고 축문을 읽는다. 발인제를 지내고 상여꾼들이 상여를 처음 들어 올렸을 때 망자의 집 쪽으로 향하여 세 차례 상여를 올렸다 내렸다 한다. 이는 망자가 집을 보고 하는 마지막 하직 인사이다. 장지(葬地)로 향하는 행상 순서는 다음과 같다. 즉 영구(靈柩, 관)가 떠나면 방상씨(方相氏: 초상 때 묘지에서 창을 들고 사방 모퉁이를 지키는 자)가 앞에 서서 길을 인도해 간다. 명정(銘旌)−공포(功布: 장례식에서 관을 묻을 때에, 관을 닦는 데 쓰는 삼베 헝겊), 만장(輓章: 죽은 이를 슬퍼하여 지은 글), 요여(腰輿: 혼백상자를 모신 작은 수레, 시체를 묻은 뒤에 혼백과 신주(神主)를 모시고 돌아오는 작은 가마 =영여(靈輿)), −영구(靈柩)[상여(喪轝)]−영구시종(侍從)−상인(喪人=상주(喪主))−복인(服人)−조객(弔客)의 순으로 출발한다.

그 다음 절차는 '⑨운구(運柩)와 노제(路祭)'이다. '운구'란 발인 후 상여를 장지로 운반 이동하는 것으로 '운상(運喪)', '행상(行喪) 나간다'라고도 한다. '노제(路祭)'는 주로 고인과 친한 조객이나 친척 중에서 뜻있는 사람이 스스로 음식을 준비해서 지내는 것이다. 노제의 장소는 마을 어귀·골목 어귀·삼거리 등 망령과 추억이 깃든 장소를 지날 때 지내는데, 친구들이 사자와의 마지막 하직 인사로 지내는 것으로 사자와 이별을 섭섭하게 여겨 행하는 제사이다.

다음 절차는 '⑩급묘(及墓), 하관(下棺)과 부수 제례(祭禮)'이다. '급묘(及墓)'란 상여[영구]가 장지에 도착한 뒤 하는 절차로, 먼저 방상씨(方相氏)가 창으로 광중(壙中)의 네 모서리를 찔러, 광중(壙中)의 잡귀를 몰아낸다. '하관(下棺)'은 영구를 광중(壙中)에 내리는 절차로 '내폄(乃窆)'이라고도 한다. 하관을 할 때 상주는 곡을 하지 않는다. 하관하는 것을 살펴보면서, 혹 다른 물건이 광중(壙中)으로 떨어지거나 영구가 비뚤어지지 않는가를 살핀다. 하관이 끝나면 풀솜으로 관을 깨끗이 닦고 나서 구의(柩衣: 출관(出棺)할 때 관 위에 덮는 베)와 명정을 정돈해서 관 한복판에 덮는다. 집사자가 현훈(玄纁: 검은색 6장과 붉은 색 4장, 각장 8자)을 가져다가 상주에게 주면 상주는 이것을 받아서 축관에게 주고 축관은 이것을 받들고 광중에 들어가 관의 동쪽, 즉 죽은 사람의 왼편에 바친다. 현훈이란 장사지낼 때에 산신(山神)에게 드리는, 폐백으로 쓰는 검은빛과 붉은빛의 두 조각 비단을 말하는데, 이것은 동심결로 묶는다.

다음으로 '회격(灰隔)'을 하는데, 즉 관을 광중[구덩이 속]에 내려놓고, 그 사이를 석회로 메워서 다지는 것이다. 흙에 회를 섞어 다진다 하여 '회다지'라고도 한다. 회다지를 하는 것은 광중에 나무뿌리나 뱀, 쥐, 여우와 같은 동물이 침범하지 못하도록 하기 위한 것이다. 이때 북을 쳐 장단을 맞추며 회다지 노래를 부른다.

다음으로 흙으로 봉분을 만드는데 이를 '성분(成墳)[봉분(封墳)]'이라고 한다. 성분이 되면 후토신에게 제사한다. 지석을 묻는다. 성분이 되어가는 동안 악좌에서는 신주에 글씨를 쓰는 제주(題主)를 한다. 제주를 마치면 제주전(題主奠)을 올린다. 이때 "00께서는 형체는 이미 광중으로 돌아가셨으나 혼은 집으로 돌아가십시오. 신주가 완성되어 모시겠으니 신께서는 옛것을 버리시고 새로운 것에 기대고 의지하소서"라는 내용의 축문을 읽는다.

제주전(題主奠: 장사를 지낸 뒤에, 산소에서 혼령을 신주(神主)에 옮길 때에 지내는 제식)을 마치면 축관이 신주를 받들어 영좌(靈座: 영위(靈位)를 모셔 놓은 자리)에 모시고 혼백(魂帛)(습(襲)과 염(殮)을 마친 뒤 영좌(靈座)에 안치하는 신위(神位). 죽은 사람의 영혼이 머무를 수 있도록, 신주(神主)를 만들기 전에 임시로 명주나 모시를 접어서 제작하여 영좌(靈座)에 봉안하는 신위(神位). 초상에만 쓰고 장사 뒤에는 신주를 쓴다)은 상자[혼백상자] 안에 넣어 신주 뒤에 놓는다. 주인이 재배하고 곡을 한다. 집사자가 영좌를 거두어 떠나는데, 자식 중 한 사람이 남아 봉분을 완성할 때까지 지켜보게 한다.

이상으로써 시신을 처리하는 장사(葬事), 즉 장례(葬禮)의 절차가 마무리된다. 한편, 이때부터 상례(喪禮)가 진행된다. 새로 만든 신주와 혼백을 모시고 장지에서 집으로 돌아오는 절차를 '⑪반곡(反哭)'이라고 한다. 집에 도착하면 부인들이 이들을 맞이한다. 축관이 신주를 영좌에 안치하는데, 혼백상자는 신주 뒤에 둔다. 기년과 구월 복을 입는 사람은 술을 마시고 고기를 먹을 수 있으나 잔치를 즐기지는 못한다.

집으로 돌아온 뒤에는 '상중제례(喪中祭禮)'를 치른다. 기제사(忌祭祀: 해마다 사람이 죽은 날에 지내는 제사) 전의 각종 의례를 의미한다. 영좌를 장지에서 반혼하여 와서 혼백을 다시 모시고 난 후부터 담제(禫祭)를 지내기 전까지 지내는 각종 제사를 묶어 '흉제(凶祭)'라 한다. 기제사 지내기 전의 각종 제사는 담제를 지냄으로써 보통 끝이 난다. '상중제례(喪中祭禮)'는 크게 일곱 종류로 나누어볼 수 있다.

첫째, '우제(虞祭)'로 시신을 보내고 영혼을 맞이하여 편안히 한다는 의미의 제사이다. '우(虞)'는 편안하다는 뜻으로, 갓 돌아가신 영혼을 맞이하여 편안하게 위로하는 뜻으로 지내는 제로 일종의 위령제이며, 세 차례 지낸다. 이때부터는 [축관이 아니라] 처음으로 맏상주가 주인이 되어 지내는 흉제(凶祭)로, 고인을 조상신으로 승화하는 첫 번째 단계이다. '우제'는 다시 반혼한 혼백을 빈소에 모시며 제사를 지내는 '초우제(初虞祭)'와 초우제를 지내고 난 다음 날 또는 다음다음 날 지내는 '재우제(再虞祭)'와 재우제 다음 날 지내는 '삼우제(三虞祭)'로 구분한다. 죽은이를 묘지에 매장한 당일에 진행하는 초우제를 지내고 나면 상주 이하 상제들은 비로소 목욕을 할 수 있지만 빗질은 하지 못한다. 삼우제를 지내고 나서 상주는 비로소 묘역에 갈 수 있다. 상주는 간단한 묘제(墓祭)를 올리고 성분(成墳)이 잘 되었는지 묘역이 잘 조성되어 있는지를 상태를 직접 살펴보고 잔손질을 한다. 간소한 제수를 진설하여 제를 올린 다음 묘의 우측, 묘 앞에서 보면 좌측 약 3족 정도 앞으로 나와 10cm 깊이로 땅을 파서 혼백상자를 묻어 두고 돌아온다. 최근에는 상기(喪期)를 단축할 경우 삼오날(삼우제날) 가서 봉분 옆에 흙을 파고 혼백을 묻는다. 이를 매혼(埋魂)이라 하고, 이후에는 지방, 신위를 모신다.

둘째, '졸곡(卒哭)' 또는 '졸곡제(卒哭祭)'로 곡을 그치는 의례이다. 삼우제를 지내고 3개월 이후[죽은 날로부터 약 100일] 날을 잡아 지내는 제사이다. 졸곡제는 말 그대로 곡을 그치는 제사라는 의미이다. 졸곡제를 지내고 나서 상주는 이후에는 무시곡(無時哭)을 아침, 저녁으로 조석을 올릴 때만 곡을 하고, 평시에는 빈소에서 곡을 하지 않는다. 슬픔의 강도를 줄이는 의례이며, '흉제'를 '길제'로 바꾸어 가는 것이다. 이 때 민간에서는 자리걷이, 혹은 씻김굿, 오구굿 등을 한다. 이즈음에서 문상 온 손님들에게 편지로 보답한다.

셋째, '부제(祔祭)'로 고인의 신주를 사당에 모시게 되었음을 고하는 의례이다. 졸곡제 다음에 죽은이의 신주(神主)를 조상의 신주 곁에 붙여 모시는 제사[합사(合祀)하도록 하는 절차]이다. '부제(祔祭)한다'는 것은 함께 모신다는 뜻으로 새로운 신주를 사당에 모시게 되었다는 것을 의미한다. 사당에는 4대의 신주를 모시도록 규정되어 있다. 따라서 새로운 신주를 사당에 모시기 위해서는 반드시 부제를 지내 새로운 신주를 사당에 모시게 되었다는 것을 고해야 한다. 신주를 모시지 않는 집안에서는 부제의 절차는 의미가 없다. 따라서 신주가 없는 집안에서는 부제, 담제, 길제의 절차를 생략한다.

넷째, '소상(小祥)'으로 사망 후 1년 만에 지내는 1주기 제사이다. 기년을 맞아 고인을 추모하는 제사로 사망 후 13개월이 되는 날이다. 고인에 대한 추모와 상주의 슬픔을 경감하는 의례이다. 상복을 세탁한 연복(練服)으로 역복(易服)하여 슬픔이 줄었음을 상징한다.

다섯째, '대상(大祥)'으로 운명 후 2주기, 즉 만 2년 만에[초상이 난 후 25개월 만에-초상으로부터 대상까지 윤달을 계산하지 않으면 25개월이 된다] 지내는 제사이다. 빈소를 철거하여 이날 바로 '탈상(脫喪)'하고 상기(喪期)를 끝내기도 한다. 이 제사로 상복(喪服)을 벗고, 이후 젓갈이나 간장, 포 같은 것을 먹어도 된다. 즉, 삼 년째 대상을 마치면 죽은이는 저승으로 완전하게 돌아가고 살아 있는 사람들은 다시 정상적인 원래의 생활로 돌아오게 되는 것이다.

여섯째, '담제(禫祭)'로 평상의 상태로 돌아가기를 기원하는 제사이다. '탈상' 후 바로 일상으로 돌아갈 수 없기에 한 시절을 더 기다린다는 뜻으로 지내는 제사로 27개월째에 지낸다. 이때부터 처음으로 술[醴酒]을 마시고 고기를 먹는다.

일곱째, '길제(吉祭)'로 신주의 대(代)를 바꾸고 집의 계승할 종손이 바뀌었음을 공포하는 제사이다. 고인의 사후 27개월 혹은 28개월째에 지내는 상례의 마지막 절차이면서 한 집안의 새로운 재출발을 의미하는 의례이다. 따라서 길제는 한 가문(家門)의 지도자를 세우는 의례임과 동시에 지역 사회에서 이해관계를 같이 하는 하나의 씨족 집단으로서 지위를 인정받기 위한 의례로 규정된다.

이상 살펴본 전통적인 상·장례의 절차와 형식은 유교식 상·장례를 기준으로 하였다. 이를 통해 전통 상·장례의 의미에 관하여 정리해 보면 다음과 같이 몇 가지 측면을 주목해 볼 수 있을 것이다.

먼저 상·장례는 고인의 시신을 처리하는 의례이지만, 동시에 가계 계승을 정상화하는 의례적 장치이기도 하다.

이를 좀 더 구체적인 절차와 연관 지어 살펴본다면, '초종의'로부터 '급묘'에 이르기까지는 죽음을 처리하는 장사(葬事)라고 할 수 있고, '우제'로부터 '길제'에 이르기까지는 고인을 조상신으로 승화하며, 상주가 일상으로 돌아와 가계를 계승하는 상례(喪

禮)라고 할 수 있다.

이러한 과정에서 나타나는 충격을 최소화하기 위하여 삼 년이라는 기간을 요구한다. 삼년상을 치르는 동안 '졸곡(卒哭)'에서 '무시곡(無時哭)'을 그치고, '소상(小祥)'과 '대상(大祥)'에서 '역복(易服)'으로 상주의 슬픔을 경감하며, 빈소(殯所)를 철거하여 일상으로 돌아올 준비를 한다. 또한, '담제'를 지내면서 완충 기간을 두고, '길제'를 지내면서 상주의 의무를 마친 주손(胄孫: 맏손자)이 가문의 지도자 역할을 맡으며 삼년상을 마무리한다.

제3절 현대 상·장례의 예절

여기에서는 우리가 살아가면서 종종 경험하게 되는 현대식 상례에서 알아 두어야 할 '조문(弔問)' 예절에 대해서 살펴보도록 하겠다.[6]

먼저 '조문(弔問)'이란 '조상(弔喪)'과 '문상(問喪)'이 합쳐진 말이다. 조상(弔喪)이란 죽음을 슬퍼한다는 뜻으로 죽은 이에게 예를 올리는 것을 의미한다. 문상(問喪)이란 근친의 죽음에 대한 슬픔을 묻는다[위문한다]는 뜻으로, 상주에게 인사하고 유족을 위로하는 것을 의미한다. 참고로 고례(古禮: 옛날의 예법)의 조상과 문상 방법을 돌아보면, 고례(古禮)에는 유족들이 슬픔으로 경황이 없을 것이므로, 주상(主喪)·주부(主婦) 이하 복인들이 상복을 입고 서로 조문하는 성복례(成服禮)를 치르기 전에는 외부 손님의 조상이나 문상을 받지 않았다. 따라서 손님들은 조상, 조문을 하지 않고 호상소(護喪所)에만 인사했다. 그러나 현대는 그렇게 구분하지 않고 죽음을 알면 즉시 조문(弔問: 조상과 문상, 즉 슬픔을 나타내고 위문도 한다는 뜻)을 한다.

조문 절차는 다음과 같다. 먼저 '①상가[빈소]에 도착'하면 '호상소(護喪所)'에 들른다. 손님이 상가에 도착하면 호상소로 가서 조객록이나 조위록에 자기의 [주소] 성명을 기록한다. 호상소에서는 손님에게 정중히 인사하고 영좌 앞으로 안내한다.

• 상가(빈소)에 도착하면 문 밖에서 외투나 모자 등을 미리 벗어 둔다.

• 휴대전화는 끄고, 재배할 때 펜이나 담뱃갑이 떨어지지 않도록 살핀다.

• 다음 절차는 '② 분향 및 헌화'이다. 상주에게 목례하고 영정 앞으로 가 무릎을 꿇고 분향한다.

• 향나무를 깎은 나무향이면 왼손을 오른손목에 바치고 오른손 엄지와 검지로 향을 집어 향로 속에 세 번 넣는다.

• 긴 향(선향: 線香)은 한두 개 집어 불을 붙인 다음 손가락으로 가만히 잡아서 끄든가 왼손을 가볍게 흔들어 끈 다음 두 손으로 향로에 정중히 꽂고 일어선다[절대로 입으로 끄지 말 것]. 선향은 하나로 충분하며, 여러 개일 경우 모아서 불을 끄더라도 꽂을 때는 하나씩 꽂아야 한다. 향은 홀수로 분향한다[1개 혹은 3개].

• 꽃이 준비돼 있으면 헌화한다. 헌화 의식은 예전에는 없었으나 요즘에는 많이 한다. 오른손으로 꽃줄기 하단을 가볍게 잡고 왼손 바닥으로 오른손을 받쳐 들어 두 손으로 공손히 재단 위에 헌화한 뒤 잠깐 묵념 및 기도를 한다.

• 여럿일 때는 대표자 한 사람이 분향이나 헌화 후 함께 재배하고 반배하거나 묵념한다.

• 꽃봉오리를 어디를 향해 놓을지에 대해서는 논란이 있다. 고인이 향을 맡도록 신위 쪽으로 꽃봉오리를 향해야 한다는 주장[성균관]과 고인이 볼 수 있도록 조문객 쪽으로 꽃봉오리를 향해야 한다는 주장[예지원]이 있다.[7]

'③절'을 하는 방식은 다음과 같다.

영좌 앞에 일어서서 잠깐 묵념 또는 두 번 절한다. 영정에 재배[2번 절]하고 한 걸음 물러서서 상제에게 절을 하며, 인사말[조문]을 한다.

절할 때 손의 위치를 '공수법(拱手法)'이라고 하는데, 남자의 경우에는 오른손이 위로 가도록 두 손을 맞잡는다[평상시에는 왼손이 위로 가도록 맞잡는다]. 여자의 경우에는 왼손이 위로 가도록 두 손을 맞잡고 선다[평상시에는 오른손을 위로 잡는다].

'공수법(拱手法)'에 대해 좀 더 상세히 알아보면, '공수'란 두 손을 앞으로 모아 잡는 것을 의미하며, 손을 교차한다고 하여 '차수(叉手)'라고도 한다. 공손한 자세를 취할 때는 반드시 공수를 한다. 평상시 및 기제사 때는 남자는 왼손이 여자는 오른손이 위로 가지만, 조사(弔事)·흉사(凶事) 때는 반대이다. 이 때 흉사(凶事)란 사람이 죽을 때부터 우제(虞祭)가 끝날 때까지를 말하며 상가의 가족이나 손님, 영결식장, 상을 당한 사람에게 인사를 할 때는 흉사 시의 공수를 한다. 상가에서 지내는 초우(初虞), 재우(再虞), 삼우(三虞)까지의 제사는 흉사에 속해 흉사의 공수를 하지만 졸곡(卒哭)부터의 제례는 흉사가 아니고 길사(吉事)이므로 평상시의 공수를 해야 한다.

'공수법'에서 절을 할 때 남녀의 손의 위치가 다른 이유는 다음과 같다.

- 태양의 빛은 생명의 원천(源泉)이므로, 태양을 가장 잘 받는 남쪽을 향하였을 때, 왼편이 동쪽이고 오른편이 서쪽이 된다. 동쪽은 해가 뜨니까 양(陽,+)이고 서쪽은 해가 지니까 음(陰,-)이 된다.
- 이때 남자는 양(陽,+)이니까 남자의 방위는 동쪽이 되고, 그 동쪽이 왼편에 있으니까 남자는 좌(男左)가 된다. 여자는 음(陰,-)이니까 여자의 방위는 서쪽이 되고, 서쪽이 오른편에 있으니까 여자는 우(女右)가 된다. 이를 '남좌여우(男左女右)' 또는 '남동여서(男東女西)'라고도 한다. 즉 남존여비(男尊女卑)사상이 아니라 양(陽)과 음(陰)의 이치를 자세에서 표현한 것이라고 할 수 있다.

다음 절차는 '④ 인사말[조문]'이다. 영좌에서 약간 물러나서 상제가 있는 쪽을 향해 서서 상주와 맞절을 한다. 종교에 따라 절을 하지 않는 경우는 정중히 고개를 숙여 예를 표해도 된다. 평소 안면이 있는 경우라면 상주에게 문상 인사말을 건네는데, 이 때는 낮은 목소리로 짧게 위로의 말을 하되 고인과 관련된 질문을 많이 하는 것은 좋지 않다. 조문객은 상주와 맞절을 한 뒤 인사말을 하게 되는데, '삼가 조의를 표합니다', '얼마나 슬프십니까', '뭐라 드릴 말씀이 없습니다' 정도로 조의를 표한다. 고례(古禮)에는 죽은이와 복인(服人)과의 관계에 따라 인사말이 달랐으나 모두 '슬픔을 위문'하는 말이고, 대답하는 말의 내용도 모두 '슬프다'는 것이다. 아무 말을 하지 않아도 무방하다. 친한 사이라면 장지(葬地) 등에 대해 물어 볼 수 있다. 문상이 끝나고 물러나올 때에는 두세 걸음 뒤로 물러난 뒤, 몸을 돌려 나오는 것이 예의이다.

조문할 때 주의할 점은 다음과 같다.

조문할 손님이 기다리고 있으면 공손한 자세로 물러나고, 만일 한가하면 잠시 다른 위문의 인사를 할 수도 있다. 그러나 복인이 피곤하지 않게 한다.

대접하는 다과가 있으면 간단히 들고 일어난다.

상가의 화제는 죽은이를 추모하거나 자손들의 효성을 칭송하거나 장례 절차에 관한 것이어야 한다. 잡담이나 큰소리, 노래, 춤 등으로 무례를 범하지 않아야 한다. 현대식 상례에서 조문 받는 입장에 서 있는 상주(喪主)의 예절은 다음과 같다.

간혹 상주들 사이에 종교 때문에 논란을 벌이는 일이 있는데 고인 중심으로 생각한다. 조문 시와 마찬가지로 '공수(拱手: 손을 앞으로 모으는 것)'할 때 남자는 오른손이, 여자는 왼손이 위로 가도록 포개 잡는다. 상주는 조문객이 하는 절차에 맞춰 응접한다. 맞절할 때 조문객이 자신보다 윗사람이면 먼저 고개를 숙이고 나중에 고개를 든다. 조문객의 인사말에는 '고맙습니다'나 '드릴 말씀이 없습니다'라고 답한다.

상주는 상가의 중요한 일은 호상(護喪)과 상의하여 처리하며 잔일은 호상에게 맡기고 빈소를 지키며 조문객을 맞는다. 불가분 빈소를 비울 시 안내인을 두어 조문객에게 잠시 기다림을 알리어 예의에 어긋나지 않게 한다.

여기에서 '호상(護喪)'의 의미와 역할에 대해 알아보면, 호상은 부모를 잃은 상주가 슬픔과 혼란에 빠져 예를 위반하지 않도록 상례(喪禮)와 관련된 일을 주관하여 처리하는 사람으로 일종의 장례위원장이라고 할 수 있다.

'호상'을 두는 이유는 다음과 같다. 부모가 사망한 급박한 상황에서도, 상주는 관과 수의(壽衣), 상복(喪服) 등을 준비하고 묘 터를 잡고 산역(山役)도 준비해야 한다. 따라서 빈소를 지키며 조객을 맞아야 하는 상황에서 이러한 일들을 실수 없이 처리하는 것은 불가능하므로 호상을 세우는 것이다.

그렇다면 누구에게 '호상'을 부탁하는가. 관행적으로 죽은 사람과 상주의 집안 사정 및 인간관계를 잘 아는 친척이나 친우 가운데서 상례 절차를 잘 알고 또 절차에 따른 일들을 잘 처리할 수 있는 사람으로 모셨다. 또한 '호상'과 함께 '사서(司書)'와 '사화(司貨)'를 두는데, 사서(司書)는 부고를 쓰거나 상례에 사용되는 물건 및 돈의 출입 그리고 친척과 조문객들의 부의의 수량을 기록하는 일을 담당하는 사람이고, 사화(司貨)는 상례에서 회계를 담당하는 사람이다.

3일장 장례 절차[현대식]를 표로 만들어 보면 다음과 같다.[7]

3일장 장례 절차[현대식]	
첫째 날	임종 및 운구 → 사망진단서 발급 → 수시 → 장례식장 고인 안치 → 빈소 선택 → 장례용품, 접객용품 선택 → 화장 시설 예약 → 부고장 발송 → 상식/제사상
둘째 날	염습[입관 시 수의 필요] → 성복 → 성복제 → 문상객 접객
셋째 날	장례 비용 정산 → 발인/영결식 → 운구 → 화장 → 분골 → 화장필증 인수 → 봉안/자연장 → 사망 신고

핵심 개념 정리

1. (전통) 상·장례의 의미: 상·장례는 고인의 시신을 처리하는 의례이지만, 가계 계승을 정상화하는 의례적 장치

가. 초종의에서 급묘까지가 죽음을 처리하는 장사(葬事), 우제에서 길제까지는 고인을 조상신으로 승화하고, 상주가 일상으로 돌아와 가계를 계승하는 상례(喪禮).

나. 그 과정에서 나타나는 충격을 최소화하려고 삼 년이라는 기간을 요구한

다. 삼년상을 치르는 과정에서 상주의 슬픔을 경감하며, 일상으로 돌아올 준비를 하며, 또한가계를 계승하는 것으로 삼년상을 마무리한다.

2. 현대식 상례 조문 예절: 조문(弔問)–조상(弔喪)·문상(問喪), 호상(護喪), 공수법(拱手法), 조문 절차.

생각해 보기 1

통과의례의 의미와 그 가운데 상·장례의 의미에 대해 생각해 보자.

생각해 보기 2

전통 상·장례의 절차와 형식에 대해 생각해 보자.

생각해 보기 3

현대 상·장례의 예절을 알아 두고, 그 의미와 변용에 대해 생각해 보자.

주석

1. 국립국어원, 『표준국어대사전』 http://stdweb2.korean.go.kr/search/List_dic.jsp 참조.

2. 집필자: 전경수(全京秀), 갱신일: 2016-10-19. http://folkency.nfm.go.kr/kr/topic/통과의례/497

3. 실제로 국립문화재연구소에서 발간한 『한국인의 일생의례』(전10권)에서는 통과의례, 즉 일생의례의 범주를 '출산의례', '혼례', '수연례', '상장례', '제례'의 다섯 종류로 나누었다. 국립문화재연구소에서 발간한 『한국인의 일생의례』는 다음의 웹사이트에서도 확인할 수 있다.

4. 국립무형유산원 무형유산 디지털아카이브: http://www.iha.go.kr/main/research/getFolderView.nihc?sch_5=RS01000000&folderid=633; 문화재청: http://www.cha.go.kr/cop/bbs/selectBoardList.do?bbsId=BBSMSTR_1021&searchUseYn=Y&mn=NS_03_07_01&pageUnit=10&viewType=&schDirect=&searchCnd=title&searchWrd=%EC%9D%BC%EC%83%9D%EC%9D%98%EB%A1%80&ctgryLrcls=&ntcStartDt=&ntcEndDt=&searchYear=

5. 집필자: 김시덕(金時德), 갱신일: 2016-10-17. http://folkency.nfm.go.kr/kr/topic/상장례/240 참조.

6. 이하 내용은 다음 자료들을 참고하여 정리하였다. 송영주, 「상례범절」 『제사와 상례』, 신라출판사, 2013, 75~171쪽; 박제식, 「상례범절」, 『가례편람』, 대구: 문창사, 2004, 54~150쪽; 송세현, 「한국 상장의례의 의식과 개선점」, 동국대학교 불교문화대학원 석사학위논문, 2004, 48~61쪽; 이덕진, 「한국 종교의 상장례에 관한 연구」, 동국대학교 불교대학원 석사학위논문, 2002, 62~142쪽; 김시덕, 「한국유교식 상례의 연구」, 고려대학교 박사학위논문, 2007, 72~85쪽, 71~196쪽; 임영숙, 「상례의 수시 및 염습에 관한 연구」, 대구 한의대학교 대학원 석사학위논문, 2017, 7~60쪽; 임성문, 「전통 상례 절차에 발현된 사생관 연구: 초종 절차를 중심으로」, 대구한의대학교 대학원 석사학위논문, 2016, 7~50쪽; 이창진, 「유교 상례의 사상적 특성연구」, 성균관대학교 대학원 박사학위논문, 2012, 41~59쪽

7. 「'조심조심' 상가예절 알고면 간단해요」, 동아일보 2005. 1. 16. 김진경기자

| 9장 |

한국 도가·도교의 흐름

- 도가와 도교의 의미를 이해한다.
- 한국의 도가와 도교의 기원과 전개 양상에 대해 이해한다.

제1절 도가와 도교

1. 도가사상이란

전통적으로는 '도가'를 사상으로 '도교'를 종교로 구분하여 이야기해 왔다. 그런데 영어로는 '도가'나 '도교'나 둘 다 'Taoism'[중국어 표기법으로는 'Daoism']으로 지칭하면서, 이 둘을 도가(Philosophical Taoism)와 도교(Religious Taoism)로 구분하기도 했다. 그런데 프랑스의 유명한 중국학 연구자인 앙리 마스페로(Henri Maspero, 1883~1945)가 이 둘을 구분하지 않고, 넓은 의미에서 '도교' 속에 노장사상과 같은 '도가'로 포함될 수 있다는 주장을 제시한 이래 근래에는 이런 견해에 따르는 학자들도 적지 않다. 다만 여기에서는 도가와 도교를 함께 다루되, 내용적으로는 사상으로서의 도가와 종교로서의 도교를 구분할 수 있는 것으로 보았다.

먼저 '도가'란 한마디로 '무위자연(無爲自然)'을 핵심으로 하는 노장철학이라고 이야기할 수 있다. 도가사상에 대한 다음과 같은 신영주 선생의 설명을 보면 도가사상의 성격에 대해 한층 이해하기 쉽다.

> "중국사상은 지배 담론인 유가사상과 비판 담론인 노장老莊사상이 두 개의 축을 이루고 있다고 할 수 있습니다. 어느 사회든 지배 담론과 비판 담론이 일정한 길항拮抗 구도를 가지고 있음은 물론입니다. 유가와 노장이라는 두 축은 중국사상사의 오래된 심층 구조라고 할 수 있으며 (…) 동양사상의 정체성은 『논어論語』보다는 오히려 『노자』에서 더 분명하게 드러나고 있다고 할 수 있습니다."[1]

신영복 선생은 또한 노장사상의 핵심에 대하여 다음과 같이 정리했다.

> 유가사상은 서구사상과 마찬가지로 '진(進)'의 사상입니다. 인문 세계의 창조와 지속적 성장이 진의 내용이 됩니다. 인문주의, 인간주의, 인간중심주의라 할 수 있지요. 그에 비하여 노자사상의 핵심은 나아가는 것(進)이 아니라 되돌아가는 것(歸)입니다. 근본으로 돌아가야 한다는 것이지요. 노자가 가리키는 근본은 자연(自

然)입니다. 노자의 귀(歸)는 바로 자연으로 돌아가는 것을 의미합니다. 자연이란 문명에 대한 야만의 개념이 아님은 물론이고 산천과 같은 대상으로서의 자연을 의미하는 것도 아닙니다. 노자의 자연은 천지인(天地人)의 근원적 질서를 의미하는 가장 큰 범주의 개념입니다."[1]

신영복 선생이 잘 정리했듯이 노장사상의 핵심적인 지향은 '되돌아가는 것[歸]'이라고 할 수 있다. 그렇다면 우리는 다음과 같은 질문을 던질 수 있다. "'되돌아가는' 궁극적인 지점이 어디인가?" 즉 어디로 돌아가야 하는가라는 물음이다. 이에 대해 노자는 '그 시초로 복귀한다(復其初)'라고 대답한다. 그렇다면 '시초'란 또 무엇일까? 시초란 위에서 말한 '근본인 자연(自然)[천지인(天地人)의 근원적 질서]'를 말한다. 따라서 '근원'의 자리, '도(道)'라고도 한다. 그렇다면, 또다시 '도(道)'란 어떻게 정의할 수 있을까? '도'는『노자』(통행본) 제1장에서 가장 처음 나오는 말이다. 고대 중국철학 텍스트에서는 가장 중요한 핵심적인 내용을 그 책의 가장 첫 번째 문장으로 제시하는 경우가 많다. 그러므로 '도'에 대해『노자』제1장에서 언급한 부분이 가장 중요할 수 있는데, 첫 문장이 "도라고 말할 수 있는 도는 항상된 도가 아니다(道可道, 非常道)"라는 선언으로 시작되고 있다. 이는 노장 텍스트 전반에 걸쳐 있는, 이러한 궁극의 근원 자리는 말로 형용할 수 없다는 생각들을 나타내고 있는 것이다.

중세 서양철학과 신학에서도 '신'은 모든 개념보다 위에 있는 최상위 개념이므로 '신'의 개념에 대해 정의할 수 없다고 보았으며, 다만 '전지전능', '사랑' 등과 같이 '신'의 속성에 대해서만 이야기할 수 있다는 주장이 있었다. 마찬가지로 만일 '도(道)'의 개념 정의가 어렵다면, 그것이 전개되는 내용 혹은 속성은 어떻게 표현할 수 있을까? 일반적으로 '무위자연(無爲自然)'이라는 개념으로 표현할 수 있다. '무위자연'이란 '인위(人爲)', '유위(有爲)'와 반대되는, 자연계와 인간 세계의 본래 모습을 의미하며, 인간의 마음속에 있는 근원의 도(道) 또는 본성을 지칭하기도 한다.

그런데, 문제는 도가사상의 이러한 생각을 받아들인다 하더라도, 막상 우리들이 매

일 맞부딪치는 구체적인 현실 속에서 '무위자연'에 해당하는 것이 어떤 것인지 선택하기가 쉽지 않다는 것이다. 이에 대해 『장자』는 "내가 자연이라고 생각한 것이 인간에 속한 것[인위(人爲)]이 아닌 줄 어찌 알며, 내가 인간에 속한 것이라 여긴 것이 자연이 아닌 줄 어찌 알겠는가. 참사람[진인(眞人)]이 있은 뒤에라야 참다운 앎[진지(眞知)]이 있게 되는 것이다"라고 말하고 있다.[2]

이에 대한 예를 들어 본다면, 『장자』「천지(天地)」편의 '자공(子貢)의 두레박[또는 용두레]와 밭 가는 노인의 항아리'에 대한 이야기를 들 수 있다. 이 이야기는 공자의 제자인 자공이 길을 가다가 밭 가는 노인을 만나는 것으로 시작된다. 노인이 "땅을 파서 길을 뚫고 우물에 들어가 항아리를 안고 나와 밭에 물을 대고 있었는데 끙끙대면서 힘은 많이 쓰지만 효과는 적었다. 자공이 노인에게 이렇게 말했다. '여기에 기계가 있는데 하루에 백 이랑이나 물을 댈 수 있습니다. 힘은 아주 조금 들이고도 효과는 크게 얻을 수 있으니 어르신은 그걸 원하지 않으십니까?' 밭일하던 노인이 얼굴을 들어 자공을 보고는 이렇게 말했다. '어떻게 하는건데?' 자공이 대답했다. '나무에 구멍을 뚫어 기계를 만들되 뒤쪽은 무겁고 앞쪽은 가볍게 하면 잡아당기듯 물을 끌어올리는데 콸콸 넘치듯이 빠릅니다. 그 이름은 두레박[또는 용두레]이라고 합니다.'"[3] 이에 대해 노인은 "나는 내 스승에게 들으니 '기계를 갖게 되면 반드시 기계로 인한 일이 생기고, 기계로 인한 일이 생기면 반드시 기계로 인한 욕심[기심(機心), 기계의 마음]이 생기고, 기계의 마음[기심(機心)]이 가슴속에 있으면 순수 결백함이 갖추어지지 못하고, 순수 결백함이 갖추어지지 못하면 신묘한 본성[신성(神生)]이 안정을 잃게 된다. 신묘한 본성이 불안정하게 된 자에게는 도(道)가 깃들지 않는다'라고 했다. 내가 (두레박의 편리함을) 모르는 바는 아니나 부끄럽게 생각하여 쓰지 않을 뿐이다"라고 하며 자공의 생각과 더 나아가 공자로 대표되는 유가의 기본적인 입장–앞서 보았듯이 유가의 '진(進)'의 입장–을 비판하고 있다.[4] 지금의 시각으로 이 이야기를 재구성해 본다면, 끊임없이 효율성만을 추구하게 되면 결국 농사도, 농사를 짓는 도구도, 단위 시간당 노동력과 노동 시간도 대상화하게 되고 더 나아가 함께 일하는 상대방이나 농작물을 구입할 상대방도, 그리고 결국 자기 자신까지도 효율의 기준으로 대상화해 버리게 되고 만다는 것이다. 이렇게 효율성에 매달리게 되는 마음을 '기계의 마음[기심(機心)]'이라고 하는데, 이 지점에서 '인위'와 '무위자연'을 결정짓는 것이다. 그런데 생각을 더 확장시켜 보면, 밭에 물을 대는데 '항아리'를 사용하면 '무위자연'이고 '도르레(또는 용두레)'를 사용하면 '인위'라고 할 수 있을까? 아예 도구를 사용하지 않아야 무위자연이라고 할 수 있지 않을까? 아니 더 나아가 농사를 짓는 행위가 자연적인 행위라고 볼 수 있을까? 채집을 하는 것보다 농사를 짓는 것이 더 생존에 유리하고 효율적이라면 농사 역시 효율성의 추구라는 '기계의 마음'으로 전락하는 첫걸음이 아닐까? 지금 우리의 현실에 적용해 보면 시력이 나빠서 라식수술을 하는 것이 인위일까? 그냥 안경을 쓰는 것이 무위자연일까, 아니면 눈이 나쁜 상태로 살아가는 것이 무위자연일까? 시력이 좋아지기를 바라는 마음과 노력은 인위일까, 무위자연일까? 시력이 좋아지기 위한 노력이 어디까지가 자연스러운 본능에 속한 것이라면 어디부터 부자연스러운 인위에 속하는 것일까?

그러므로 막상 현실의 삶 속에서 구체적인 선택의 순간에 처해 있을 때 '인위'와 '자연'을 제대로 구분하는 것은 쉽지 않은 일이며, 도(道)를 체득한 이상적인 경지에 도달한 사람만이 해낼 수 있는 일이라고 앞에서 장자가 지적했던 것이다.

2. 도교란

'도교'란 한 마디로 불로장생(不老長生)과 현세이익을 추구하는 종교를 의미한다. 도교에서 추구하는 것을 조금 더 구체화하면 네 가지 방면으로 정리할 수 있다.

첫째, 육체적인 장생불사[외단과 내단]의 추구이다. 이는 전국시대 이전부터 시행되었을 것으로 보인다. 그 방법으로는 복약(服藥)=복이(服餌), 연단(煉丹/鍊丹) 및 도인법(導引法)/기공, 호흡, 방중술, 벽곡(辟穀) 등이 있으며 구체적인 내용은 아래에 다룰 것이다.

둘째, 정신적 평화, 안정 혹은 해탈에 대한 추구이다. 장자의 좌망(坐忘) 등이 여기에 해당한다.

셋째, 재앙을 몰아내고 복을 기원하는 양재기복(禳災祈福)으로, 여기에는 재초(齋醮)와 법사, 부적 주문, 점복(占卜) 등이 포함된다.

넷째, 선행을 쌓는 것을 의미하는 적선(積善)이다.[5]

이 중 먼저 첫 번째에 해당하는 육체적인 장생불사[외단과 내단]의 추구의 방법에 대해 정리해 보면 다음과 같다.

- 복약(服藥)=복이(服餌): 인간의 신체를 불사하게 하는 약(藥: 선약(仙藥) 또는 단약(丹藥)이라 함)을 복용하는 것이다. 식물성, 동물성, 광물성 재료를 망라한다. 최상의 약은 '금단(金丹)'이며, 금석(金石)을 가열하거나 냉각하거나 해서 그 정기(精氣)를 환약으로 지어 만든 것이다. 이 과정을 연단(煉丹/鍊丹) 혹은 외단(外丹)이라고 하며, 황금(黃金)이 지닌 불변성을 보고, 황금을 복용해서 신체 자체를 불변한 것으로 만들어 불로불사를 얻는 것으로 믿는다. 단사(丹砂: 黃化水銀)→수은→단사 과정에 착안한 일종의 연금술(點金術: 고대에 방사(方士)가 쇠나 돌을 금이 되게 하는 방술)이며, 이 때문에 중금속 중독으로 사망한 황제나 귀족들이 다수이기도 하다.
- 도인(導引): 신체를 굴신(屈伸: 굽히고 폄)하거나 마찰하거나 하여, 혈액의 순환을 좋게 하는 건강법이다. 안마(按摩)·체조 등과 유사하며 마사지나 지압(指壓)도 이에 원류를 둔 것이다. 호흡[조식(調息)]과 병용하는데, 탁한 '기'를 체외로 배출하고 원기를 체내에 저장하는 수행법이다.
- 호흡: 조식(調息), 복기(服氣), 태식(胎息: 태아가 모체 안에서 호흡하는 것과 같이 호흡), 토납(吐納=묵은 기운을 토해 내보내고 새로운 기운을 코로 들이마시는 토고납신(吐故納新)) 등이라고도 한다. 천지 사이에 널리 퍼져 있는 '원기'를 흡입, 체내에 저장하여 인간의 신체에 불사(不死)를 가져오게 하는 수행법이다. 숨을 내쉴 때에는 털(氣毛)을 코나 입에 가져다 대어도 입김에 날리지 않게 되는 상태를 유지한다. 중간에 숨을 멈추

는 지식(止息)이 포함되기도 한다. 야반(夜半:子時)부터 정오(正午:午時) 사이에 생기(生氣)가 충만할 때만 효험이 있다고 한다.[6] 즉, 기(氣)는 우주 현상의 근원이고 모든 물질과 에너지의 뿌리가 되는 힘(力)이며, 철학적 실체인 기(氣)로서, 이 복기법을 잘 수련하면 우주자연(宇宙自然)과 일체가 될 수 있어 자연과 더불어 불로장생한다고 믿는다. 조선시대 단학파의 한 분인 정렴이 저술한 『용호비결(龍虎秘訣)』에도 이 점을 강조하고 있다. 또 복기에는 고체복기법(固體服氣法)·액체(液體)복기법·연진법(燕津法)·복기조식법(服氣調息法)·주천화후(周天火候)라 하여 대주천법(大周天法)과 소(小)주천법으로 나누는 등 그 기법(技法)은 극히 복잡하다. 고도의 수련이 된 사람은 계연법(繫緣法)과 태식법(胎息法)·제호법(臍呼法)·연기법(嚥氣法)·행기법(行氣法)·연기법(練氣法)·포기법(布氣法)·폐기법(閉氣法)·위기법(委氣法) 등도 행한다.

- 벽곡(辟穀): 오곡(五穀: 쌀, 보리, 콩, 조, 기장)을 섭취하지 않고, 화식(火食)을 피하며, 솔잎·대추·밤 같은 것만 먹는 수행법이다. 오곡은 탁한 기운으로 이루어졌으므로 섭취하는 것을 피하고, 청정한 하늘의 기운으로 이루어진 식물을 취하여, 자기 신체를 순수화하고 가볍게 하는 원리이다.
- 방중(房中): 남녀가 규방(閨房) 중에서 성적 결합을 통해 수행하는 실천법이다. 불로장생을 위해 체내에 있는 음양의 2기(氣)를 조화시키는 실천법으로, 성행위를 행할 때에 지켜야 할 일, 또 그와 관계되는 약물 등이 그 내용을 이룬다. 불륜(不倫)의 관계를 경계하는 등, 본래는 불성실한 것이 아니었으나 성관계를 다룬 만큼 후에는 채음보양, 채양보음 등 차차 음란한 일로 변화하였다. 방중(房中)의 주요한 원리는 '환정보뇌(還精補腦)'라고 하는데, 정(精)을 단련하여 기(氣)로 돌리고, 기(氣)를 단련하여 신(神)으로 돌리는 정(精)·기(氣)·신(神)의 수련 원리 위에서, 정(精) 에너지를 아껴 신(神)으로 전환 또는 변화시키는 것이다. 후에 도교 수련학파는 방중술을 금하고 금욕적 수행을 강조하는 청수파(清修派)와 방중술을 병행하도록 하는 음양파(陰陽派)[쌍수파(雙修派)]로 구별된다.

다음으로 도교에서 추구하는 '정신적 평화, 안정 혹은 해탈'의 측면을 살펴보도록 한다. 앞에서는 『장자』에 나오는 '좌망(坐忘)'을 거론하였다. 『장자』에서 '좌망'은 앉은 채로 [그 자리에서] 모든 것을 잊고 내려놓는다는 의미이다. 몸은 앉아 있는데 마음이 이리저리 정신없이 날뛰고 있는 '좌치(坐馳)'에 반대되는 의미로 쓰였다. 다만 도교에서는 노자나 장자를 각각 태상노군과 남화진인이라고 하며 자신들의 중요한 교조나 신선으로 묘사하고 있는데,『장자』의 '좌망'이라는 개념에 대해서도 도교에서는 학파에 따라 하나의 수행법으로 받아들이고 있기도 하다. 대표적으로 근원적인 하나[일자一者]를 지키는 것을 의미하는 '수일(守一)'의 수행법이 여기에 해당하는데, 우주의 근본 원리인 '도(道)'와의 신비주의적 합일의 경지, 육체의 불로불사를 문제 삼는 정신 상태를 넘어 생사(生死)를 초월한 경지를 추구하는 것이다.

'정신적 평화, 안정 혹은 해탈'에 해당하는 또 하나의 수행법으로 '내사(內思)' 또는 '존사(存思)'라는 도교의 내관법(內觀法)을 지적할 수 있다. 멀리 산속에서 수행하며 여러 신(神)이나 신선을 찾는 단계에서 방향을 바꾸어 정신을 자기의 내부로 향하게 하고 거기서 신을 발견하려 하는 종교적 실천 단계의 수행법이다. 대상은 인체 내의 오장육부에 편재하는 여러 신이다. 이 신들이 체외로 빠져나가는 것이 죽음을 뜻하므로, 정신을 가다듬어 체외로 나가는 것을 막아야 장생을 얻는다. 인간 외부의 우주에 편재하는 신들은 동시에 인체라는 소우주에도 대응적으로 존재한다고 생각하는 '인체소우주론'에 근거한 것이기도 하다.

위에서 분류한 세 번째 측면, 즉 재앙을 몰아내고 복을 기원하는 '양재기복(禳災祈福)'에는 재초(齋醮)와 법사, 부적 주문, 점복(占卜) 등이 해당된다. 먼저 '재초(齋醮)'에 대해 살펴보면, '재(齋)'는 심신을 청정히 하는 것이고, '초(醮)'는 단(壇)을 만들어 주식(酒食)을 바쳐서 신에게 제사 올리는 것을 의미한다. 즉 '재초(齋醮)'란 도사(道士)가 제단을 만든 후 도교의 여러 신들을 불러들인 후, 청사(青詞)라는 일종의 축사(祝詞)를 그 신들에게 바치며 기도하는 도교의 제례 또는 기도 의식이다. 재초의 내용은 천변지이(天

變地異)를 다스려, 국가의 평안을 기원하는 것, 제왕의 복과 만수무강을 기원하는 것, 조상과 사자(死者)의 영혼을 제도(濟度)하는 것, 자손의 번영을 기원하는 것, 널리 일반 민중의 복리를 기원하는 것 등 매우 다양하다. 또한 '부록(符籙)' 또는 '부참(符讖)'이 있는데, 부적을 써서 주술을 행하는 일이나, 또는 점술에서 뒷날에 일어날 일을 미리 알아서 해석하기 어렵게 적어 놓은 글을 의미한다.

마지막으로 선행(善行)을 쌓는 일을 의미하는 '적선(積善)'이 있다. 적선은 다른 모든 도교수행법의 전제 조건이기도 하다. 선행이 모자라거나 한 번이라도 악행을 저지르면 그 밖의 다른 종교적 실천이나 수행을 비록 많이 쌓았더라도 모두 무효가 되거나 원하는 효과를 거둘 수 없다. 반대로 선행만 쌓으면 비록 다른 종교적 실천이나 수행을 특별히 행하지 않았더라도 일찍죽는 조사(早死)는 면할 수 있다. 초기 도교 서적부터 후대 권선서(勸善書: 선행에 대한 권장을 주요내용으로 하는 도교서적)들에서 모두 이 적선의 중요성에 대해 다루고 있다.

제2절 한국의 도가와 도교

1. 한국 도교·도가의 기원

한국 고유 또는 자생의 선(仙)사상을 '고신도사상(古神道思想)'이라고 하는데, 이는 천(天)사상과 그와 관련한 신도(神道)·선도(仙道)사상을 의미한다. 먼저 단군신화를 중심으로 한 여러 건국신화, 그리고 기록에서 보이는 도교 전래 이전의 우리 고대사상 속에 나타나는 도교적 요소를 찾아본다면 '산악숭배', '신선사상[선인(仙人)사상]' 등을 거론할 수 있다.

이와 함께 한국인의 사상적 연원 또는 원류로, 천(天)사상을 지적할 수 있다. 천(天)사상이란 우리나라뿐만 아니라, 동아시아 일반이 가지고 있는 사상이며 신앙체계이기도 하다. 우리 민족의 천(天)에 대한 제의(祭儀), 즉 제천(祭天) 의식으로는 다음과 같은 예를 거론할 수 있다. 마한의 천군(天君), 예의 무천(舞天=儛天), 가락의 계락(禊洛), 백제의 소도(蘇塗), 부여의 영고(迎鼓), 고구려의 동맹(東盟=東明) 등이다. 또한 단군신화에서 보이는 천신(天神, 환인桓因) 및 천계(天界)에 대한 신앙에서도 천사상의 모습을 거론할 수 있다. 단군신화 속의 하늘사상은 우리 민족과 더불어 본래부터 자생하여 온 독자적인 신앙체계라는 점에서 고유 신앙 내지 고유사상으로서 우리의 것이라고 할 수 있다. 즉 이러한 점을 고려해 볼 때 한국 도교의 기원은 온전히 중국에서 수입된 것이 아니라, 중국과 마찬가지로 한국에서도 본래부터 지니고 있던 고유한 문화로서 자생적인 성분이 있었을 것이며, 후세에 전래된 중국 도교의 영향과 합쳐져 한국적 특성을 지닌 한국 도교를 형성했을 것임을 짐작할 수 있다.

사실 한국 도교의 기원에 관해서는 두 가지 학설이 있다. '(한국)본토자생설'과 '중국전래설'이 그것이다. 역사 기록에 의하면, 7세기 무렵 당으로부터 도교가 전래되었다.[7] 그런데 그보다 이전 시기인 단군신화에 보이는 도교적 색채(산악숭배, 천사상, 신선사상)나 신라의 국선(國仙) 등 도교의 신선을 상기시키는 존재는 어떻게 설명할 수 있을까 하는 생각은 (한국)본토자생설에 힘을 실어 주기도 하였다. 다시 말해서 '자생설'이란 당나라에서 전해진 교단 도교 성립 이전의 원시 도교문화-신선사상 등-가 한국에 자생했다는 주장으로, 조선 중기 조여적(趙汝籍, 1588 전후)의 『청학집(靑鶴集)』 등에 나타난 도교 계보[광성자[황제에게 도를 가르친 인물]→ 명유(明由)→환인진인→ 환웅천왕→ 단군(…)]도 이러한 생각을 담고 있다.

한편 이와는 달리 한국의 도교는 온전히 중국에서 전래되었다는 '중국전래설'도 있는데 주로 중국이나 일본 학자들이 이러한 입장에 서 있다. 예컨대 중국학자 부근가(傅勤家)는 그의 저서『中國道敎史』에서 신라의 화랑(花郞) 역시 중국 도교의 해외전파 산물이라는 주장을 제기하기도 한다. 조선시대에는 한무외(韓無畏, 1517~1610)의 『해동전도록(海東傳道錄)』에서 중국 도교 도맥과의 관계를 설명하면서, 내단 수련 중심의 조선단학파의 연원을 설명[종리권(鍾離權)→ 신라인 김가기 · 최승우 · 승 자혜→ 최치원 · 권

청(權淸)(…)→김시습 · 정렴(…)]하고 있는 것이 이에 해당할 것이다.[8]

2. 한국 도교·도가의 전개 양상

가. 삼국시대의 도교 수용 양상

우리나라에 도교가 수입되었다는 공식적 전래 기록은 고구려 영류왕 7년(624) 당 고조가 도사를 파견해 천존상(天尊像)을 보내고『도덕경(道德經)』을 강론했다는 것이다.[9] 또한 7C초 고구려 민간에 오두미도(五斗米道)가 유행했다는 『삼국유사』권3의 기록이 있다. 고구려 도교의 성격은 국가를 진호(鎭護)하는 소임을 지닌 국가적 차원의 종교로서, 개인적인 불로장생의 추구나 선술(仙術)을 익히는 양생 · 방술 등의 수련도교의 성격은 희박했다고 볼 수 있다. 즉 호국(護國) 및 왕실의 연년익수(延年益壽)를 비는 재초(齋醮) 위주의 도교였을 것이다.

고구려의 도교 관련 유물로 깃털 모양 금동제 관식[羽毛形冠飾]을 예로 들 수 있다. 이것은 가장자리를 새 깃털 모양으로 잘라 새를 상징적으로 도안화한 것인데 여기서는 새를 숭배하는 숭조신앙(崇鳥信仰)을 엿볼 수 있다. 숭조신앙에 따르면 영혼의 안내자인 새를 현세와 내세를 오가는 영적 동물로, 죽은이의 등선(登仙)의 길잡이로 인식하는 것이다.

백제는『삼국사기』「백제본기百濟本紀」에 근초고왕(近肖古王, A.D.346~374)때 장군 막고해(莫古解)가 태자[근구수왕(近仇首王)]에게 드리는 간언에서 노장(老 · 莊)의 말을 익숙하게 인용하고 있는 점[10]을 볼 때, 도교사상과 노 · 장 서책이 일찍부터 들어와 있었음을 알 수 있다. 또한 『일본서기』에는 602년 백제의 중 관륵(觀勒)이 일본으로 건너가 천문·역법·둔갑·방술 등의 책을 전했다는 기록이 있다. 백제의 도교 관련 유물로는 7세기 금동대향로[국보 제287호 '금동용봉봉래산향로(金銅龍鳳蓬萊山香爐)': 7세기 초 백제의 금동향로. 크기는 전체 높이 64cm, 지름 20cm]가 대표적인데, 이는 봉래산의 형상을 본뜬 것이다.

또한 무령왕릉(武寧王陵)[무령왕은 523년 5월에 사망, 525년 8월에 왕릉에 안치되었고 왕비는 526년 11월에 사망, 529년 2월에 안치됨]의 유물도 살펴볼 만하다. 예컨대 무령왕릉에는 '매지권(買地券)'이 발견되는데, 이는 무덤을 만들 땅을 구매한 내역과 무덤의 안전을 신에게 기원하는 내용 등을 새긴 문서이다. 매지권을 만들어 무덤 안에 넣는 장례 풍습은 도교(道教)의 영향을 받아 중국 한(漢)나라 때부터 시행되었다. 여기에는 죽은 자의 영혼이 사는 집인 무덤이 안전하기를 바라는 주술적인 목적이 담겨 있다. 무령왕릉 지석 뒷면에는 무령왕이 토지신[토백(土伯)]에게 돈 1만 닙을 주고 능을 만들 땅을 사게 되었다는 내용의 토지매매 문서가 나온다.

신라의 경우에는 중국 도교 수입 이전부터 성립되었던 신라의 정치·종교적 조직 화랑도[=풍류도]를 주목해 볼 수 있다. 화랑이라고도 하고 국선이라고도 했는데, 유명한 사선(四仙: 술랑(述郎)·남랑(南郎)·영랑(永郎)·안상(安祥))이 있다. 또한 이외에도 4~6세기 적석목곽분(積石木槨墳, 돌무지덧널무덤)에 보이는 도교 관련 유물들[주사(朱砂)와 운모(雲母) 등 선약(仙藥)의 재료들]이 발견되었다.

신라의 도교에서 가장 주목할 만한 것은 신라인의 '선풍 의식(仙風意識)'이다. 사선(四仙)을 비롯한 대부분 선인(仙人)의 이야기는 양생술이나 선술(仙術)을 중심으로 한 방술사(方術士)의 이야기가 아니고, 예술에 대한 기량, 특히 미술이나 음악에 뛰어난 사람을 흠모하거나 그러한 사람의 선인적(仙人的) 생활기풍을 이야기한다는 점이다.[11]

나. 고려시대의 도교·도가

고려시대에는 도교를 국가적 차원에서 장려해 국가적 과의도교(科儀道教)가 성행했다고 할 수 있다. 이렇게 된 원인으로 먼저 고려태조 왕건과 관련된 도참(圖讖)과 비기(秘記)를 예로 들 수 있다. 즉 신라의 멸망과 고려의 창건, 왕건의 등극을 예언하는 각종 도참설의 성행 등 도교로부터 도움을 받았기 때문일 것이라고 추측하고 있다. 참고로 여기서 '도참(圖讖)'이란 '참위(讖緯)'라고도 하는데, 미래에 일어날 일에 대한 예언 혹은 징조를 의미한다.

그러므로 고려시대의 도교는 기본적으로 재앙을 물리치고 복을 빌기 위하여 도사(

道士)가 중심이 되어 행하는 의식 도교라고 할 수 있으며 이를 '과의도교'라고 부른다. 따라서 이러한 도교의례 수행하는 기관이 15개소가 있었던 것으로 보이며, 대표적 도관인 복원궁(福源宮)에서는 국가를 위한 도교의 각종 재초 행사를 수행하였다. 특이한 점은 고려 인종 때 평양에 팔선(八仙)의 초상을 안치시킨 팔성당(八聖堂)을 건립했는데, 이는 모두 한국의 토착신선이었다는 점이다. 이외에도 고려시대에는 지식계층에서 개인적으로 도교 수련이 유행하였으며, 이를 '수련도교'라고 부른다. 또한 고려시대의 도가사상 즉 노장학을 살펴보면, 지식층이 노장 서적을 즐겨 독서했음을 알 수 있다. 또한 문학 작품으로 도가·신선사상을 표현하기도 하였다.

다. 조선의 도교·도가

고려시대에는 국가적 과의도교가 중심이었다면 조선시대의 도교는 사적[개인적] 수련도교가 중심이 되었다. 그러므로 고려시대 이래 설립된 국립 도교기관들이 폐지되고, '소격서(昭格署)'만 남았다가, 임진왜란 이후에는 이마저도 완전히 폐지되었다.

조선의 도교는 주로 내단학을 연구, 수련하던 단학파를 중심으로 살펴볼 수 있다. 그 기원은 삼국시대부터 고려에 이르는 지식층 사이에서 유행한 사적인 수련적 도교 집단이라고 할 수 있다. 조선의 대표적인 단학파 인물들은 매월당 김시습(1435~1493), 홍유손(1431~1529), 정희량(1469~?), 북창 정렴(1506~1549), 권극중(1585~1659) 등이다. 이들은 중국 전진교[종려금단도]의 내단학을 수용, 연구, 발전시켰다. 이 분야의 대표적인 저작으로 북창 정렴(鄭𥖝, 1506~1549)의 『용호비결(龍虎秘訣)』이 있다.

또한 이러한 수련도교로부터 유행한 도교 양생론은 조선 전반에 걸쳐 영향을 끼쳤다. 도교 양생론의 영향으로 가장 잘 알려진 예는 허준(許浚, 1546~1615)의 『동의보감(東醫寶鑑)』이다. 이 책은 도교의 양생론의 기반 위에서 이루어진 의학서적[醫書]이라 할 수 있다. 이외에도 도교의 양생론은 퇴계 율곡 같은 거유(巨儒)는 물론 건강비법으로 당시 대부분의 지성인에게 큰 영향을 끼쳤다. 이에 해당하는 대표적인 예로 퇴계의 『활인심방』을 거론할 수 있다.

조선의 노장학은 대개 성리학과의 연관 속에서 전개되었다. 조선시대에는 『노자』나 『장자』등의 서적을 읽고 문학 작품으로 표현하는 데 그치지 않고, 『노자』와 『장자』에 직접 주석을 달면서 이를 통해 자신의 사상을 전개했다. 가장 먼저 율곡 이이(1536~1584)의 『순언』이 있는데, 여기에서는 노자도덕경 81장 중에서 중요하다고 생각되는 것만을 뽑아, 40장으로 재편집하고 주석 작업을 가한 것으로, 노자와 성리학과 일치점을 모색하였다. 다음으로 서계 박세당(1629~1703)의 『신주도덕경』, 『남화경주해』가 있는데, 이 책들에서는 노장과 [주자학에 국한되지 않은] 넓은 의미의 송대이학 사이의 소통을 모색하였다. 다음으로 남당 한원진(1682~1751)의 『장자변해』가 있는데, 이 책에서는 주자학적 입장에서 노장을 비판적으로 이해하였다. 또한 이충익(1744~1816)의 『초원담로』가 있는데, 여기서는 송명 이학[주자학+양명학]을 중심으로 하면서, 불교, 노장 삼교 합일의 관점을 드러내었다.

라. 조선 후기 이후

조선 후기의 도교의 전개 양상 가운데 주목할 점은 정부의 도교 권선서(勸善書) 보급과 민간도교의 유행이다. 이 중 특히 반항적 민간도교 의식을 주목할 수 있는데, 『정감록』 등 참위설의 도교적 예언 형식을 빌어 대규모 반란 운동의 배후 이념으로 기능하였다는 점에서 의미가 있다. 대표적인 예로 홍경래의 난을 지적할 수 있다. 이러한 반항적 민간도교 의식은 기존 질서의 해체와 재통합을 목표로 하는 민중 종교의 이념에 수용됨으로써, 동학, 증산교, 원불교 등 신종교[=민족종교] 운동으로 표출되었다.[12]

마. 한국 도교·도가의 특징

한국의 도교는 우리 본래의 도교적인 수용의 바탕 위에서 중국 도교를 수용한 것으로 보아야 할 것이다. 이에 대해서는 일제 강점기 조선사편수회 위원으로 활동하기도 했던 이능화(李能和)마저도 "조선 단군신화가 가장 도교에 가깝다", "아마도 우리 조선 민족의 원시종교인 신선의 도일 것이고, 이후에 유교와 불교가 있게 되었다. 그리고 백성들이 본디 이미 신선의 도에 익숙했기 때문에 오두미교[중국 도교]가 들어왔을 때 고구려 사람들이 다투어 그것을 받들게 된 것일 것이다"라고 주장하였다.

한국 도가사상의 특징은 먼저 고대부터 조선 초기까지 도가[노장사상]와 도교의 구별이 없었다는 점이다. 노장사상도 이질적인 대상으로 인식하지 못했기 때문에, [성리학의 성행 이전까지는] 객관적·비판적인 학문의 대상으로 인식되지 못했을 것으로 생각된다.

핵심 개념 정리

1. 유가사상이 앞으로 나아가는 '진(進)'의 사상이라면, 노자사상의 핵심은 근본으로 되돌아가는 '귀(歸)'의 사상이다.

2. 도교의 의미: 불로장생(不老長生)과 현세이익을 추구하는 종교

3. 한국 도교의 기원에 대한 두 가지 설명: (한국)본토자생설 vs 중국전래설

4. 한국 도교의 시대별 전개 양상: 재초(齋醮), 선풍(仙風) 의식, 과의도교, 수련도교, 반항적 민간도교 의식.

5. 한국 도교·도가의 특징
   가. 한국의 도교는 우리 본래의 도교적인 수용의 바탕 위에서 중국 도교를 수용한 것으로 보아야 할 것.
   나. 한국 도가사상의 특징은 고대부터 조선 초기까지 도가(노장사상)와 도교의 구별이 없었다는 점.

생각해 보기 1

중국철학사에서 도가사상의 내용과 의미에 대해 생각해 보자.

생각해 보기 2

도교의 내용과 의미에 대해 생각해 보자.

생각해 보기 3

한국의 도가와 도교의 기원과 전개 양상에 대해 생각해 보자.

주석

1. 신영복, 『강의』, 돌베개, 2011, 253~254쪽.

2. 『장자』「대종사」편: 庸詎知吾所謂天之非人乎?所謂人之非天乎?且有眞人而後有眞知。

3. 『장자』「천지」편: 子貢南遊於楚, 反於晉, 過漢陰, 見一丈人方將爲圃畦, 鑿隧而入井, 抱甕而出灌, 滑滑然用力甚多而見功寡。子貢曰:「有械於此, 一日浸百畦, 用力甚寡而見功多, 夫子不欲乎?」爲圃者仰而視之曰:「奈何?」曰:「鑿木爲機, 後重前輕, 挈水若抽;數如泆湯, 其名爲槔。」

4. 『장자』「천지」편: 爲圃者忿然作色而笑曰:「吾聞之吾師, 有機械者必有機事, 有機事者必有機心。機心存於胸中, 則純白不備;純白不備, 則神生不定, 神生不定者, 道之所不載也。吾非不知, 羞而不爲也.。」子貢瞞然慚, 俯而不對。有間, 爲圃者曰:「子奚爲者邪?」曰:「孔丘之徒也。」爲圃者曰:「子非夫博學以擬聖, 於于以蓋衆, 獨弦哀歌以賣名聲於天下者乎?汝方將妄汝神氣, 墮汝形骸, 而庶幾乎!汝身之不能治, 而何暇治天下乎?子往矣, 無乏吾事!」子貢卑陬失色, 頊頊然不自得, 行三十里而後愈。其弟子曰:「向之人何爲者邪?夫子何故見之變容失色, 終日不自反邪?」曰:「始吾以爲天下一人耳, 不知復有夫人也。吾聞之夫子, 事求可, 功求成。用力少, 見功多者, 聖人之道。今徒不然。執道者德全, 德全者形全, 形全者神全。神全者, 聖人之道也。託生與民並行而不知其所之, 汒乎淳備哉!功利機巧必忘夫人之心。若夫人者, 非其志不之, 非其心不爲。雖以天下譽之得其所謂, 謷然不顧, 以天下非之, 失其所謂, 儻然不受。天下之非譽, 無益損焉, 是謂全德之人哉!我之謂風波之民。」反於魯, 以告孔子。孔子曰:「彼假脩渾沌氏之術者也, 識其一, 不知其二;治其內, 而不治其外。夫明白太素, 無爲復朴, 體性抱神, 以遊世俗之間者, 汝將固驚邪?且渾沌氏之術, 予與汝何足以識之哉!」

5. 이하 『글로벌 세계대백과 사전』, 도서출판 범한, 2004의 「도교」 및 「한국의 도교」 항목을 정리하였다.

6. 『포박자(抱朴子)』「석체편(釋滯篇)」.

7. 『삼국사기』 권20, 고구려 영류왕 7년, 624년, 당 고조가 도사를 파견.

8. 본토자생설과 중국기원설에 관한 보다 자세한 내용은 정재서, 『한국도교의 기원과 역사』, 69쪽~92쪽을 참조할 것.

9. 『삼국사기』권20, 『삼국유사』, 『신新』구당서舊唐書』의 「고구려전高句麗傳」

10. 『三國史記』「百濟本紀, 近肖古王條」: 將軍莫古解曰, 嘗聞道家之言, 知足不辱, 知止不殆, 今所得多矣, 何必求多, 太子善之, 止焉云云.

11. 송항룡 「중국도교 사상의 한국유입과 그 전개추이」, 『아세아연구』 10호, 고려대 아세아 문제 연구소 1983, 209쪽. 송항룡, 『한국도교철학사』, 성균관대출판부, 1987

12. 정재서, 『한국도교의 기원과 역사』, 이화여대출판부, 2006, 38~40쪽

| 10장 |

한국 전통 춤의 예술 세계

- 한국 전통 춤의 예술 정신을 이해한다.
- 한국 전통 춤 속에 들어 있는 조상들의 정신문화 유산을 이해한다.

제1절 개요

한국 전통 춤에는 춤사위뿐만 아니라 춤사위를 살아 움직이게 하는 장단과 음악과 춤옷과 예술정신이 담겨져 있기 때문에 이러한 것들에 대한 총체적 인식을 통한 접근이 필요하다. 전통 춤은 각각의 전통 춤이 형성된 문화, 역사, 철학 등 우리 조상들의 정신문화 유산을 이해할 수 있어야 감흥과 신명의 경지에 이를 수 있다.

제2절 전통 춤의 분류

1. 궁중춤-당악정재, 향악정재

궁중춤인 당악정재, 향악정재는 모두 나라 행사 때 궁중에서 추어진 춤으로 처용무, 춘앵무 등이 있다. 이 춤들은 모두 유교의 예악(禮樂)사상을 반영, 우주의 원리에 따른 조화와 질서를 음양오행(陰陽五行)을 바탕으로 표현하고 있으며 절제미, 우아미를 추구한다.

| 춘앵무.

2. 교방춤, 재인청춤

교방춤, 재인청춤에는 살풀이춤, 승무, 태평무, 승전무, 검무, 한량무, 교방굿거리춤 등이 있다. 교방(敎坊)은 고려·조선시대 기녀들을 중심으로 하여 가무를 관장하던 기관을 말한다. 재인청은 재인(才人)·무부(巫夫)·광대(廣大) 등으로 구성된 자율적 조직이다. 이 조직에는 세습무당인 당골, 무악을 연주하는 화랭이(花郞), 줄타기와 물구나무서기 등의 곡예를 하면서 동시에 무악

| 살풀이춤.

| 승무.

| 한량무.

| 진주검무.

| 승전무.

| 교방굿거리춤.

연주자이기도 한 재인, 가무 예능인이면서 무악을 연주하는 광대 등이 소속되어 있었다. 전국에 존재했던 재인청은 지역에 따라 그 이름이 달랐는데, 신청(神廳)·악사청(樂師廳)·광대청(廣大廳)·화랑청(花郞廳) 등으로 불렸다. 재인청춤은 앞에서 열거한 예인들이 추었거나 다듬어 발전시킨 춤을 일컫는다. 교방춤과 재인청춤은 전문 예인(藝人)의 미적 특징이 나타나며, 세련되고 섬세한 예술미(藝術美)가 특징이다.

| 농악춤.

| 굿춤.

3. 민속춤

민속춤에는 농악춤, 탈춤, 소리춤, 허튼 춤, 모방춤 등이 있다. 이들 춤들은 공동체적 신명, 집단의 화합과 조화를 추구하는 특징을 지니고 있다.

4. 종교 의식 춤

종교 의식과 관련된 춤으로 유교춤(일무), 무속춤(굿춤), 불교춤(작법무) 능이 있나.

제3절 장단의 이해

1. 장단의 이해

전통 춤은 장단의 호흡[들숨, 날숨]과 장단의 흐름[대삼, 소삼, 맺고, 풀고, 어르는]에 의해 춤이 구성된다. 한국 춤의 기본 장단은 굿거리장단[3분박 4박자]과 자진모리장단[빠른 3분박 4박자]이다. 앞의 두 박은 대삼[크게 표현하는 부분], 뒤의 두 박은 소삼[작게 표현하며 자신의 멋을 넣은 부분]으로 구성되어 있다. 이 외에도 10박 장단[터벌림, 올림채, 향당교주, 세령산, 보허자, 엇모리], 6박 장단[염불, 도드리, 도살풀이, 삼현 도드리, 윗 도드리, 빠른 도드리], 4박 장단[타령, 자진타령, 굿거리, 자진 굿거리, 당악, 세산조시, 자진모리, 살풀이, 덩덕궁이, 겹마치기, 모리] 등 다양한 장단이 전통춤에 사용된다.

2. 굿거리장단

민간 음악에서 연주되는 장단의 하나로 일명 굿거리라 한다. 서울뿐 아니라 경기도·충청도·전라도 지방의 무악과 농악에서 많이 연주되는 굿거리장단은 3분박 4박자를 한 주기로 구성된 장단이다. 서울 지방에서는 굿거리장단을 창부타령·불사타령·장님타령·사제타령이라고도 부른다.[1] 굿거리장단의 예로는 뱃노래를 들 수 있다.

푸는 장단

내삼						소삼					
덩	기	닥	덩	다르	르르	덩	(다) 기	닥	덩	다르	르르

맺는 장단

대삼						소삼					
덩	기	닥	덩	다르	르르	덩	(다) 기	닥	궁	따	

예) 굿거리장단(뱃노래)

1. 어기야 디여차 어이야 디여 어기여차 뱃놀이 가잔다.
   부딪치는 파도소리 단잠을 깨우니
   들려오는 노 소리 처량도 하구나
2. 어기야 디여차 어이야 디여 어기여차 뱃놀이 가잔다.
   만경창파에 몸을 실리어
   술렁술렁 노저어라 달맞이 가잔다.
3. 어기야 디여차 어이야 디여 어기여차 뱃놀이 가잔다.
   닻을 놓고 노를 저으니 배가 가느냐
   알심 없는 저 사공아 닻 걷어 올려라
   어기야 디여차 어이야 디여 어기여차 뱃놀이 가잔다.

3. 자진모리장단

산조(散調)나 판소리에 쓰인 장단의 하나로 일명 잦은모리·잦인모리·자진모리라 한다. 빠르게 몰아가는 3분박 4박자[점8분박의 4박자]의 자진모리장단은 이야기에서 격동(激動)하는 대목이나 여러 사연을 늘어놓는 대목에서 사용된다. 3분박 4박자로 구성된 이 장단은 속도에 따라서 느린 자진모리·평자진모리·자진모리로 세분되기도 한다. 이 장단의 이름은 자진 및 모리 두 낱말로 나뉠 수 있다. '자진'은 가락이 자주 거듭된다는 뜻의 '잦다'와 관련됐고, '모리'는 몹시 서두르는 '몰아치다' 또는 한곳으로 짐승을 쫓아 모는 '몰다'와 상관된 말이다. 진양조·중모리·중중모리·엇모리장단보다 속도가 빠른 자진모리는 급하게 빨리 몰아붙이는 장단이다.[2]

덩			덩			덩		따	궁	따	
덩			더	덩		덩		따	궁	따	
덩		따	궁	따		덩		따	궁	따	
더	덩		더	덩		덩		따	궁	따	

예) 자진모리장단(군밤 타령)

1. 바람이 분다~~ 바람이 불어~~
   연평 바다에 어허 얼싸 봄바람 분다.
   얼싸 좋네 아 좋네 군밤이요 에헤라 생률밤이로구나!
2. 너는 총각 나는 처녀 처녀 총각이 어허 얼싸 잘놀아 난다.
   얼싸 좋네 아 좋네 군밤이요 에헤라 생률밤이로구나!
3. 달도 밝고 달도 밝다 우주강산에 어얼싸 저 달이 밝아

얼싸 좋네 아 좋네 군밤이요 에헤라 생률밤이로구나!

4. 눈이 온다 눈이 와요 청천하늘에 어얼싸 흰 눈이 오네.

얼싸 좋네 아 좋네 군밤이요 에헤라 생률밤이로구나!

제4절 보법(步法)의 종류

무릎의 굴신(屈伸)을 바탕으로 디딤, 돋움, 지숨, 까치걸음, 잉어걸음, 완자걸음, 새발걸음 등이 있다.

- 디딤–발뒤꿈치부터 땅에 대고 발가락 쪽으로 중심 이동하며 지그시 땅을 밟는 보법이다.
- 돋움–발 앞부분을 대고 다른 한 발을 땅에서 위로 솟구쳐 놀아 올리는 보법이다.
- 지숨–제자리에서 발을 디디며 중심을 뒤꿈치에서 앞부분으로 이동시켜 어르는 보법이다.
- 까치걸음–까치가 걷는 듯한 걸음새를 표현한 보법이다.
- 잉어걸음–베를 짤 때 물레의 잉애를 좌우로 움직이듯, 좌우로 움직이는 보법이다.
- 완자걸음– 화문석의 완자 문양을 표현하며 걷는 보법이다.
- 새발걸음–새가 움직이듯 빠르게 잔걸음으로 여러 걸음을 걷는 보법이다.

제5절 춤사위

- 춤의 종류와 유파에 따라 다양한 춤사위가 존재한다. 자연에 순응, 자연에 귀

속하고자 하는 풍류적(風流的) 심성을 반영하여 자연에 비유한 춤사위들이 많다.

• 춘앵전의 춤사위 속에 나타난 이미지는 다음과 같이 풀이된다.

- 나막신을 신고 걷는 걸음의 아름다움(섭족도)
- 치맛자락이 끌리는 미(사예거)
- 새가 돌아가는 자태(회란)
- 팔선의 이미지(저앙수)
- 허리의 유연함(절요이요)
- 새가 나는 듯 사뿐함(비리)
- 옆으로 보는 곡선미(회두)
- 날개를 들어 얼굴을 가리는 수줍음(정)
- 꾀꼬리가 나뭇가지를 한 칸씩 오르는 듯한 율동감(탑탑고)
- 원앙이 마당에 내려앉는 듯 빠른 날개짓(타원앙장)
- 꽃 앞의 자태로 희롱하는 자태(화전태)
- 날리는 꽃잎을 잡듯 맴도는 모양(전화지)
- 짚으려다 물러서는 새의 묘사(당퇴립)
- 번쩍이는 소맷자락(소섬수, 대섬무)
- 바람에 흔들리는 나뭇가지(풍류지)
- 금빛 모래가 날리듯 나갔다가 물러나는 모양(비금사)
- 꽃무늬 주렴을 스치고 돌아가려는 꾀꼬리(불화렴)
- 파도와 같이 맴도는 격렬한 사위(회파신)
- 신선이 교각을 건너듯 나는 양태(과교선)
- 비상하는 날개를 뾰족이 모으는 모습(첨수)
- 제비가 보금자리로 돌아가는 모양(연귀소)

이러한 춤사위 등을 거쳐 춤을 마치고 물러난다. 이외에 춤의 종류에 따라 평사위, 한일자사위, 휘영청사위, 학체, 제비체, 꽃봉오리, 양우선, 안가랑, 깍지떼기, 방석

돌이 등의 춤사위가 있다.

第6절 기(氣)의 운용법

- 맺고, 풀고, 어르고, 대삼소삼, 정중동(靜中動), 음양(陰陽)의 원리에 의한 기의 운용으로 춤사위의 흐름을 펼쳐 낸다.
- 맺고, 풀고, 어르고: 춤의 호흡을 운용하는 방식으로 맺는 호흡[긴장], 푸는 호흡[이완], 어르는 호흡[새로운 흥을 생성]으로 분류된다.
- 대삼, 소삼: 장단과 음악의 흐름에 따라 크게 표현하는 부분과 작게 표현하는 부분을 일컫는 용어이다.
- 정중동: 고요함(靜)과 역동성(動)을 나타내는 용어이다. 고요함 속에 역동성이 내재되어 있고 역동성을 표현하면서도 그 안에 고요함을 잉태하고 있음을 의미한다.
- 음양: 태극(太極)의 양(陽)성[활달, 외향적,태양]과 음(陰)성[고요, 내향적, 달]을 표현한다.

第7절 춤 공간의 활용

- 앞으로 가기
- 뒤로 가기
- 옆으로 가기
- 서서 놀기
- 돌기

- 앉았다 일어서기
- 뛰기

위의 7가지 형태에서 나올 수 있는 춤사위와 발동작을 완전히 몸으로 익힌 후 실제의 판에서는 판의 형태에 맞게 이것을 응용하게 된다. 그래서 짜인 형태가 아닌 자유로운 춤판을 벌리게 된다.

제8절 악(樂)·가(歌)·무(舞)의 총체적 합일

1. 전통 춤 예인들은 악(樂) · 가(歌) · 무(舞)에 두루 능해 악(樂) · 가(歌) · 무(舞)를 가지고 자유롭게 놀(遊) 줄 아는 거침이 없고 막힘이 없는 무애(無碍)의 춤 세계를 펼쳐 보였다.
2. 전통 춤은 악(樂) · 가(歌)·무(舞)를 바탕으로 자신을 풀어내고 물 흐르듯 흘러 땅과 하늘의 기운이 합일한 신명의 경지에서 그저 추어지는 무위자연(無爲自然)의 춤 세계를 펼쳐 내어야 한다.
3. 장단의 원리를 알고 엇박의 묘미를 활용하며 자신의 기를 운용하면서 즉흥성을 발휘하여 자유자재로 춤을 추는 춤꾼에게는 '지무(知舞)'라는 말을 사용했다.

핵심 개념 정리

1. 전통 춤의 분류

가. 궁중춤–당악정재, 향악정재

나. 재인청춤–살풀이춤, 승무, 태평무, 승전무, 검무, 한량무, 교방굿거리춤

다. 민속춤–농악춤, 탈춤, 소리춤, 허튼 춤, 모방춤

라. 종교 의식과 관련된 춤–유교춤(일무), 무속춤(굿춤), 불교춤(작법무)

2. 장단의 이해: 한국 춤의 기본 장단–굿거리장단(3분박 4박자)과 자진모리장단(빠른 3분박 4박자)

가. 굿거리장단

㉠ 3분박 4박자를 한 주기로 구성된 장단

㉡ 서울 지방–창부타령·불사타령·장님타령·사제타령이라고도 부름.

나. 자진모리장단

㉠ 산조(散調)나 판소리에 쓰인 장단의 하나

㉡ 잦은모리·잦인모리·자진모리라 함.

㉢ 빠르게 몰아가는 3분박 4박자(점8분박의 4박자)의 자진모리장단
–이야기에서 격동(激動)하는 대목이나 여러 사연을 늘어놓는 대목에서 사용함.

㉣ 속도에 따라서 느린 자진모리·평자진모리·자진모리로 세분화됨.

3. 보법(步法)의 종류: 디딤, 돋움, 지숨, 까치걸음, 잉어걸음, 완자걸음, 새발걸음

4. 춤사위

가. 춤의 종류와 유파에 따라 다양한 춤사위가 존재

나. 자연에 순응, 자연에 귀속하고자 하는 풍류적(風流的) 심성을 반영하여 자연에 비유한 춤사위들이 많음.

5. 기(氣)의 운용법: 맺고, 풀고 , 어르고, 대삼소삼, 정중동(靜中動), 음양(陰陽)의 원리에 의한 기의 운용으로 춤사위의 흐름을 펼쳐 냄.

6. 춤 공간의 활용: 앞으로 가기, 뒤로 가기, 옆으로 가기, 서서 놀기, 돌기, 앉았다 일어서기, 뛰기

7. 악(樂)·가(歌)·무(舞)의 총체적 합일: 전통 춤 예인들은 악(樂)·가(歌)·무(舞)에 두루능해 악(樂)·가(歌)·무(舞)를 가지고 자유롭게 놀(遊) 줄 아는 거침이 없고 막힘이 없는 무애(無碍)의 춤 세계를 펼쳐 보임.

생각해 보기 1

교방춤과 재인청춤에 보이는 세련되고 섬세한 예술미(藝術美)에 대해 생각해 보자.

생각해 보기 2

굿거리장단과 자진모리장단의 차이점에 대해 생각해 보자.

생각해 보기 3

노자가 말한 무위자연(無爲自然)과 무위자연(無爲自然)의 춤 세계의 관련성에 대해 생각해 보자.

주석

1. 張師勛, 『國樂大事典』, 세광음악출판사, 1984, 155쪽.

2. 송방송, 『증보한국음악통사』, 민속원, 2007, 443쪽.

| 11장 |

한국의 인류 문화유산

- 한국 전통예술에 담긴 독특한 미학적 특성을 이해한다.
- 한국 전통예술 속에 들어 있는 조상들의 정신문화 유산을 이해한다.

제1절 종묘제례 및 종묘제례악2001년 등재

1. 종묘제례

종묘제례란 종묘에서 행하는 제향 의식으로, 조선시대 나라 제사 중 규모가 크고 중요한 제사였기 때문에 종묘대제(宗廟大祭)라고도 한다. 종묘는 조선시대 역대 왕과 왕비, 그리고 나라에 공적이 있는 공신들의 신주를 모셔 놓은 사당으로, 사직과 더불어 국가의 근본을 상징하는 가장 정제되고 장엄한 건축물이다. 종묘 정전의 19개 신실에는 태조를 비롯한 왕과 왕비의 신주[49위]가 모셔져 있으며, 영녕전 16실에는 추존된 왕과 왕비의 신주[34위]를 봉안하고 있다.

종묘제례는 왕실에서 거행되는 장엄한 국가 제사이며, 임금이 친히 받드는 존엄한 길례(吉禮)였다. 유교 사회에서는 길례(吉禮)·흉례(凶禮)·군례(軍禮)·빈례(賓禮)·가례(家禮)의 다섯 의례(五禮) 중 길례인 제사를 으뜸으로 여겼으며, 이를 '효'를 실천하는 근본으로 삼았다. 유교 국가의 근본이념이었던 조선시대에도 조상에 대한 숭배를 인간의 도리이자 나라를 다스리는 가장 중요한 법도로 여겨 제사를 특히 중시하였으며, 예로부터 종묘와 사직을 세우고 나라를 건국하고 번영시킨 왕과 왕실의 조상과 국가 발전에 공헌한 문무(文武) 대신들에게 제사를 드렸다.

종묘제례는 크게 정시제(定時祭)와 임시제(臨時祭)로 나뉘며, 계절에 따라 햇과일이나 곡식을 올리는 천신제(薦新祭)도 있었다. 정시제는 봄·여름·가을·겨울의 첫 달인 1월·4월·7월·10월과 납일(臘日: 12월에 날을 잡아 지내는 섣달 제사)에 지냈으며, 임시제는 나라에 좋은 일과 나쁜 일이 있을 때마다 지냈다.

종묘제례는 매우 엄격하고 장엄하게 진행되며, 절차는 신(神)을 맞이하는 절차, 신(神)이 즐기도록 하는 절차, 신(神)을 보내 드리는 내용으로 구성되어 있다. 그 절차를 보면 선행 절차→ 취위(就位, 제사가 시작하기 전에 제관들이 정해진 자리에 배치됨) → 영신(迎神, 조상신을 맞이함) → 신관례(神관禮, 왕이 제실까지 가서 향을 피워 신을 맞아들임) → 진찬(進饌, 음식과 고기를 드림) → 초헌례(初獻禮, 초헌관이 술을 올리고 절하며 축문을 읽음) → 아헌례(亞獻禮, 신에게 둘째 술잔을 올림) → 종헌례(終獻禮, 마지막 술잔을 올림) → 음복례(飮福禮, 제사에 쓴 술이나 음식을 나누어 먹음) → 철변두(撤籩豆, 제상에 놓인 고기나 과일을 거둠) → 송신(送神, 조상신을 보냄) → 망료(望燎, 제례에 쓰인 축문과 폐를 태움) → 제후처리(祭後處理)의 순서로 진행된다.

2. 종묘제례악

종묘제례는 최고의 품격을 갖추고 유교 절차에 따라 거행되는 왕실의례이며, 이를 통해 동양의 기본이념인 '효'를 국가 차원에서 실천함으로써 민족 공동체의 유대감과 질서를 형성하는 역할을 하였다. 이와 함께 종묘라는 조형적인 건축 공간에서 진행되는 종묘제례의 장엄하고 정제된 아름다움은 자연과 어우러진 동양적 종합 예술의 정수이며, 500년이라는 시간과 공간을 초월한 우리의 소중한 정신적 문화유산이다.

종묘제례악은 종묘에서 제사를 드릴 때 의식을 장엄하게 치르기 위하여 연주하는 기악(樂)과 노래(歌)·춤(舞)을 말한다. 이는 조선 세종 때 궁중 희례연에 사용하기 위해 만들어졌던 보태평(保太平)과 정대업(定大業)에 연원을 두고 있으며, 세조 10년(1464) 제례에 필요한 악곡이 첨가되면서 종묘제례악으로 정식 채택되었다. 종묘제례악은 이후 임진왜란을 겪으면서 일시적으로 약화되었으나 광해군 때 점차 복구되어 오늘날까지 전승되고 있다.

종묘제례악은 보태평과 정대업 11곡이 서로 다른 악기로 연주된다. 정전 앞 계단 위[상월대]에서 노랫말이 없는 음악을 연주하는 악단은 등가(登歌)라 하고, 계단 아래 뜰[하월대]에서 노랫말이 있는 음악을 연주하는 악단은 헌가(軒架)라고 부른다.

종묘제례악은 보태평과 정대업의 간결하고 힘찬 노래가 위대한 국가를 세우고 발전시킨 왕의 덕을 찬양하는 내용으로 되어 있으며, 문치(文治)와 무공(武功)을 상징적으로 보여 주는 무용[佾舞]인 문무(文舞)와 무무(武舞)가 곁들여진다. 문무(文舞)는 역대 선왕들의 문덕을 기리는 춤으로 보태평지악에 맞추어 왼손에는 피리 종류인 약(籥)을, 오른손에는 깃털을 단 적(翟)을 들었다. 무무는 선왕들의 무공을 칭송하는 춤으로 정대업지악에 맞추어 나무로 만든 칼과 창, 활과 화살을 들었다.

종묘제례악은 편종, 편경, 방향(方響)과 같은 타악기가 주선율이 되고, 여기에 당피리, 대금, 해금, 아쟁 등 현악기의 장식적인 선율이 부가된다. 이 위에 장구, 징, 태평소, 절고, 진고 등의 악기가 더욱 다양한 가락을 구사하고 노래가 중첩되면서 종묘제례악은 그 어떤 음악에서도 느끼기 어려운 중후함과 화려함을 전해 준다. 종묘제례와 종묘제례악은 국가무형문화재 제56호와 제1호로 지정되어 보존·전승되고 있으며, 2001년 5월 18일 유네스코 '세계무형유산걸작'으로 등재되었다.

제2절 강강술래 2009년 등재

강강술래는 우리나라의 대표적인 세기 절기인 설, 대보름, 단오, 백중, 추석, 9월 중구일 밤에 연행되었으며, 특히 팔월 추석 밤에 대대적인 강강술래판이 펼쳐졌다. 강강술래는 노래(song), 무용(dance), 음악(music)이 삼위일체의 형태로 이루어진 원시종합예술로서 한국 특유의 원시종합예술(balladdance)이다. 춤을 추는 여성들 중에서 노래 잘하는 한 사람이 선소리를 하면 모든 사람들이 뒷소리를 받는 선후창의 형태로 노래하며, 노랫소리에 맞춰 많은 여성들이 손에 손을 잡고 둥글게 원을 그리며 춤을 춘다.

민요(folklore)와 민속무용(folkdance)이 일체화된 강강술래는 초저녁에 달이 뜰 때 시작하여 달이 서산에 기울 때까지 계속 놀 정도로 흥겹고 또한 역동적이다. 선소리를 하는 사람의 노랫가락의 빠르기에 따라 긴 강강술래, 중 강강술래, 잦은 강강술래로 구분되는데, 이러한 세 가지는 형태는 같으면서 다만 빠르기를 달리한다. 그 외에도 서남생이 놀이, 고사리꺾기, 청어 엮기, 기와 밟기, 덕석 말기, 쥔 쥐새끼 놀이, 대문놀이, 가마등 밟기, 수건 찾기, 봉사 놀이 등 다양한 부대적인 놀이들이 중간 중간에 놀아지기도 한다. 또한 밤을 새워 가며 가사를 바꾸어 부르는 노랫말은 여성들의 삶의 애환이 담겨 있는 민중의 시로서 문학성이 매우 풍부한 구비문학이기도 하다.

제3절 처용무 2009년 등재

처용무란 처용의 가면을 쓰고 추는 춤을 말한다. 궁중 무용 중에서 유일하게 사람 형상의 가면을 쓰고 추는 춤으로, '오방처용무'라고도 한다. 통일 신라 헌강왕(재위 875~886) 때 살았던 처용이 아내를 범하려던 역신(疫神: 전염병을 옮기는 신) 앞에서 자신이 지은 노래를 부르며 춤을 춰서 귀신을 물리쳤다는 설화를 바탕으로 하고 있다. 처용무는 다섯 명이 동서남북과 중앙의 다섯 방향을 상징하는 옷을 입고 추는데 동쪽은 파란색, 서쪽은 흰색, 남쪽은 붉은색, 북쪽은 검은색, 중앙은 노란색이다. 춤의 내용은 음양오행설의 기본 정신을 기초로 하여 악운을 쫓는 의미가 담겨 있다. 춤사위는 화려하고 현란하며, 당당하고 활기찬 움직임 속에서 씩씩하고 호탕한 모습을 엿볼 수 있고, 가면과 조화를 이루고 있다. 통일 신라에서 고려 후기까지는 한 사람이 춤을 추었으나 조선 세종(재위 1418~1450) 때에 이르러 지금과 같은 다섯 사람으로 구성되었고, 성종(재위 1469~1494) 때에는 더욱 발전하여 궁중 의식에 사용하게 되었다. 그 후 조선 후기까지 노래의 가사나 음악을 바꾸어 가면서 전승되어 왔다. 1910년 국권을 빼앗기면서 중단되었던 것을 1920년대 말 이왕직 아악부가 창덕궁에서 공연하기 위해 재현한 것을 계기로 오늘날에 이르고 있다. 처용탈은 팥죽색 붉은 피부에 하얀 치아가 있고, 양쪽 귀에는 주석 고리와 납 구슬을 달았으며 예전 관복에 사용하던 모자인 사모를 쓰고 사모 위에는 목단화 두 송이와 복숭아 열매 일곱 개와 가지를 꽂는다. 처용탈의 팥죽색이나 복숭아 열매 등은 악귀를 물리치는 벽사(辟邪)의 의미를 담고 있으며, 모란꽃[목단화]은 재물을 불러온다는 부귀를 상징하는 꽃으로서 경사로운 일을 맞이하는 진경의 의미를 담고 있다.

제4절 판소리2003년 등재

판소리는 한 명의 소리꾼이 고수[북치는 사람]의 장단에 맞추어 소리[창], 아니리[말], 너름새[몸짓]을 섞어 가며 구연(口演)하는 일종의 솔로 오페라다. '판소리'는 '판'과 '소리'의 합성어로, '소리'는 '음악'을 말하고 '판'은 '여러 사람이 모인 곳' 또는 '상황과 장면'을 뜻하는 것으로 '많은 청중들이 모인 놀이판에서 부르는 노래'라는 뜻이다. 판소리의 유래는 정확히 알 수 없으나 조선 영조 30년(1754)에 유진한이 지은 춘향가의 내용으로 보아 적어도 숙종(재위 1674~1720) 이전에 발생하였을 것으로 추측하기도 하고, 조선

전기 문헌에 보이는 광대소학지희(廣大笑謔之戲)가 토대가 되었을 것이라는 주장도 있다.

판소리는 전라도를 중심으로 충청도, 경기도에 이르는 넓은 지역에서 전승되어 지역적 특징에 따른 소리제를 형성하고 있다. 전라도 동북 지역의 소리제를 동편제(東便制)라 하고 전라도 서남 지역의 소리제를 서편제(西便制)라 하며, 경기도와 충청도의 소리제를 중고제(中古制)라 한다.

동편제의 소리는 비교적 우조(羽調)를 많이 쓰고 발성을 무겁게 하고 소리의 꼬리를 짧게 끊고 굵고 웅장한 시김새로 짜여 있는 반면 서편제는 계면조(界面調)를 많이 쓰고 발성을 가볍게 하며, 소리의 꼬리를 길게 늘이고 정교한 시김새로 짜여 있다. 한편 중고제는 동편제 소리에 가까우며 소박한 시김새로 짜여 있다.

판소리는 발생 당시에 한 마당의 길이가 그리 길지 않아서 판소리 열두 마당이라 하여 춘향가, 심청가, 수궁가, 흥보가, 적벽가, 배비장타령, 변강쇠타령, 장끼타령, 옹고집타령, 무숙이타령, 강릉매화타령, 가짜신선타령 등 그 수가 많았다. 그러나 충, 효, 의리, 정절 등 조선시대의 가치관을 담은 춘향가, 심청가, 수궁가, 흥보가, 적벽가만이 보다 예술적인 음악으로 가다듬어져 판소리 다섯 마당으로 정착되었다. 판소리는 시대적 정서를 나타내는 전통 예술로 삶의 희로애락을 해학적으로 음악과 어울러서 표현하며 청중도 참여한다는 점에서 가치가 커 판소리 다섯 마당이 모두 국가

무형문화재로 지정되었다.

판소리 공연의 빠질 수 없는 고법(鼓法:북 치는 장단 기법)은 1978년 국가무형문화재 제59호로 별도 지정되었으나, 1991년 판소리에 통합되었다. 판소리는 서민들의 삶을 사실적으로 그려 내어 피지배층의 삶의 현실을 생생하게 드러내고, 서민들의 목소리를 대변하면서 새로운 사회와 시대에 대한 희망을 표현하기도 하였다. 또한 판소리는 모든 계층이 두루 즐기는 예술로서 판소리를 통해 지배층과 피지배층은 서로의 생각을 조절하였다는 점에서 사회적 조절과 통합의 기능을 담당한 것으로 평가된다. 판소리는 우리 역사와 희로애락을 함께해 온 우리 문화의 정수로 그 독창성과 우수성을 세계적으로 인정받아 2003년 11월 7일 유네스코 제2차「인류 구전 및 무형유산 걸작」으로 등재되었다.

제5절 영산재 2009년 등재

영산재는 49재[사람이 죽은 지 49일째 되는 날에 지내는 제사]의 한 형태로, 영혼이 불교를 믿고 의지함으로써 극락왕생하게 하는 의식이다. 석가가 영취산에서 행한 설법회상인 영산회상을 오늘날에 재현한다는 상징적인 의미를 지니고 있다.

불교 천도의례 중 대표적인 제사로 일명 '영산작법'이라고도 한다. 영산재는 제단이 만들어지는 곳을 상징화하기 위해 야외에 영산회상도를 내다 거는 것으로 시작한다. 신앙의 대상을 절 밖에서 모셔 오는 행렬 의식을 할 때 부처의 공덕을 찬양하기 위해 해금, 북, 장구, 거문고 등의 각종 악기가 연주되고, 바라춤·나비춤·법고춤 등을 춘다. 신앙의 대상을 옮긴 후에는 여러 가지 예를 갖추어 소망을 기원하며 영혼에게 제사를 지낸다. 마지막으로 신앙의 대상을 돌려보내는 봉송 의례를 하는데 제단이 세워진 곳에서 모든 대중이 열을 지어 돌면서 독경 등을 행한다. 예전에는 사흘 낮과 밤에 걸쳐 이루어졌으나 근래에는 규모가 축소되어 하루 동안 이루어진다. 영산재는 전통문화의 하나로, 살아 있는 사람과 죽은 사람 모두 부처님의 참 진리를 깨달아 번뇌와 괴로움에서 벗어날 수 있는 경지에 이르게 하고, 공연이 아닌 대중이 참여하는 장엄한 불교 의식으로서 가치가 있다.

제6절 강릉 단오제 2005년 등재

강릉 단오제는 다른 나라 문화권과 달리 종합적 축제 문화로 계승·발전시킨 문화이다. 대관령을 중심 공간으로 삼고 한반도를 통일한 신라의 김유신 장군, 강릉 출신으로 고려 건국의 정신적 지도자였던 승려 범일국사, 자연의 재해와 고난의 희생자였던 여인을 지역 수호신으로 모시면서 영동 지역 주민들의 공동체 의식을 연마하는 축제로 전승되고 있다.

풍농을 비는 축제라는 점에서 강릉 단오제는 고대 한반도 부족국가였던 마한[기원전 1세기~기원 후 3세기]의 오월제와 그 시기와 성격이 매우 유사하다. 오월제의 내용을 보면 5월에 파종을 마치면 귀신에게 제사를 지냈는데 사람들이 모여 노래를 부르고 춤을 추고 술을 마시면서 밤낮을 쉬지 않았다고 한다. 춤출 때는 수십 인이 따르며 함께 일어나 땅을 구르고 손발을 함께 높였다 낮추었다 하였다는데 이는 풍농을 위한 모의적 놀이로서 강릉 단오제의 농악과 공통점을 보인다.

강릉 단오제는 음력 4월부터 5월 초까지 한 달여에 걸쳐 강릉시를 중심으로 한반도 영동지역에서 벌어지는 대한민국 최대 규모의 전통 축제이다. 음력 4월 5일 신주 빚기로 시작하여 4월 15일에는 대관령에 올라가 국사 성황사에서 성황신을 모셔 강릉 시내 국사 여성황사에 봉안한 뒤 5월 3일부터 7일 저녁 송신제까지 강릉 시내 남대천 변을 중심으로 본격적인 단오제 행사를 벌이는, 장장 삼십여 일 이상에 걸쳐 진행된다.

강릉 단오제는 오랜 역사의 과정을 걸쳐 온 전통문화 전승의 장으로 제례, 단오 굿,

가면극, 농악, 농요 등 예술성이 뛰어난 다양한 무형 문화유산과 함께 그네뛰기, 씨름, 창포물에 머리 감기, 수리취떡 먹기 등 한국의 역사와 독창적인 풍속이 전승되는 대한민국의 가장 대표적인 전통 축제이다.

한국 축제의 문화적 원형이 살아 있는 강릉 단오제는 오늘날 전통문화 전승의 통로이자 문화교육의 장이다. 국가무형문화재 제13호로 지정되어 보존되고 있는 강릉 단오제는 그 문화적 독창성과 뛰어난 예술성을 인정받아 2005년 11월 25일 유네스코 인류 구전 및 무형 유산 걸작으로 등재되었다.

제7절 제주 칠머리당 영등굿 2009년 등재

제주 칠머리당 영등굿은 제주시 건입동의 본향당(本鄕堂)인 칠머리당에서 하는 굿이다. 건입동은 제주도의 작은 어촌으로 주민들은 물고기와 조개를 잡거나 해녀 작업으로 생계를 유지하며 마을 수호신인 도원수감찰지방관(都元帥監察地方官)과 용왕해신부인(龍王海神夫人) 두 부부에게 마을의 평안과 풍요를 비는 굿을 했다. 무엇보다 바다를 통해 삶을 영위하는 제주의 어민에게 '영등굿'은 특별한 의미를 지니고 있다. 영등 시기가 돌아오면 제주도의 곳곳에서는 영등굿을 행하며, 바다의 평화와 풍어를 기원한다.

수많은 영등굿 중에 건입동 칠머리당에서 펼쳐지는 굿이 바로 국가무형문화재 제71호로 지정된 '제주 칠머리당 영등굿'이다. 매인 심방이 징과 북, 설쇠 등의 악기 장단에 맞추어 노래와 춤으로 굿을 진행한다. 굿의 순서는 모든 신을 불러 굿에 참가한 집안의 행운을 비는 초감제, 본향당신인 도원수감찰지방관과 용왕해신부인을 불러 마을의 평안을 비는 본향듦, 용왕신과 영등신이 오시는 길을 닦아 맞이하고 어부와 해녀의 안전을 비는 용왕맞이, 마을 전체의 액을 막는 도액 막음, 해녀가 바다에서 잡은 것들의 씨를 다시 바다에 뿌리는 씨드림, 영등신을 배에 태워 본국으로 보내는 영감놀이, 처음 불러들인 모든 신들을 돌려보내는 도진으로 끝이 난다. 제주 칠머리당 영등굿은 우리나라 유일의 해녀의 굿이라는 점에서 그 특이성과 학술적 가치가 있다.

제8절 남사당놀이 2009년 등재

남사당놀이는 꼭두쇠(우두머리)를 비롯해 최소 40명에 이르는 남자들로 구성된 유랑 연예인인 남사당패가 농어촌을 돌며, 주로 서민층을 대상으로 조선 후기부터 연행했던 놀이이다. 이렇듯, 남사당놀이는 서민층에서 발생하여 서민들을 위해 공연된 놀이로, 당시 사회에서 천대받던 한과 양반 사회의 부도덕성을 놀이를 통해서 비판하며 풀고, 민중 의식을 일깨우는 역할을 했으며 오늘날 민족 예술의 바탕이 되어 국가무형문화재로 지정되었다.

조선 후기에서 1920년대까지도 '굿중패' 또는 남사당(男寺黨)이라고 부르던 전문적인 유랑 연예인들이 우리나라 농어촌을 돌아다니며 민중오락을 제공해 왔다. 그들의 주요 상연은 1) 풍물놀이, 2) 버나(대접, 버나 돌리기), 3) 살판(땅재주), 4) 어름(줄타기), 5) 덧보기(탈놀이), 6) 덜미(꼭두각시놀음) 등으로 재인 광대의 가무백희(歌舞百戱)의 전통을 이어온 것이었다.

남사당놀이는 첫째, 풍자를 통한 현실 비판성을 담고 있다. 덧뵈기(탈놀이)와 덜미(인형극)에는 부패한 관리와 무능한 양반에 대한 비판, 가부장제하의 남성의 횡포에 대한 비판, 관념과 허위를 극복하는 자유로운 삶의 추구 등이 나타난다. 이를 통해 기층 민중들은 이런 놀이를 통해 심리적 억압 상태에서 벗어난 일종의 카타르시스를 느낄 것이다.

둘째, 남사당놀이가 이루어지는 놀이 공간은 야외의 공간이면 어느 곳이나 가능하다. 한 곳의 등·퇴장로를 제외하고, 원형의 주위에 구경꾼들이 앉아서 공연을 본다. 따라서 놀이판은 철저히 열린 판이 된다.

셋째, 남사당패는 전문적 유랑 집단으로서, 각 마을에 들어가면 우선 마을 제당에서 풍물을 치며 안녕과 풍요를 기원해 준다. 그리고 여러 기예를 보여 주면서 현실적 삶에 억눌린 민중들에게 삶의 즐거움을 선사하고, 노래, 춤, 음악, 기예를 통해서 흥과 신명을 불어넣어 준다.

넷째, 남사당패는 뛰어난 기능을 지닌 전문 예인 집단이다. 이들은 음악, 무용, 문학, 연극, 마임, 기예 등을 기능을 가지고 있으며 이들은 각지를 다니며 다양한 연희를 보여 준다,

제9절 줄타기 2011년 등재

줄타기는 공중에 맨 줄 위에서 재미있는 이야기와 발림을 섞어 가며 갖가지 재주를 부리는 놀이이다. 줄 위를 마치 얼음 지치듯 미끄러지며 나가는 재주라고 하여 '어름' 또는 '줄얼음타기'라고도 부른다. 이전에는 주로 음력 4월 15일이나 단옷날, 추석 등 명절날에 공연이 이루어졌으며, 개인이 초청하여 공연하는 경우도 있었다. 줄타기 공연자들은 줄광대, 어릿광대, 삼현육각재비로 나누어진다. 줄광대는 주로 줄 위에서 갖가지 재주를 보여 주고 어릿광대는 땅 위에 서서 줄광대와 어울려 재담을 한다. 삼현육각재비는 줄 밑 한편에 한 줄로 앉아서 장구, 피리, 해금 등으로 광대들의 동작에 맞추어 연주한다.

줄타기는 행사의 안전을 비는 '줄고사'로 시작하여 여러 기술을 보여 주어 관중의 극적인 긴장을 유도한 이후에 '중놀이'와 '왈자놀이'를 통해 관중의 극적 긴장을 이완시키고 흥미를 유발하도록 한다. 우리나라의 줄타기는 외국의 줄타기와 달리 줄만 타는 몸 기술에 머무르지 않고, 노래와 재담을 곁들여 줄 타는 사람과 구경꾼이 함께 어우러진 놀이판으로 이끄는 특징이 있다. 현재 국가에서 국가무형문화재 제58호로 지정하여 보호하고 있으며, 김대균이 보유자로 전승하고 있다. 그를 중심으로 1991년

에 줄타기보존회가 구성되어 활동하고 있다.

제10절 농악2014년 등재

농악은 마을 공동체의 화합과 마을 주민의 안녕을 기원하기 위해 연행되며, 우리나라 전역에서 행해지는 대표적인 민족 예술이자 꽹과리, 징, 장구, 북, 소고 등 타악기를 합주하면서 행진하거나 춤을 추며 연극을 펼치기도 하는 기예가 함께 하는 종합예술이다. 농악은 마을신이나 농신(農神)을 위한 제사, 액을 쫓고 복을 부르는 축원, 봄의 풍농(豐農) 기원과 가을의 풍농 축제 등 한국인의 삶 속에서 늘 함께하는 것이었고, 공동체의 여러 행사에서 연주되며 신명(神明)을 끌어내고 화합하고 단결하게 하는 역할을 하고 있다. 특히, 농악에서는 한국인이 좋아하는 3소박과 혼박, 혼소박 등 불균등 구조의 복잡한 리듬이 많이 사용된다. 꽹과리와 장구가 주요 리듬을 연주하면 징과 북은 단순한 리듬으로 음악의 강세를 만들어 준다.

농악의 또 다른 볼거리인 농악춤은 노랑, 파랑, 초록의 삼색 띠를 두르거나 색동이 들어간 화려한 의상을 입고 추는데 개인 춤과 단체가 만드는 진짜기, 상모를 이용한 춤과 개별 악기 춤 등이 있다. 연극은 탈을 쓰거나 특별한 옷차림을 한 잡색들에 의해 진행되고, 무동놀이나 버나 돌리기와 같은 기예도 함께 연행된다.

농악은 각 공동체가 스스로의 미감을 반영한 문화로 발전시켜 왔기 때문에 마을마다 다르고, 지역적인 특징이 뚜렷하여 웃다리(경기, 충청), 영동(강원), 영남, 호남 좌도, 호남 우도 등 5개 문화권으로 나누어 설명한다.

현재 이러한 다양성이 반영되어 국가무형문화재로 지정된 농악은 총 6종목으로, 진주·삼천포농악(제11-1호), 평택농악(제11-2호), 이리농악(제11-3호), 강릉농악(제11-4호), 임실필봉농악(제11-5호), 구례잔수농악(제11-6호)이 여기에 해당한다.

농악은 일 년 내내 다양한 형태와 목적으로 많은 행사장에서 공연이 이루어지고, 공연자들과 참여자들에게 정체성을 제공하며 인류의 창의성과 문화 다양성에 기여하고, 국내외 다양한 공동체들 간에 대화를 촉진함으로써 무형 문화유산의 가시성을 제고하는 데 기여했다는 점을 인정받아 만장일치로 2014년 11월 27일 유네스코 인류 무형 유산으로 등재되었다.

제11절 줄다리기 2015년 등재

줄다리기는 농사의 풍년을 기원하고 공동체 구성원 간의 화합과 단결을 위하여 동아시아와 동남아시아 도작(稻作, 벼농사) 문화권에서 널리 연행된다. 공동체 구성원들은 줄다리기를 연행함으로써 사회적 결속과 연대감을 도모하고 새로운 농경 주기가 시작되었음을 알린다.

줄다리기는 승부에 연연하지 않고 공동체의 풍요와 안위를 도모하는 데에 본질이 있다. 줄다리기를 통해 마을의 연장자들은 젊은이들을 참여시킴으로써 연행의 중심적 역할을 하며, 공동체 구성원들은 이를 통해 결속과 단결을 강화한다.

동아시아 각지에서 널리 행해지는 민속 줄다리기는 두 편으로 갈라서서 서로 마주보고 줄을 당긴다는 유사점에도 불구하고, 기후나 환경에 따른 각각의 특수성과 독자성 그리고 창조성이 존재한다. '줄다리기 의례와 놀이'는 우리나라가 처음으로 시도한 국가 간 공동 등재이다.

우리나라는 민족문화의 특성과 정신적 가치를 잘 표현하고 있는 대표적인 놀이이자 의례인 민속 줄다리기의 문화적 다양성과 공유적 가치에 대해 주목하고, 여러 나라 간 공동 등재를 추진하였다. 2012년에 공동 등재 종목 후보 대상으로 줄다리기를 선정하고 한·중·일 3국을 비롯한 동남아시아 각국의 참여를 독려하였다. 그 중 참여를 희망한 캄보디아, 필리핀, 베트남과 수년간 협력한 끝에 2015년 공동 등재되었다.

제12절 아리랑 2012년 등재

아리랑은 한국의 대표적인 민요로 '아리랑', 또는 그와 유사한 발음의 어휘가 들어 있는 후렴을 규칙적이거나 간헐적으로 띄엄띄엄 부르는 한 무리의 노래를 말한다.

아리랑은 한국을 비롯하여 한반도와 해외 한민족 사회에서 널리 애창되는 대표적인 노래이며, 가사가 정해져 있지 않고 주제 또한 개방되어 있어 누구든지 자유롭게 노래할 수 있다는 특징을 가지고 있다.

일찍이 한반도의 중앙부에 위치한 태백산맥을 중심으로 발생된 아리랑은 한반도의 중동부에 위치한 강원도 정선 지역을 중심으로 점차 확산되어 1억 한민족의 민요가 되었다. 강원도를 위시하여, 한반도의 남서쪽인 전라남도의 진도, 남동쪽인 경상남도의 밀양 등지에서 전승보존단체가 결성되어 왕성하게 활동하고 있다. 아리랑이 향촌 사회에 언제부터 있었는지는 알 수 없으나 19세기 중반 서울에서 직업적인 소리꾼들이 부르는 대중민요 아리랑이 나타났고, 그들이 부른 대중민요 아리랑이 전국적으로 널리 퍼져 유행하게 되면서 대중 민요 스타일의 또 다른 아리랑들이 여러 곳에 생겨났다.

이러한 가운데 1926년에 영화 아리랑이 제작되었고, 그 주제가는 대중 민요 아리랑 가운데 가장 널리 유행한 것을 리메이크하여 사용하였다. 영화가 크게 성공하자 그 주제가 또한 붐을 일으키며 당시 민족 구성원 모두의 노래가 되었고, 나아가 모든 아리랑을 대표하게 되었다.

한편 아리랑은 20세기 초 일제 강점기에 두루 확산되어 국내뿐만 아니라 나라와 고향을 떠나간 많은 이들의 가슴에 담긴 노래가 되어 국외로까지 확산되어 갔다. 현대에 와서 브라질, 독일, 미국, 캐나다, 호주, 뉴질랜드 등 외국으로 이민을 한 100만여 한국인이 거주하고 있는 곳에서도 아리랑은 하나의 디아스포라문화로 작용하고 있다.

아리랑은 지역과 세대를 초월해 광범위하게 전승되고 재창조되고 있다는 점과 '아리랑 아리랑 아라리요'라는 후렴구만 들어가면 누구나 쉽게 만들어 부를 수 있다는 다양성의 가치를 인정받아 2012년 12월 5일, 유네스코 인류 무형 유산에 등재되었다.

제13절 가곡 2013년 등재

가곡은 시조시(우리나라 고유의 정형시)에 곡을 붙여서 관현악 반주에 맞추어 부르는 우리나라 전통 음악으로, '삭대엽(大葉)' 또는 '노래'라고도 한다.

가곡의 원형은 만대엽, 중대엽, 삭대엽순이나 느린 곡인 만대엽은 조선 영조(재위 1724~1776) 이전에 없어졌고, 중간 빠르기의 중대엽도 조선 말에는 부르지 않았던 것으로 알려져 있다. 지금의 가곡은 조선 후기부터 나타난 빠른 곡인 삭대엽에서 파생한 것으로, 가락적으로 관계가 있는 여러 곡들이 5장 형식의 노래 모음을 이룬 것이다.

현재 전승되고 있는 가곡은 우조, 계면조를 포함하여 남창 26곡, 여창 15곡 등 모두 41곡이지만, 이 가운데 여창은 남창 가곡을 여자가 부를 수 있도록 조금 변형시킨 것으로 남창과 거의 동일하다. 다만 여창 특유의 섬세함이 돋보이는 선율과 높은 음역의 속소리(가성)를 내는 점이 다르다.

형식을 보면 시조시 한 편을 5장으로 구분하여 부르는데 전주곡인 대여음과 간주곡인 중여음을 넣어서 대여음, 1장, 2장, 3장, 중여음, 4장, 5장순으로 반복한다. 매우 조직적이며 짜임새가 잘 되어 있는 연주는 거문고와 가야금, 해금, 대금, 단소, 장구 등으로 이루어진다. 가곡은 변화 없이 오랜 세월 명맥을 유지해 왔으며 예술적 가치가 높은 음악이다.

핵심 개념 정리

1. 종묘제례 및 종묘제례악(2001년 등재)
   가. 종묘 제례: 왕실에서 거행되는 장엄한 국가 제사이며, 임금이 친히 받드는 존엄한 길례(吉禮)
   나. 종묘제례악: 종묘에서 제사를 드릴 때 의식을 장엄하게 치르기 위하여 연주는 기악(樂)과 노래(歌)·춤(舞)

2. 강강술래: 노래(song), 무용(dance), 음악(music)이 삼위일체의 형태로 이루어진 원시종합예술, 한국 특유의 원시종합예술(balladdance)

3. 처용무: 처용의 가면을 쓰고 추는 춤, 궁중 무용 중에서 유일하게 사람 형상의 가면을쓰고 추는 춤으로, '오방처용무'라고도 함.

4. 판소리: 한 명의 소리꾼이 고수(북치는 사람)의 장단에 맞추어 소리(창), 아니리(말), 너름새(몸짓)를 섞어 가며 구연(口演)하는 일종의 솔로 오페라

5. 영산재: 49재(사람이 죽은 지 49일째 되는 날에 지내는 제사)의 한 형태로, 영혼이 불교를 믿고 의지함으로써 극락왕생하게 하는 의식

6. 강릉 단오제: 대관령을 중심 공간으로 삼고 한반도를 통일한 신라의 김유신 장군,강릉 출신으로 고려 건국의 정신적 지도자였던 승려 범일국사, 자연의 재해와 고난의 희생자였던 여인을 지역 수호신으로 모시면서 영동 지역 주민들의 공동체 의식을 연마하는 축제로 전승되고 있는 것

7. 제주 칠머리당 영등굿: 제주시 건입동의 본향당(本鄕堂)인 칠머리당에서 하는 굿

8. 남사당놀이(2009년 등재): 꼭두쇠(우두머리)를 비롯해 최소 40명에 이르는 남자들로

구성된 유랑 연예인인 남사당패가 농어촌을 돌며, 주로 서민층을 대상으로 조선 후기부터연행했던 놀이

가. 풍자를 통한 현실 비판성을 담고 있음.

나. 놀이 공간은 야외의 공간이면 어느 곳이나 가능함.

다. 남사당패는 전문적 유랑 집단

라. 남사당패는 뛰어난 기능을 지닌 전문 예인 집단

9. 줄타기(2011년 등재): 줄타기는 공중에 맨 줄 위에서 재미있는 이야기와 발림을 섞어가며 갖가지 재주를 부리는 놀이

10. 농악(2014년 등재)

가. 마을 공동체의 화합과 마을 주민의 안녕을 기원하기 위해 연행

나. 우리나라 전역에서 행해지는 대표적인 민족 예술

다. 꽹과리, 징, 장구, 북, 소고 등 타악기를 합주하면서 행진하거나 춤을 추며 연극을 펼치기도 하는 기예가 함께 하는 종합예술

11. 줄다리기(2015년 등재): 농사의 풍년을 기원하고 공동체 구성원 간의 화합과 단결을위하여 동아시아와 동남아시아 도작(稻作, 벼농사) 문화권에서 널리 연행

12. 아리랑(2012년 등재): 태백산맥을 중심으로 발생된 아리랑은 한반도의 중동부에 위치한 강원도 정선 지역을 중심으로 점차 확산되어 1억 한민족의 민요가 됨.

13. 가곡(2013년 등재): 시조시(우리나라 고유의 정형시)에 곡을 붙여서 관현악 반주에 맞추어 부르는 우리나라 전통 음악

생각해 보기 1

유네스코 세계인류구전 및 무형문화유산 걸작으로 선정되기 위한 과정과 절차에 대해 생각해 보자.

생각해 보기 2

국내 및 국외까지 확산된 아리랑을 종류별로 분석하고, 우리 민족의 정서와 사상을 담고 있는 아리랑이 가진 의의에 대해 생각해 보자.

생각해 보기 3

우리 전통 판소리와 서양 오페라의 차이점에 대해 생각해 보자.

| 12장 |

명상과 정좌수련

- 명상과 정좌수련의 의미를 이해한다.
- 집중력[의지력]이 왜 중요한지 이해한다.
- 성공적인 삶은 인성교육과 어떤 연관성을 지니는지 이해하고 올바른 인성 함양을 실천하도록 한다.

제1절 명상(瞑想)이란 무엇인가?

1. 명상의 정의

명상은 '내가 지금 여기를 관(觀)하는 것'이다. 명상의 명(瞑)은 눈을 감은 상태이다. 눈을 감으면 내 시선이 바깥 대상에서 차단된다. 이때 이 시선을 자기 내면으로 향하도록 하면 된다. 이것을 일컬어서 회광반조(廻光返照)라고 한다. 이것이 명상이다. 반면에 '내가 지금 여기 외의 대상을 관하는 것'을 망상(妄想)이라고 한다. 망상의 대표적인 것은 상념(想念)에 젖는 것이다. 상념이란 무엇인가? 상(想)이란? 미래를 상상하는 것이다. 염(念)이란? 과거를 기억하는 것이다. 지금 여기를 떠나서 내 의식이 거기나 저기로 가게 되면 이것 역시 망상이 되고 만다.

2. 명상의 종류

명상에는 집중명상과 통찰명상이 있다.

집중명상: 호흡명상(呼吸瞑想)이 대표적이다.

통찰명상: 사띠-사마타[正定:禪定三昧]-위빠사나

- 통찰명상의 사띠로는 4념처(四念處)수행을 들 수 있다.
- 위빠사나란 사띠로 얻은 집중력[의지력]에 의하여 사물의 본질을 바르게 관찰하는 것이다.

3. 집중명상 고찰

가. 명상, 특히 집중명상은 집중력(集中力)과 의지력(意志力)을 배양하기 위한 가장 효과적인 방법이다.

나. 집중력과 의지력의 상호 연관성에 대해서는 북송시대 유학자였던 오봉 호굉(五峰胡宏, 1105~1155)이 말한 바 있다.[1] 집중력이 강/약하면 의지력도 강/약해지고, 의지력이 강/약하면 집중력 역시 강/약해짐을 알 수 있다. 따라서 집중력[의지력] 혹은 의지력[집중력]으로 표현할 수 있다.

다. 유교명상으로는 정좌수련(靜坐修練)이 있고, 불교명상으로는 좌선수행(坐禪修行)이 있다.

라. 남명 조식은 정좌수련을 좋아하여 완전히 습관화하고 있었고, 이를 통해서 충분한 집중력[의지력]을 배양하고 활용할 수 있었다. 그리하여 그가 강조한 경의(敬義) 가운데 더 근본적인 덕목인 경(敬)의 상태를 지속적으로 유지할 수 있었다.

4. 경이란 무엇인가?

가. 이성적(理性的)인 판단이 요구되는 일을 할 때 '내 자리에 있으면서 내 할 일에 정신을 집중할 수 있는 마음 상태'이다.

나. 내 자리란 어디인가? 내 몸이 있는 지금 여기에 내 마음이 같이 있되 또랑또랑 깨어 있는 것을 일컬어서 내 자리에 있다고 한다.

다. 내 할 일은 무엇인가? 내 삶의 궁극적인 목표인 지향처(志向處)를 향해 나아가는 데 도움이 되는 일이다. 이것은 이성적인 판단이 요구되는 일이지 감각적인 욕구충족과 관련되는 일이 아니다.

라. 내 자리에 있어야만 제대로 내 할 일을 할 수 있다.

마. 이 경의 상태를 유지하기 위해서 필요한 힘이 집중력[의지력]이다.

5. 내 자리에서 내 할 일 할 줄 아는 경의 상태를 유지하는 데 필수적인 집중력[의지력]을 배양하기 위한 가장 효율적인 유교 명상법인 정좌수련이란 무엇인가?

제2절 정좌수련이란 무엇인가?

1. 정좌의(靜坐儀)

가. 이것은 '조신(調身)－조식(調息)－조심(調心)'으로 이루어진다. 각각 '몸의 수렴(收斂)－

마음의 수렴-의식의 각성'을 가리킨다.

나. 조신의 방법으로는 반가부좌, 결가부좌, 혹은 염슬위좌(斂膝危坐)가 있다. 어떤 방법을 선택해도 상관없다.

다. 이 셋 가운데 가장 중요한 것이 조식이다. 남명은 이것을 심식상고(心息相顧)라고 하였다. 조식이란 결국 호흡명상이다. 날숨-들숨 알아차리기 수행이다. 이것은 내가 나의 숨을 지켜보는 것이다. 석가모니 역시 이 호흡명상을 통해서 대각(大覺)에 이르렀다. 이것을 일컬어 '아나빠나-사띠(anapana-sati)'라고 한다.

라. 조신하여 조식하면 의식이 또랑또랑 각성되면서 조심이 된다. 그러면서 집중력과 의지력이 배양되는 것이다. 집중력[의지력]은 호흡명상을 통해서 가장 효율적으로 배양된다.

2. 조식[호흡명상]의 방법과 효과는 무엇인가?

가. 불교의 8정도 가운데 정념(正念)에 해당한다. 이것은 '바른마음챙김(mindfulness)'으로서, 호흡을 알아차리는 마음작용으로 마음을 꽉 채우는 것이고 이 상태를 빈틈없이 지속(念念相續)하는 것이다.

나. 양손을 모아서 하단전(下丹田)에 둔다.

다. 코로 호흡을 하되, 세균심장(細均深長)의 단전호흡을 한다.

라. 호흡에 맞추어 수를 헤아리는 수식관(數息觀)을 한다.

마. 제대로 하면 몸에 어떤 반응이 나타난다. 바로 입에 침이 고인다.

바. 이 침을 삼키면 이것이 내면에 들어가서 활력소(活力素), 곧 집중력[의지력]이 된다.

1) 活=氵[水]+舌

2) 다른 효과는 없는가?

① 화기(和氣)가 넘쳐서 대인관계가 좋아진다.

② 총명(聰明)해진다.

③ 마음의 면역성[回復彈力性]이 강화됨으로써, 대상경계에 걸리지 않고 상처

받지 않는다.

④ 몸의 면역성 역시 강화된다.

⑤ 마음이 넓어짐으로써 대인으로서의 포용적인 기상을 지닌다.[2]

⑥ 소식(小食)하게 된다.

바. 이처럼 정좌수련으로 집중력[의지력]이 배양되면 경의 상태를 유지할 수 있다. 즉 '내 자리에서 내 할 일 할 수 있다.' 이 경의 상태를 유지하면 이제 옳음[義]을 실천할 수 있다. 이렇게 하는 것을 주경행의(主敬行義)라고 한다. 남명사상의 핵심이 바로 이것이다.

제3절 집중력[의지력]이 왜 중요한가?

가. 마치 철이 산업의 쌀이듯이 이것은 모든 정신문화의 쌀이다. 창의성과 리더십을 비롯하여 윤리도덕, 합리성, 지성, 야성, 감성, 영성, 덕성 등 모든 바람직한 인성 역시 이 힘을 바탕으로 형성될 수 있다.

나. 이 힘이 충분하면 내 마인드(mind)가 달라진다. 유혹(誘惑)에 강해지면서 바람직한 대상에 집중하고 몰입할 수 있게 된다. 그러면 청렴(清廉)하게 된다.

1) 청렴함이란 무엇인가? 그 핵심은 유혹에 강한 것이다.

2) 이 힘이 부족하면 유혹에 약해지면서 제 자리에 있지 못하고 따라서 제 할 일을 할 수 없게 된다. 유혹에 약하면 곧 부패(腐敗)하게 된다. 부패한 자가 유능(有能)할 수 없으므로 부패는 그대로 무능(無能)으로 통한다.

다. 지향처를 제대로 정립(定立)한 사람이 이 힘을 충분히 기르면 지향처에 도달하려고 하는 의지와 집념이 강화되어서 유혹에 강해지고 그러면 청렴(清廉)한 사람이 된다. 그렇다면 청렴한 사람이 지닌 심성구조(心性構造)상의 특징은 무엇인가?

1) 내외적인 일체의 유혹에 강해진다. 내적으로는 상념(想念)에 빠지지 않는다. 외적으

로는 나의 이목구(耳目口)를 통제할 수 있어서 못 볼 것을 보고, 못 들을 것을 듣고, 말하지 않을 것을 말하는 일이 없어지게 된다.

2) 언제나 제 자리에 있을 수 있다. 이것은 '제 할 일 제대로 하기' 위한 바탕이 된다.

3) 남에게 상처를 안 받고 상처를 안 준다. 따라서 학교 폭력, 왕따 문제 해결의 실마리를 마련할 수 있다.

4) 하고자 하는 바와 좋아하는 바가 일치한다. 따라서 하고자 하는 바를 지속적으로 해 나갈 수 있다.

5) 계율수지(戒律守持)의 중요성을 자각하고 스스로 설정한 금계(禁戒)와 권계(勸戒)를 철저히 지켜나가게 된다. 해서는 안 될 것이 금계라면, 하지 않으면 안 되는 것이 권계다.

라. 이 힘을 바탕으로 지력(知力), 기력(氣力), 정감력(情感力)을 기르고 활용하면 창의성과 리더십을 지닌 창의적 리더가 될 수 있다.

1) 창의적 리더는 어두운 곳을 밝히고[지력], 막힌 곳을 뚫어서[기력], 조직공동체 구성원 모두와 함께 리더 자신의 지향처를 향해 나아갈 수 있다[정감력]. 그러므로 유능하다. 따라서 창의적 리더는 청렴하면서 유능(有能)한 인간상이다.

2) 청렴함은 청렴함 그 자체에 그치면 안 된다. 자칫 잘못하면 '청렴하지만 무능'할 수도 있다. 청렴함을 바탕으로 유능함을 확보할 때 청렴함이 의미를 지닌다는 점을 기억해야 한다.

제4절 성공적인 삶은 인성교육과 어떤 연관성을 지니는가?

1. 인성교육이란 무엇인가?

피교육자에게 성공적인 삶을 영위하기 위해서 필요한 요소가 무엇인지를 알도록 한 뒤에 이것을 실천하도록 하는 것이다.

2. 인성교육의 3대 요소는 무엇인가?

가. 지향처 세우기 교육이다.

나. 명상교육이다.

다. 습관화 교육이다.

3. 지향처 세우기 교육

가. 바람직한 지향처는 어떤 조건을 갖추어야 하는가?

1) 시대성(時代性)의 조건

2) 공공성(公共性)의 조건

3) 전문성(專門性)의 조건

4) 과업지향성(課業志向性)의 조건

나. 잘된 지향처와 잘 못된 지향처의 사례 들기

1) 잘된 지향처의 사례 들기

2) 잘 못된 지향처의 사례 들기

4. 명상교육

호흡명상을 통한 교육이다. 호흡명상으로 모든 정신문화의 쌀인 집중력[의지력]을 배양하도록 하는 것이다.

5. 습관화 교육

가. 성공하는 사람은?

좋은 습관을 지닌 사람이다. 습관이 인간을 만들기 때문이다.

나. 좋은 습관을 들이기 위한 방법

1) 가장 이상적(理想的)인 일과표의 작성

① 생활일과표는 평일용, 주말용과 방학용으로 나누어 작성한다. 일단 자기 스

스로 설정한 지향처를 염두에 두고, 이 지향처에 도달하기 위해서 영위해야 할 가장 이상적인 일과표를 작성한다(아래는 평일용이지만, 주말용과 방학용을 따로 제시할 수 있을 것이다).

평일용 생활일과표 사례

구분	시간대	할일	비고
아침 시간	06시~ 09시(3시간)	일기 쓰기(전날 일기): 20분 정도	집중력[의지력]+지력 활용
		호흡명상: 30분 이내	집중력[의지력] 배양
		아침운동 및 샤워하기: 20분 정도	기력 배양
		예습	지력 배양
		아침식사 및 휴식, 등교 등 오전 일과 준비: 1시간	
오전 시간	09시~ 13시(4시간)	오전 수업 듣기	지력 배양
		점심식사 및 휴식: 1시간	
오후 시간	13시~ 20시(7시간)	오후 수업 듣기	지력 배양
		방과 후 활동하기	지력, 기력, 정감력 배양
		저녁식사 및 휴식	
저녁 시간	20시~ 23시(3시간)	복습 및 독서와 글쓰기	지력 배양 및 활용
		취침 전 호흡명상: 20분 이상	집중력[의지력] 배양

2) 생활일과표대로 실천하기 위한 방안의 탐구

① 처음부터 생활일과표대로 하고자 하면 무리가 생긴다. 제시된 일과표는 스스로 지향처에 도달하기 위해서 영위하고자 하는 가장 이상적인 것이므로 이것이 습관화되어서 실제의 삶으로 실천하기까지는 시간이 필요하다. 따라서 점진적인 노력으로 하나씩 하나씩 습관화해 나가는 것이 중요하다.

② 생활일과표 속에는 해서는 안 될 금계(禁戒)와 해야 할 권계(勸戒)가 반영되어야 할 것이다. 위의 일과표에는 금계가 보이지 않지만, '무엇 하지 않기'의 금계로는 불교의 오계(五戒), 기독교의 십계(十戒) 등을 들 수 있다.

③ 금계는 종교를 떠나서도 권계의 '무엇 하기'를 습관화하기 위한 가장 중요한 기반이 된다. 예컨대, 일기 쓰기, 명상하기, 운동하기 등의 권계가 습관화되려면 그 이전에 술 마시지 않기, 흡연하지 않기, 거짓말하지 않기, 삿된 음행하지 않기 등의 금계가 기본적으로 몸에 배어 있어야 한다는 것이다.

3) 이때 중요한 것은 가장 쉽고 가까운 것부터 차츰 어렵고 먼 것으로 습관화해 나가야 한다는 것이다. 이는 습관화의 방법이 사람마다 다를 수 있음을 의미한다.

① A의 경우(금계): 술 마시지 않기→흡연하지 않기→충동구매하지 않기
(권계): 일기 쓰기→명상하기→아침 운동하기→독서하기

② B의 경우(금계): 흡연하지 않기→게임하지 않기→술 마시지 않기
(권계): 명상하기→일기 쓰기→독서하기→아침 운동하기

4) 습관화의 방법이 무엇인가?

① 3·7의 법칙을 활용하면 된다. 처음 3일 동안 할 것. 다음 3일을 포함하여 7일 동안 할 것. 10일 동안 할 것. 15일 동안 할 것. 21일 동안 할 것. 이미 습관화되었다.

② 3→7→10→15→21의 5단계로 실천해 나가는 과정에서 고비가 생긴다. 이 고비를 잘 넘겨야 한다. 첫 3일이 가장 중요하다. 잘하면 다음 단계인 7일로 넘어가지만 잘 못하면 작심삼일(作心三日)에 그치고 만다.

③ 고비를 잘 넘기기 위해서는 실천해 나가면서 호흡명상으로 집중력[의지력]을 배양해 두어야 한다.

④ 처음 시도에서 성공하는 것이 가장 좋다. 그러나 첫 도전에서 성공하지 못했더라도 포기하면 안 된다. 다시 도전의 기회를 노려야 한다.

5) 자기가 짠 일과표대로 하루하루를 영위하게 될 시점을 가늠한다. 늦어도 6개월 후 혹은 1년 후에는 이 계획표대로 생활할 수 있을 것이라고 다짐한다. 아마 이 시간이면 마음먹은 대로 여러 가지를 습관화하기에 충분할 것이다. 특히 호흡명상에 의거하여 집중력[의지력]을 배양하고 이것을 활용하기 때문에, 몇 가지 금계와 권계가 습관화되면 나머지 것들도 매우 용이하게 습관화할 수 있을 것이다.

다. 습관화의 핵심은 자신감(自信感)이다.

1) 자신감이란 내가 스스로를 믿는 감정이다. 자신감이 있어야만 남들이 나를 믿게 된다. 이것을 믿음 내지 신뢰라고 한다. 믿음이 없으면 설 수 없다. 이것을 『논어』에서는 "무신불립(無信不立)" 혹은 "신즉인임언(信則人任焉)" 등으로 표현하고 있다. 따라서 자신감이야말로 남들이 나를 믿게 하는 핵심이다.

2) 그렇다면 어떻게 해야 자신감을 가질 수 있는가? 자기 자신과의 약속을 지키면 된다. 내가 스스로 하겠다고 마음먹은 것과 하지 않겠다고 마음먹은 것을 철저하게 지켜 나가서 습관화하면 되는 것이다. 이처럼 좋은 습관을 지닌 사람은 스스로를 믿는 사람이다. 자신감이 넘친다. 그러므로 이런 사람은 성공할 수밖에 없다.

제5절 나가면서

호흡명상의 습관화로 충분한 집중력[의지력]을 확보하여, 내 삶의 궁극적인 목표[지향처]를 향해 나아가는 삶을 영위함으로써, 매사에 자신감 넘치는 사람, 성공하는 사람, 아울러 좋은 인성을 갖춘 사람이 되도록 하자.

핵심 개념 정리

1. 명상과 망상의 차이

가. 명상: 내가 지금 여기를 관(觀)하는 것

나. 망상: 지금 여기 외의 대상을 관하는것. 예컨대, 미래를 상상하고 과거를 기억하는 상념(想念)에 젖거나 저기, 거기를 생각하는 것

2. 집중명상과 통찰명상의 차이점

가. 집중명상: 호흡명상(呼吸瞑想)

나. 통찰명상: 사띠[四念處수행]-사마타[正定:禪定三昧]-위빠사나

3. 호흡명상의 방법

가. 양손을 모아서 하단전(下丹田)에 둔다.

나. 코로 호흡을 하되, 세균심장(細均深長)의 단전호흡을 한다.

다. 호흡에 맞추어 수를 헤아리는 수식관(數息觀)을 한다.

4. 호흡명상의 효과

가. 화기(和氣)가 넘쳐서 대인관계가 좋아진다.

나. 총명(聰明)해진다.

다. 마음의 면역성[回復彈力性]이 강화됨으로써, 대상경계에 걸리지 않고 상처받지 않는다.

라. 몸의 면역성 역시 강화된다.

마. 마음이 넓어짐으로써 대인으로서의 포용적인 기상을 지닌다.

바. 소식(小食)하게 된다.

5. 유교 정좌수련과 불교의 좌선의 공통점: 호흡 중시

6. 성공적인 삶을 위한 필수적인 3대 요소: 지향처 세우기 교육, 명상교육, 습관화 교육

7. 바람직한 지향처 조건: 시대성(時代性), 공공성(公共性), 전문성(專門性), 과업지향성(課業志向性)

8. 좋은 습관을 들이기 위한 방법
가. 가장 이상적(理想的)인 일과표 작성
나. 가장 쉽고 가까운 것부터 차츰 어렵고 먼 것으로 습관화
다. 3·7의 법칙 활용하기(3-7-10-15-21)

9. 호흡명상의 습관화에 의한 충분한 집중력[의지력] 확보의 중요성: 내 삶의 궁극적인목표[지향처]를 향해 나아가는 삶을 영위함으로써, 매사에 자신감 넘치는 사람, 성공하는 사람, 아울러 좋은 인성을 갖춘 사람이 될 수 있음.

10. 참다운 성공의 길 – 좋은 인성을 내면에 구비하는 길

생각해 보기 1

남명을 비롯한 조선조 성리학자들이 다 같이 강조한 경(敬)이란 무엇인지를 제자리 찾기와 제 할 일 하기 차원에서 설명해 보자.

생각해 보기 2

호흡명상으로 배양된 집중력[의지력]은 우리에게 어떤 영향을 미치는지 정리해 보자.

생각해 보기 3

좋은 습관이 성공하는 삶을 만들고 나아가 좋은 인성을 형성하게 해 준다. 각자 자기가 들여야 할 습관이 무엇인지 우선순위별로 5개 제시하고 이것들을 습관화하기 위한 방안을 제시해 보자.

주석

1. 호굉, 『오봉집』, "立志以定其本, 居敬以持其志."
2. 『근사록』, "心大則百物皆通, 心小則百物皆病."

부록

참고문헌 • 찾아보기

참고문헌

제1장 우리 민족의 고유성, 그 정체는 무엇인가?

- 『金星版 國語大辭典』, 金星出版社.
- 『삼국사기』
- 『삼국유사』
- 『중용』
- 韓國精神文化研究院,『韓民族大百科辭典』.
- 『화랑세기』
- 손병욱, 「삼국통일기 신라사회에 나타난 북방유목문화의 특징」, 『윤리교육연구』 제11집: 한국 윤리교육학회, 2006.
- 손병욱, 『서산, 조선을 뒤엎으려하다』, 정보와사람, 2006.
- 손병욱, 「하동의 선교·선교문화」, 『하동문화의 정체성연구』, 2006.
- 손병욱, 「현대판 화랑교육을 위한 이론의 모색」, 『현상·해석학적 교육연구』 제4권1호: 한국 교육현상·해석학회, 2006.
- 손병욱, 「한국 전통사회에 있어서 북방문화와 남방문화의 조화 및 갈등 문제」, 『현상·해석 학적 교육연구』 제5권1호: 한국교육현상·해석학회, 2007.
- 손병욱, 「동학의 삼칠자 주문과 다시개벽의 함의」, 『동학학보·제18호(동학학회), 2009.
- 손병욱, 「선비의 수양과 삶」, 『남명학』 제17집(사단법인남명학연구원), 2012.
- 손병욱, 「신라의 사상과 문화에 끼친 환웅[풍백]의식의 영향과 그 연맥」, 『동학학보』 제26호(동학학회), 2012.
- 손병욱, 「고유한 신성공간과 팔관회가 공존하는 소도지역 설정을 위한 역사철학적 접근」, 『대동철학』, 제76집(대동철학회), 2016. 9.
- 손진기·임동석, 『동북민족원류』, 동문선, 1992.
- 우실하, 『전통문화의 구성원리』, 조합공동체소나무, 1999.
- 유동식, 『한국무교의 역사와 구조』, 연세대학교 출판부, 1981.
- 丁光鉉, 「낭가사상의 연원과 본질에 관한 연구」, 한국정신문화연구원 부속대학원 석사학위논문, 1984.

제2장 단군신화, 어떻게 읽을 것인가?

- 『金星版 國語大辭典』, 金星出版社.
- 『삼국사기』
- 『삼국유사』
- 『中庸』
- 韓國精神文化硏究院, 『韓民族大百科辭典』.
- 손병욱, 「동학의 삼칠자 주문과 다시개벽의 함의」, 『동학학보』,제18호(동학학회), 2009.
- 손병욱, 「신라의 사상과 문화에 끼친 환웅[풍백]의식의 영향과 그 연맥」, 『동학학보』, 제26호(동학학회), 2012.
- 손병욱, 「고유한 신성공간과 팔관회가 공존하는 소도지역 설정을 위한 역사철학적 접근」, 『대동철학』, 제76집(대동철학회), 2016. 9.
- 우실하, 『전통문화의 구성원리』, 조합공동체소나무, 1999.
- 정형진, 『천년왕국 수시아나에서 온 환웅』, 일빛, 2007.

제3장 남명학파의 실천적인 선비정신과 그 연원 탐구

- 『金星版 國語大辭典』, 金星出版社.
- 『남명집』
- 『삼국사기』
- 『삼국유사』
- 『중용』
- 韓國精神文化硏究院, 『韓民族大百科辭典』.
- 경상남도, 『경남정신의 뿌리, 남명 조식 선생』, 2000.12.
- 김대문 · 이종욱, 『화랑세기』, 소나무, 2009.
- 金泰昌, 『公共哲學 特卷 公共哲學のあゆみ』(公共哲學京都フォ-ラム), 東京大學出版會, 2008
- 손병욱, 「삼국통일기 신라사회에 나타난 북방유목문화의 특징」, 『윤리교육연구』 제11집: 한국윤리교육학회, 2006.
- 손병욱, 「현대판 화랑교육을 위한 이론의 모색」, 『현상·해석학적 교육연구』 제4권1호: 한국 교육현상·해석학회, 2006.

- 손병욱, 「한국선비문화연구원의 효율적 운영방안 고찰」, 『남명학』 제15집, 남명학연구원, 2010.
- 손병욱, 「선비의 수양과 삶」, 『남명학』 제17집, 남명학연구원, 2012.
- 손병욱, 「한국고전으로 보는 창의적 리더의 길」, 『GNU인성』, 경상대학교출판부, 2013.
- 손병욱, 「남명학파의 문화공간과 그 활용방안-한국선비문화연구원 일원을 중심으로 -」, 『남명학』 제20집, 남명학연구원, 2015.
- 손병욱, 「실천적인 선비문화 계승과 확산을 위한 인성교육 프로그램 시안(試案)-그 지침과 방향의 제시를 중심으로-」, 『남명학』 제21집, 남명학연구원, 2016.
- 이기동 역해, 『주역강설』하, 성균관대학교출판부, 1997.
- 에크하르트 톨레 지음, 노혜숙·유영일 옮김, 『지금 이 순간을 살아라』, 양문, 2008.

제4장 우리 문화 속에 숨은 철학 엿보기

- 『書經』
- 『孟子』
- 『周易』
- 『삼국유사(三國遺事)』
- 우실하, 『3수 분화의 세계관』, 소나무, 2012.
- 이기동, 『한국의 위기와 선택』, 동인서원, 1998.
- 이기동, 『하늘의 뜻을 붇다 周易』, 열림원, 2005.
- 정현우, 『이야기 사주팔자』, 녹진, 1993.
- 허 균, 『옛 그림에서 정치를 걷다.』, 깊은 나무, 2015

제5장 인(仁)사상과 동이족(東夷族)

- 『山海經』
- 『論語』
- 『孟子』
- 『中庸』

- 『小學』
- 『禮記』
- 『說文解字』
- 『心經附註』
- 『聖學十圖』
- 『栗谷全書』
- 『後漢書』
- 『三國史記)』
- 김진학.한철영, 『제헌국회사』, 신조출판사, 1954.
- 문정창, 『군국일본조선강점36년사』, 오케이서적, 1967.
- 유승국, 『유가철학과 동방 사상』, 전통문화연구소, 2009.
- 이기동, 『한마음의 나라』, 동인서원, 2011.

제6장 옛 사람들의 마음 수양

- 『周易』
- 『論語』
- 『孟子』
- 『大學』
- 『中庸』
- 『莊子』
- 이상호, 「孟子의 浩然之氣 涵養에 관한 小考」,『東洋哲學研究』第41輯, 東洋哲學研究會, 2005.

제7장 무속의 문화와 사유 체계

- 이능화 지음, 이재곤 옮김, 『조선무속고』, 동문선, 1991.4초판, 1995.2.초판2쇄.
- 김인회, 『한국인의 가치관-무속과 교육철학』, 文音社, 1979.

- 김인회,『한국무속사상연구』, 집문당, 1987.
- 김태곤,『한국 민간신앙 연구』, 집문당, 1983.
- 김태곤,『한국무속연구』, 집문당, 1995.
- 김태곤,『동신당』, 민속원, 1999.
- 문상희,『한국의 샤머니즘』, 분도출판사, 1990.
- 서영대,『이능화연구』, 집문당, 1994.
- 유동식,『민속종교와 한국문화』, 현대사상사, 1978.
- 유동식,『한국 무교의 역사와 구조』, 연세대학교출판부, 1989.
- 조홍윤,『무와 민족문화』, 서울: 민족문화사, 1991.
- 최준식,『한국종교이야기-제1권 근세 이전의 종교』, 한울, 1995.
- 최준식,『한국의 종교, 문화로 읽는다.-1 무교·유교·불교』, 사계절, 1998 1쇄, 2000 5쇄.
- 미르치아 엘리아데 지음, 문상희 옮김,『샤마니즘』, 삼성출판사, 1996.
- *Mircea Eliade*, Shamanism, Princeton Univ, 1964
- 『朝鮮民俗誌』(秋葉隆, 東京 六三書院, 1954)
- 『朝鮮巫俗の研究』下(赤松智城·秋葉隆, 大阪 屋號書店, 1938)
- 『朝鮮巫俗考』(李能和, 啓明 19, 啓明俱樂部, 1927)
- 김동규,「무교의 신앙실천과 일상성」, 서강대종교학과 석사학위논문, 2000.
- 김광억,「저항문화와 무속의례 현대한국의 정치적 맥락」,『한국문화인류학』23집, 1991.
- 金泰坤,「韓國巫系의 分化變遷」,『韓國民俗學』創刊號, 韓國民俗學會, 1969.12.
- 이기백·김성례,「韓國의 傳統文化 어떻게 볼 것인가」,『서강인문논총』제7집, 1997.
- 이햇님,「한국무속사상에 나타난 가치관 연구」, 동아대학교 교육대학원 석사학위논문, 1997.
- 임석재,「韓國巫俗研究序說 Ⅰ·Ⅱ」,『亞細亞女性研究』第9集, 1970, 第10集, 1971.
- 조흥윤,「무 전통에서 보는 그리스도교」,『종교신학연구』제6집, 서강대학교 종교신학연구소, 1993.
- 최준식,「한국인의 생사관: 전통적 해석과 새로운 이해」,『종교연구』, 1994.

제8장 통과의례–상·장례

- 국립문화재연구소, 『한국인의 일생의례』(전10권), 국립문화재연구소, 2009~2011.
- 이희재, 『한국의 전통의례』, 한국학술정보, 2007. 2.
- A. 반 겐넵(Arnold van Gennep) 지음, 전경수 옮김, 『통과의례』(Les rites de passage), 을유문화사, 1994.
- 나희라, 「고대의 상장례와 생사관」, 『역사와 현실』54, 2004.

제9장 한국 도가·도교의 흐름

- 李能和 輯述, 李鍾殷 譯注, 『조선도교사』, 普成文化社, 2000. 2.
- 『글로벌 세계대백과 사전』, 도서출판 범한, 2004.
- 김교빈외, 『함께읽는동양철학』, 지식의날개, 2006.
- 송항룡, 『한국도교철학사』, 성균관대학교출판부, 1987.
- 신영복, 『강의』, 파주: 돌베개, 2011,
- 정재서, 『한국도교의기원과역사』, 이화여자대학교출판부, 2006.10초판, 2008.3.초판3쇄.
- 조민환, 『유학자들이 보는 노장 철학』, 예문서원, 1996. 8.
- 조민환, 『노장철학으로 동아시아문화를 읽는다』, 한길사, 2002. 1.
- 차주환, 『한국도교사상연구』, 서울대학교출판부, 1978.12.초판, 1997.9.초판7쇄.
- 장언푸 지음, 김영진 옮김, 『한권으로읽는도교』, 산책자, 2008.3.
- 구보노리따다 지음, 최준식 옮김, 『도교사』, 분도출판사, 1990초판, 2000재쇄.
- 小柳司氣太 지음, 김낙필 옮김, 『노장사상과 도교』, 시인사, 1988.4초판, 1994.7.초판2쇄.
- 앙리 마스페로 지음, 신하령 옮김, 『도교』, 까치, 1999.

제10장 한국 전통 춤의 예술세계

- 송방송, 『증보한국음악통사』, 민속원, 2007.
- 張師勛, 『國樂大事典』, 세광음악출판사, 1984.

- 정병호, 『한국의 전통춤』, 집문당. 1999.
- 국립문화재연구소, 『승무』, 국립문화재연구소, 1998.
- 국립문화재연구소, 『살풀이춤』, 국립문화재연구소, 1998.
- 국립문화재연구소, 『태평무』, 국립문화재연구소, 1997.
- 국립문화재연구소, 『승전무』, 국립문화재연구소, 2004.
- 국립문화재연구소, 『진주검무』, 국립문화재연구소, 2002.
- 국립문화재연구소, 『처용무』, 화산문화사, 2000.

제11장 한국의 인류 문화유산

- 국립무형유산원, "무형유산 디지털 아카이브-한국의 인류무형유산" http://www.nihc.go.kr/nihchome/main/Index.do?mn=KO_01)

제12장 명상과 정좌수련

- 『근사록』
- 『남명집』
- 『오봉집』
- 韓國精神文化研究院, 『韓民族大百科辭典』.
- 손병욱, 「선비의 수양과 삶」, 『남명학』 제17집, 남명학연구원, 2012.
- 손병욱, 「한국고전으로 보는 창의적 리더의 길」, 『GNU인성』, 경상대학교출판부, 2013.
- 손병욱, 「실천적인 선비문화 계승과 확산을 위한 인성교육 프로그램 시안(試案)-그 지침과 방향의 제시를 중심으로-」, 『남명학』 제21집, 남명학연구원, 2016.
- 에크하르트 톨레 지음, 노혜숙·유영일 옮김, 『지금 이 순간을 살아라』, 양문, 2008.

찾아보기

| 제1장 |

강령주문(降靈呪文) 18, 20
개벽(開闢) 19
고유문화 15
고유사상 15, 16, 27
고유성 15, 16, 17
광명숭배 16
남명 조식 26
내림 의식 20, 27
늑대 토템 20, 31
망우당 곽재우 26
무(巫)=무(武)=무(舞) 24
무교 19, 22, 27
무적 문 25
미륵하생경(彌勒下生經) 20
박태준 26
박혁거세(朴赫居世) 16, 21, 30
비합리적인 신비성[巫敎] 22
3무의 특징 18, 27
삼수분화(三數分化) 17, 22
삼족오 16, 17, 22
3·7관념 18, 27
삼태극 17, 22, 25
샤머니즘 17
새 토템 16, 17
서산 휴정 18
선교계열의 특징 22, 27
선교의 정체 19
신궁(神宮) 16, 17, 21
신단수(神檀樹) 16
연등회 17
영등할멈[風神] 17
외래사상 15, 27
외래성 15, 21, 23
우주청원지기(宇宙淸元之氣) 19
유교[도가]계열의 특징 22, 27
유목문화 21, 23, 24
유목민의 삼대신앙적 특징 17
6H 15, 27
이수분화(二數分化) 18, 22
의상대사 18
중국인·일본인과 다른 한국인의 특성 22, 23
청학(青鶴) 16
채명신 26
충적 효 25
팔관회 17
팔반사천(八般私賤) 24
풍류적 풍수 25
풍백 16, 17, 20
한글 15
한 스타일 15
흉노족 20

| 제2장 |

강하면서도 선한 문화국가 40, 44
고유성 43
개벽 실현 40, 39, 44
계지술사(繼志述事) 40
광명 38, 39, 40
단군 40
동학 42, 43
무당신 41, 47
미륵 40

미륵하생경신앙 41
봉 39, 41, 44
삼즉일·일즉삼 37, 39
삼칠관념 42
삼태극 37, 39
승천용(昇天龍) 36, 44, 47
신물삼기 38, 39, 44
신시(神市) 35, 40
여의주 37, 38, 39
오사(五事) 37, 35
용 35, 36, 37
용왕담 36
웅녀 42
인본주의 42, 43
재세이화(在世理化) 37, 39, 40
조화·치회·교화 37, 38, 40
지상신선 41
태백산정 신단수 35
풍백 35, 38, 39
풍월도(風月道) 41, 44
하강용(下降龍) 35, 37
환골탈태 42
환웅 35, 36, 37
환웅의 하강 35, 40, 44
홍익인간 35, 37, 39

| 제3장 |

가야파와 남명학파의 공통점 64, 68
가야파와 신라파의 특징 비교 58
강하면서도 선한 문화국가 66
경의(敬義) 51
고급문화 52, 73
과업지향성(課業志向性) 54, 68
공공성(公共性) 54, 63, 68
기력(氣力) 55, 58
김유신 59, 61, 62
낭도부곡(郎徒部曲) 51, 52, 59
남명 51, 52, 53
남명학파와 가야문화 60
문노와 남명의 비교 61
문무겸비지사(文武兼備之士) 51, 62, 63
문화공주(文華公主) 61
벽립천인(壁立千仞) 51
비조부(比助夫) 61
삼대력의 배양과 활용 55
선교(仙敎) 60, 73
순일무잡(純一無雜) 54
시대성 54, 68
신라 화랑의 인성교육적 함의 58, 69
신명사도(神明舍圖) 52, 53, 54
심식상고(心息相顧) 54
왕도정치 56
운상인(雲上人) 59
위기의식(危機意識) 51, 56, 57
을묘사직소 51
의지력 54
이목구의 통제 54, 58
임진왜란 51, 57, 61
전문성 54, 68
정감력(情感力) 55, 56, 58
주경행의(主敬行義) 51
지력(知力) 55, 58
지향처(志向處) 세우기 53, 58, 66
집중력[의지력] 54, 55, 58
청렴하고 유능한 창의적 리더 51, 68
추상열일(秋霜烈日) 51
태산교악(泰山喬嶽) 51
퇴계학파와 신라문화 59
패도정치 56

풍월주(風月主) 59, 61, 62
호국선(護國仙) 59
화랑제도 58, 59
활사개공(活私開公) 66, 67
활사개공형(活私開公型) 인물 51, 68

| 제4장 |

간(艮) 82
감(坎) 82, 85
강감찬 장군 93
건(乾) 80, 82, 85
고스톱 92
곤(坤) 80, 82, 85
금(金) 86, 88, 89
김유신 장군 93
대대(待對) 80, 81
대립(對立) 80
리(離) 82, 85
맹자(孟子) 93
목(木) 86, 88, 89
무주상보시(無住相布施) 95
민족문화 77
백의민족 79
변화의 계기 수 90, 92, 96
보수화 83
북두칠성 92, 93, 96
사상(四象) 78, 79
사진뢰(四震雷) 83, 96
삼리화(三離火) 83, 96
삼태극(三太極) 90, 91
상극(相剋) 86, 96
상생(相生) 86, 96
손(巽) 82
수(水) 85, 86, 88
수승화강(水昇火降) 85
안중근 의사 93
완성 수 90, 96
완전수 90, 96
운조루 77, 93, 94
유이주(柳爾胄) 94
양의(兩儀) 78
오손풍(五巽風) 83, 96
오행(五行) 85, 86, 88
육감수(六坎水) 84, 96
음양(陰陽) 77, 78, 79
이기적 욕심 91
이별 83
이전투구(泥田鬪狗) 84
이제마 78
이질성(異質性) 80
이태택(二兌澤) 82, 96
일건천(一乾天) 82, 96
전통(傳統) 77, 88, 96
주염계(周濂溪) 79
죽대 83
지각 변동 83
진(震) 82
천부인(天符印) 90, 92
칠간산(七艮山) 84, 96
추진력 82
치밀성 82
타인능해(他人能解) 77, 93, 96
태(兌) 82
태극기 77, 78, 79
태극(太極) 78, 79, 80
토(土) 86, 88, 89
팔괘(八卦) 77, 78, 79
팔곤지(八坤地) 84, 96
포용력 84

화(火) 85, 86, 88

| 제5장 |

공감 113, 115
공손함 111, 114
공자 103, 104, 106
구이(九夷) 104
군자(君子) 104, 108
극기복례(克己復禮) 110, 111, 115
노간(勞幹) 105
대동(大同) 109
대동 사회(大同 社會) 108, 116
도덕적 원리 105, 108, 115
동부족 105
동이족 103, 105
무조건적인 사랑 112
문왕(文王) 109
버팀목 112
본마음 107, 108, 110
서부족 105
선난후획(先難後獲) 110, 113, 116
소인(小人) 108
순(舜)임금 109
안식처 112
애인(愛人) 107
예(禮) 106, 107, 110
요(堯)임금 109
이기적 욕심 108, 110, 111
인(仁) 103, 104, 105
인의예지(仁義禮智) 105, 107, 116
인자(仁者) 113, 114
인족(人族) 105
존중 111, 113, 115
천리(天理) 110, 111, 116
타협 113, 115
한마음 108, 110, 111
형제자매 112, 115
효도 109, 112, 115
효제(孝悌) 110, 112, 115

| 제6장 |

경(敬) 123, 124, 125
경쟁 123, 127, 130
경청 131, 132, 136
기심수렴불용일물(其心 收斂 不容一物) 124
낙천지명(樂天知命) 129
도덕적 공감 능력 123, 130, 131
도심(道心) 126, 127
맹자 123, 124, 129
무주상보시(無住相布施) 135
물욕(物欲) 125, 129, 130
방관자 효과 123
상성성(常惺惺) 124, 125, 136
신재(身齋) 133
심재(心齋) 123, 133, 134
외경(畏敬) 124, 136
의(義) 129, 135, 136
응무소주이생기심(應無所住而生其心) 123, 132, 135
이기적 욕심 124, 127, 129
인성교육 123, 124
인심(人心) 126, 127
인욕(人欲) 126
자기 본래성 123, 124, 135
자포자기(自暴自棄) 135
정명도(程明道) 133
정이천(程伊川) 133

정제엄숙(整齊嚴肅)	124, 125, 136
존야기(存夜氣)	129, 130, 136
주일무적(主一無適)	124, 125, 136
직양(直養)	129, 136
집의(集義)	129, 136
체득(體得)	132
형기(形氣)	126
호연지기	123, 129, 130
효율	123

| 제7장 |

강신무(降神巫)	148, 151, 157
굿	144, 148, 149
단군신교(檀君神敎)	144, 145, 156
단군신화	144, 145, 157
무(巫)	143, 144, 145
무당	143, 144, 145
문화 전승	157
미신(superstition)	143, 151
세습무(世襲巫)	148, 157, 160
샤머니즘(Shamanism)	146, 147, 156
샤먼	147, 156
인생관	149, 157
제정일치	146, 157
천부인(天符印)	145, 157
카타르시스	155, 157

| 제8장 |

고복(皐復)	167, 168, 169
공수법(拱手法)	178, 179, 182
문상(問喪)	171, 175, 177
상례(喪禮)	166, 167, 171
수시(收屍)	167, 168, 181
습(襲)	167, 170, 171
장례(葬禮)	165, 166, 169
조문(弔問)	171, 177, 178
조상(弔喪)	171, 177, 182
초종(初終)	167, 168
통과의례	165, 166, 185
호상(護喪)	169, 180, 182

| 제9장 |

과의도교	199, 200, 203
기계의 마음[기심(機心)]	191, 192
단학파	194, 197, 200
도가	189, 196, 198
도교	189, 192, 195
무위자연(無爲自然)	189, 190, 191
반항적 민간도교 의식	201, 203
본토자생설	197, 203
불로장생(不老長生)	192, 194, 198
선풍(仙風) 의식	199, 203
소격서(昭格署)	200
수련도교	198, 200, 203
장생불사	192, 193
재초(齋醮)	193, 195, 198
좌망(坐忘)	193, 195
중국전래설	197, 203

| 제10장 |

감흥	209
교방춤	209, 210
굿거리장단	211, 212, 218
까치걸음	214, 218
농악춤	211, 218
당악정재	209, 218
돋움	214, 218
디딤	214, 218
모방춤	211, 218
무속춤[굿춤]	211, 218
무애(無碍)의 춤 세계	217, 219
민속춤	211, 218
뱃노래	212
불교춤[작법무]	211, 218
새발걸음	214, 218
소리춤	211, 218
신명의 경지	209, 217
예술정신	209
완자걸음	214, 218
우아미	209
유교의 예악(禮樂)사상	209
유교춤[일무]	211, 218
음양오행(陰陽五行)	209
잉어걸음	214, 218
자진모리장단	211, 213, 218
절제미	209
재인청춤	209, 210, 218
종교 의식 춤	211
지무(知舞)	217
지숨	214, 218
처용무	209
춘앵무	209
춤사위	209, 215, 216
탈춤	211, 218
향약정재	209, 218
허튼 춤	211, 218

| 제11장 |

강강술래	227, 239
강릉 단오제	231, 232, 239
공동체의 풍요	236
꼭두쇠(우두머리)	233, 239
궁중 희례연	226
남사당놀이	233, 239
노래	226, 227, 228
농악	231, 232, 235
디아스포라문화	237
동편제	229
무무(武舞)	226
무용[佾舞]	226
문무(文舞)	226
벽사(辟邪)	228
보태평(保太平)	226
삭대엽(大葉)	238
삼현육각재비	234
서편제	229
세계무형유산걸작	227
시김새	229
아리랑	237, 240
영등신	232
영산재	230, 239
예술적 가치	238
원시종합예술(balladdance)	227, 239
음양오행설	228
정대업(定大業)	226
제주 칠머리당 영등굿	232, 233, 239
종묘	225, 226, 239
종묘제례	225, 226, 227

종묘제례악	225, 226, 227
줄광대	234
줄다리기	236, 240
줄타기	209, 233, 234
판소리	229, 230, 239
풍농(豐農) 기원	235
헌가(軒架)	226
효	225, 226, 229
지향처 세우기	250, 255
집중력[의지력]	245, 246, 247
집중명상	245, 254
창의적 리더	249
청렴함	248, 249
총명(聰明)	247, 254
통찰명상	245, 254
호흡명상	245, 247, 250
화기(和氣)	247, 254
활력소(活力素)	247

| 제12장 |

경의(敬義)	246, 248
금계와 권계	252
남명 조식	246
마음의 면역성[回復彈力性]	247, 254
망상(妄想)	245, 254
모든 정신문화의 쌀	248, 250
몸의 면역성	248, 254
3·7의 법칙	252, 255
성공적인 삶	249, 254
세균심장(細均深長)	247, 254
소식(小食)	248, 254
수식관(數息觀)	247, 254
습관화 교육	250, 255
심식상고(心息相顧)	247
오봉 호굉	245
유혹에 강함	248
인성교육	249
자신감(自信感)	253, 255
정좌수련(靜坐修練)	246, 248, 255
제 자리 찾기	256
제 할 일 하기	256
조식(調息)	246, 247
좌선	255

한국의 전통사상과 민족문화

초판 1쇄 발행 • 2018년 8월 20일

지은이 • 손병욱, 임수정, 이상호, 김형석
펴낸이 • 이상경
부　장 • 박현곤
편집장 • 김종길
교　정 • 양지현
디자인 • 이희은
지　원 • 이가람

펴낸곳 • 경상대학교출판부
주　소 • 경남 진주시 진주대로 501
전　화 • 055) 772-0801(편집), 0802(디자인), 0803(도서 주문)
팩　스 • 055) 772-0809
전자우편 • gspress@gnu.ac.kr
홈페이지 • http://gspress.gnu.ac.kr
페이스북 • https://www.facebook.com/gnupub
블 로 그 • https://gnubooks.tistory.com
등　록 • 1989년 1월 7일 제16호

• 책값은 뒤표지에 있습니다.

이 도서의 국립중앙도서관 출판시도서목록(CIP)은 서지정보유통지원시스템 홈페이지(http://seoji.nl.go.kr)와 국가자료공동목록시스템(http://www.nl.go.kr/kolisnet)에서 이용하실 수 있습니다.
(CIP제어번호: CIP2018025014)